U0805622

全域旅游发展系列专著

旅游精准扶贫规划实践与创新

马　勇　刘　军　马世骏/著

科学出版社
北　京

内 容 简 介

本书基于丰富的规划理论研究和综合实践形成，是国内第一部从产业发展的视角来解读旅游精准扶贫规划应如何编制的书。全书共分为八章，较为系统地介绍旅游精准扶贫规划编制的理论，较为完善地梳理旅游精准扶贫现状与问题，较为创新地从大资源观、大产业观和大旅游观解读旅游精准扶贫规划编制，具有较好的系统性、前沿性与科学性。

本书不仅对旅游院校师生和旅游规划机构从业人员具有研究价值，而且对旅游主管部门具有实践指导意义。

图书在版编目（CIP）数据

旅游精准扶贫规划实践与创新 / 马勇，刘军，马世骏著. —北京：科学出版社，2019.3

（全域旅游发展系列专著）

ISBN 978-7-03-060818-5

Ⅰ. ①旅…　Ⅱ. ①马…②刘…③马…　Ⅲ. ①不发达地区-旅游业发展-研究-中国　Ⅳ. ①F592.7

中国版本图书馆 CIP 数据核字（2019）第 045421 号

责任编辑：邓　娴 / 责任校对：王丹妮
责任印制：张　伟 / 封面设计：无极书装

科 学 出 版 社 出版
北京东黄城根北街 16 号
邮政编码：100717
http://www.sciencep.com

北京虎彩文化传播有限公司印刷

科学出版社发行　各地新华书店经销

*

2019 年 3 月第　一　版　开本：720 × 1000　B5
2019 年 3 月第一次印刷　印张：12 1/4
字数：246 000

定价：98.00 元

（如有印装质量问题，我社负责调换）

前　言

当前，精准扶贫已经成为国家战略，并成为“十三五”时期各级政府工作的重点之一。旅游业作为我国战略性支柱产业之一，在近年来呈现出快速发展的趋势，国内旅游人次数、旅游综合收入屡创新高。从我国贫困地区的实际情况来看，大部分地区拥有较高的景观价值，旅游资源较为丰富，具备旅游开发潜力，旅游业在贫困地区的扶贫实践也说明旅游扶贫具有较好的扶贫效果。自 20 世纪 90 年代开始，我国就有部分地区率先推行旅游扶贫战略，并成功探索出旅游减贫、脱贫之路，如贵州、云南、湖南等地。国家旅游局（现为文化和旅游部）提出在 2015 年利用旅游业引导全国约 17%的贫困户脱贫，这表明旅游业在减贫中的巨大作用。因此，在精准扶贫战略下推进以旅游业为主导的区域精准扶贫开发将在一定程度上快速带动贫困户减贫、脱贫。为了进一步推进旅游精准扶贫，国家旅游局联合国务院扶贫开发领导小组办公室（简称国务院扶贫办）确定了 560 个建档立卡的贫困村作为旅游精准扶贫的试点村，并于 2015 年 7 月启动了旅游规划扶贫公益行动，旨在通过编制高水平的旅游精准扶贫规划帮助贫困地区完成旅游项目策划、旅游产品设计、旅游业态创新以及贫困户参与机制的设计。

本书是国内第一部论述旅游精准扶贫规划编制的专著，它以国家级旅游扶贫试点村——湖北省红安县长丰村为例，系统介绍如何编制旅游精准扶贫规划，并对国内区域旅游扶贫、民族地区旅游扶贫和乡村旅游扶贫的典型案例进行解读。全书由马勇教授统筹，共分为八章，其中，第一章由马勇、刘军与黄智洵编写；第二章由马勇、何成萍编写；第三章至第七章由马勇、刘军、马世骏编写；第八章由董志威与梁晖编写。在本书即将付梓之际，我们非常感谢参与书稿评审的各位专家为本书修改和完善所提出的宝贵意见与建议。

作　者

2018 年 12 月于湖北大学

目　录

第一章　旅游扶贫的背景与意义……1
第一节　精准扶贫背景与意义……1
第二节　我国贫困地区现状与特点……5
第三节　我国旅游扶贫前景展望……10
第二章　国内外旅游扶贫研究综述与实践经验……23
第一节　国外旅游扶贫综述……23
第二节　国内旅游扶贫综述……27
第三节　国内外旅游扶贫实践模式及经验总结……30
第三章　旅游精准扶贫规划指导思想与战略定位……39
第一节　旅游精准扶贫规划指导思想……39
第二节　旅游精准扶贫规划战略定位……43
第三节　旅游精准扶贫规划目标体系……49
第四章　旅游精准扶贫的业态与项目设计……55
第一节　旅游精准扶贫业态概述……55
第二节　旅游精准扶贫项目策划……64
第三节　贫困地区旅游项目规划案例……70
第五章　长丰村旅游扶贫试点村规划（上）……75
第一节　长丰村旅游扶贫规划总则……75
第二节　长丰村旅游扶贫基础分析……78
第三节　长丰村旅游扶贫发展思路……91
第六章　长丰村旅游扶贫试点村规划（中）……100
第一节　长丰村旅游项目……100
第二节　配套项目……131
第三节　美丽乡村建设工程……140

第七章　长丰村旅游扶贫试点村规划（下）……152
第一节　长丰村扶贫模式……152
第二节　长丰村运营管理……161
第三节　规划实施……173
第八章　旅游扶贫成功案例……178
第一节　区域旅游扶贫案例……178
第二节　民族地区旅游扶贫案例……182
第三节　乡村旅游扶贫案例……185

第一章　旅游扶贫的背景与意义

贫困问题始终是我国建设小康社会的一大难题，日益兴起的旅游业为贫困地区发展提供了一条新的发展道路——旅游扶贫。旅游扶贫在我国兴起于 20 世纪 80 年代末 90 年代初，通过发展旅游业，贫困地区的贫困状况得到一定程度的减轻。但是既有的旅游扶贫模式从大区域尺度进行的较多，而关于小尺度的旅游扶贫很少有人关注。为了实现两个百年计划的目标，国家高瞻远瞩地提出了精准扶贫，习总书记更是指出："扶贫开发贵在精准，重在精准，成败之举在于精准。"[①]国家旅游局响应号召，启动了旅游精准扶贫，首次从小尺度区域层面探索如何实现脱贫、减贫目标，旨在通过发展旅游业带动 2 000 万人口脱贫。

第一节　精准扶贫背景与意义

一、精准扶贫提出的背景

从 1986 年开始，我国就开始有组织有计划地进行扶贫工作。通过各级政府的努力，至 1994 年我国的贫困人口由 2.5 亿人减少至 8 000 万人左右。为了进一步促进这 8 000 万人脱贫，国家专门出台了《国家八七扶贫攻坚计划（1994-2000 年）》，旨在用 7 年的时间解决 8 000 万人的贫困问题。然而，尽管政府部门在扶贫的投入上不断加强，但是我国传统贫困地区的经济发展依然较为滞后，贫困问题未得到根本改善，脱贫返贫问题较为严峻。由于既有的扶贫模式以粗放性扶贫为主，故扶贫开发过程中的核心主体——贫困户的利益得不到全面保障，从而造成扶贫的成效降低。进入新时期以来，党和国家领导人高度关注扶贫攻坚问题。

---

① 精准，在习近平的扶贫观里有多重要？http://www.xinhuanet.com//politics/2015-12/08/c_128510390.htm，2015-12-08.

2013年，习近平总书记在视察湘西地区时，明确做出了“实事求是、因地制宜、分类指导、精准扶贫”[①]的重要指示，随后精准扶贫的顶层设计逐步落地，精准扶贫思想得到落实。2015年6月，习总书记视察贵州时提出“扶贫开发贵在精准，重在精准，成败之举在于精准”[②]，由此精准扶贫成为社会各界关注的焦点。

精准扶贫的提出不同于已有的扶贫模式，它强调精确识别、精准帮扶与精确管理。在过去的几十年中，我国的扶贫开发忽视了扶贫主体的核心利益，对于扶贫开发多从大区域尺度层面进行，而少有从小尺度层面进行扶贫开发的实践。精准扶贫的精确识别就是要在扶贫开发中把贫困户居民准确筛选出来，进而通过精准的帮扶策略帮助贫困户脱贫。

二、精准扶贫的意义

（一）精准扶贫是全面小康的强力助推器

前三十年的社会主义改造建设、后四十年的改革开放，让大多数中国国民摆脱了穷困的处境，但是我国的扶贫工作和任务依然十分严峻。使贫困地区民众消除贫困，通向小康之路，这不但是经济和政治问题，更是关键的民生和社会问题，关系到国家的战略全局。全面建成小康社会的根本需要是精准扶贫。精准扶贫既是消除贫困的内在要求，也是实现城乡一体化、实现共同富裕的外在需要，同时它也是我国现代化建设和全面小康的一场关键战役。我国的扶贫工作从防御姿态转变为进攻姿态，推进精准扶贫，是在传统的扶贫方式上的一种转变，是一种更深层次的改革，对于正处于关键时期的扶贫工作而言，推进全面小康建设，是关于中国特色社会主义国家建设理论的一个新发展，是以实现共同富裕为最终目标的国民划时代的事件。

（二）精准扶贫是改善民生的关键密钥

第一，精准扶贫体现了深刻的民生内涵。民生改善主要体现在两个方面：一是建设社会保障体系，二是对贫困居民进行扶持。通过多年来的努力发展，我国的社会保障体系得到较好的完善，扶贫工作也取得了较为突出的成效。但我国贫困地区多，真正让各个区域摆脱贫困这项任务仍旧相当棘手。自十八大以来，以习近平总

---

① 脱贫之战，习近平发出总攻令，http://www.xinhuanet.com//politics/2016-07/25/c_1119267767.htm，2016-07-25.

② 精准，在习近平的扶贫观里有多重要？http://www.xinhuanet.com//politics/2015-12/08/c_128510390.htm，2015-12-08.

书记为核心的党中央更加注重扶贫工作，在社会保障和改善民生问题上，将其谋划布局为一项关键的战略方案。习近平总书记发表了一系列重要讲话，并连续三年在初春之时，都将目光凝聚于怎样扶贫、怎样脱贫的问题上。各级政府也同样将加快精准扶贫当作一个重要的任务，通过精准扶贫、精准脱贫来促进改善全社会的民生状况。让贫困居民在日常生活中所遇到的工作障碍、交通障碍、饮水障碍、住房障碍、用电障碍、上课求学障碍等民生问题得以解决，让贫困居民在饮食、穿着方面不再忧虑，切实公平地享受相关住宿、教育、医疗、养老等基础服务。

第二，精准扶贫体现了社会主义本质要求。邓小平在南方谈话中指出："社会主义的本质，是解放生产力，发展生产力，消灭剥削，消除两极分化，最终达到共同富裕。"[①]精准扶贫是真正的扶贫机制，它不但明确和具体了帮扶措施与帮扶效果的检查考评，同时通过扶贫过程可视化和扶贫策略具体化来实现扶持对象的调查追踪。精准扶贫将让贫困居民早日走出贫困处境，实现共同富裕，体现了社会主义制度的优越性。

第三，精准扶贫是对"三严三实"专题教育成效的检验。习近平总书记强调"三个格外"，对困难群众，我们要格外关注、格外关爱、格外关心[②]。深入践行"三严三实"，将扶贫做到精准至人、精准至户，将所有精力注入精准扶贫的工作中。因此我们要想打好精准扶贫的重要战役，就需充分吸纳"三严三实"教育成果，在精准扶贫工作中对态度的严格和行动的实在程度做出检验。

（三）精准扶贫是消除贫富分化的见效良药

贫富分化一直以来是一项全球性的发展难题。区域发展的不均衡导致了我国的贫富分化，因此多年来我国政府一直致力于减小贫富差距消除贫困。精准扶贫就是建立一种良性互动机制，它在我国既有的扶贫模式上处理好了全面建设与重点扶持的难题。

中国地域甚广，极易出现"贫富分化加剧"。中国政府致力追求的发展目标是使贫困人口均有平等发展的机会，经济增长成果被更多地区分享，即实现包容性发展，从而实现全面建成小康社会的宏伟蓝图。2014 年国务院政府工作报告指出，"地方要优化整合扶贫资源，实行精准扶贫，确保扶贫到村到户"[③]。这句话传递出一种创新转变的新思维、新思路。在国家扶贫开发方式上，也展现出国家政府

---

① 奚洁人. 科学发展观百科辞典[M]. 上海：上海辞书出版社，2007.

② 总书记的"三个格外"真挚暖人，http://news.cjn.cn/cjsp/dp/201212/t2179495.htm，2012-12-31.

③ 从政府工作报告看一张脱贫"路线图"是如何打造的？http://lianghui.people.com.cn/2017/n1/2017/0308/c410899-29132651.html，2017-03-08.

攻破贫富分化这一社会问题的决心。精准扶贫，即由粗放式转变为精细化，从输血到造血，增强后续发力，破解特困地区如何跳出“贫困陷阱”难题，实现多维减贫与自我发展，因地制宜地将诸多重大减贫举措积极采纳，强化产业扶贫开发力度、增加资金和政策支持、提高发展能力、改善生态环境、进一步减小发展差距，转变经济社会滞后局面。精准扶贫是党和国家做出的重要决策，必须圈定扶持目标，落实精准扶持，为贫困地区和贫困人口创造有利的发展环境、更多的发展机会，加快脱贫致富，才可扭转贫富分化局面。

阅读 1-1　扶贫工作贵在精准

2015 年 6 月，习近平总书记到贵州省考察，强调要科学谋划好“十三五”时期扶贫开发工作，确保贫困人口到 2020 年如期脱贫，并提出“扶贫开发贵在精准，重在精准，成败之举在于精准”[①]。习总书记的话，为扶贫工作点明了要害，指明了方向，也就是扶贫工作不是遍地“撒胡椒面”，而是要注重精准，落脚到精准，解决扶贫攻坚这个难题。

一是扶贫底数要精准。所谓“知己知彼，百战不殆”，做好扶贫工作，先要摸清扶贫底数。底数都摸不清，就好比盲人摸象，工作也就无从开展。要做好精准识别，通过去粗取精，去伪存真，把谁是贫困户识别出来。根本是做好开展到村到户的贫困状况调查和建档立卡工作，通过“群众评议、入户调查、公示公告、抽查检验、信息录入”等步骤，取得第一手完整的资料，为扶贫帮扶打下基础。

二是扶贫队伍要精干。扶贫村第一书记肩负帮助扶贫村“建强基层组织、推动精准扶贫、为民办事服务、提升治理水平”的重任，队伍必须要精干。首先，第一书记必须要熟悉农村工作。农村工作有大学问，复杂性、艰苦性不言而喻。如果第一书记不懂农村工作，做事情不结合农村实际，效果一定不佳。其次，第一书记必须热爱农村工作。都说农村是个大舞台，农村建设大有可为，但有许多人觉得农村条件艰苦，不愿到农村工作。第一书记必须热爱农村，扶贫工作不是一朝一夕，不可能一蹴而就，可能出现反复和变化，第一书记开展工作不能仅凭热情，而必须做好长期斗争的准备，要有“不破楼兰终不还”的气概。

三是扶贫工作要精细。我国地域辽阔，人口众多。贫困人口的条件各不相同，如果我们还是按照以往的粗放式的扶贫模式，根本不可能完成在 2020 年前脱贫的任务。扶贫必须要走精细化道路，就如湖南省原省长徐守盛所说，“一家一户一本台账，一家一户一个扶贫计划，一家一户给予具体支持，一家一户回头看扶贫效

---

① 习近平：谋划好“十三五”时期扶贫开发工作 确保农村贫困人口到 2020 年如期脱贫，http://www.gov.cn/xinwen/2015-06/19/content_2882043.htm，2015-06-19.

果”，对于住房困难的群众，政府应该为其解决安居难题；对于存在“因病致贫”的家庭，政府应当更多地关注其医疗状况，最大限度地减轻其在医疗方面的经济压力；对于缺乏致富经验、缺少技术支持的困难群众，政府应加大科技扶贫的力度，开展相关技能培训，提供致富的技术和先进经验支持。做到因地制宜、因村制宜、因人制宜，才能真正达到雪中送炭的效果。

资料来源：新华报业网.扶贫攻坚贵在“精准”，http://news.xhby.net/system/2015/08/25/026056949.shtml，2015-08-25

第二节　我国贫困地区现状与特点

一、贫困人口的地理区位现状

2015年全国共有14.8万个贫困村，14个集中连片特困地区，3个沿边境贫困带。我国贫困人口分布与地理环境有极强的正相关性。大多数贫困地区集中在我国的云南地区、广西地区、贵州喀斯特地貌地区和山西地区、甘肃地区及宁夏黄土高原干旱半干旱区。恶劣的生存条件和低下的农业生产率是这些地区共同的特点，这也一直是制约我国贫困地区发展的主要因素。同时，恶劣的地理和自然条件，对贫困程度的影响颇大。贫困人口对农业有严重的依赖性，国家统计局统计数据显示：贫困人群的直接收入中农业收入的占比达57%，并且教育水平低下和健康情况不良的人口，贫困发生率通常明显高于正常水平。

二、贫困地区自然条件现状

恶劣的自然条件，薄弱的农业基础，低下的抵御自然灾害的能力往往是贫困区域所具有的共性。生活状况的稳定性差，当遇到天灾人祸，已经达到温饱水平的贫困户将又重返贫困。即使当前我国不存在关于返贫率和返贫总数的具体数值的准确统计，但遵照曾毅所著《反贫困与可持续发展》中的数据，当前全国最保守平均返贫率近10%，存在近1 000万的人口返贫。并且由于存在未列入国家级贫困县的乡村，即所属农村但不属贫困地区的贫困人群，如果按照3.5%的保守比率计算，也存在2 000多万返贫人口。

贫困地区的自然条件恶劣主要表现在土壤、气候、资源等方面。首先，我国的贫困地区大多分布在山区，而山区的土壤质量相对于平原地区来说要差一些，这将导致贫困地区的土地生产力低下，从而造成贫困。其次，气候恶劣引起的自然灾害造成本就贫瘠的土地生产力更低，干旱、洪水、冰雹以及台风等都会造成土地歉收。最后，部分贫困地区虽然占有可供利用的自然资源，如煤、气、油、矿等，但是利用这些资源产生的收益并未转移到贫困户；同时，对于缺乏可利用自然资源的贫困地区，其贫困状况更为严峻，有些贫困地区缺水导致人畜饮水都困难，生产用水更是难以保障。

三、我国的14个集中连片特困地区现状

我国存在14个集中连片特困地区，这些区域的贫困状况严峻、范围广、扶贫难度大、扶贫任务重，是当前扶贫工作的聚焦地区，急需采取相关措施进行切实准确的帮扶，以期早日摆脱贫困格局。

（一）六盘山片区贫困现状

六盘山片区地处宁夏南部，森林茂密，物质丰富，气候宜人。贫困状况存在着资源条件制约型（整体）贫困和能力约束型（个体）贫困两方面，属于国家级的贫困地区。该区域未解决温饱的人数占区域总人数的近百分之四十，显著高于全国平均程度。经济的落后，又导致了文化水平的滞后，学生的入学率极低，多数人因贫困无法上学，在15岁以上的人口中半数是文盲和半文盲状况；同时，区域内自然灾害严重，没有社会保障机制，脱贫的人口再次返贫现象较为严重。

（二）秦巴山片区贫困现状

秦巴山片区位于秦岭与大巴山一带，地跨甘肃、四川、陕西、重庆、河南、湖北六省市，区域内贫困发生率高，主要体现在三个方面：①先天条件不足，区域内地形崎岖、地貌复杂，可利用土地资源较少，因而造成贫困发生率高；②基础设施落后，区域内交通可进入性差，社会保障措施不足，贫困人口的生活得不到基本保障；③区域内偏远村庄的学校招生人数较少，加上各个学校的归并，上学远和上学难的问题显得异常突出。

（三）武陵山片区贫困现状

武陵山片区乃典型的“老、少、边、穷”区域，包括湖北、湖南、重庆、贵州四省市的71个县（市、区），其中湖南就有37个县（市、区），是该片区的主体。就湖南的贫困片区来看，其占全湖南50%以上的土地面积和近30%的人口总

数，但是地区生产总值仅占全省的10%左右。由于该区域少数民族众多，而在对他们的扶贫过程中发现其较难以适应现代社会文化发展，脱贫较为不易。此外，区域内的贫困群体主要是农村，而城市发展相对较快，与农村呈现两极化格局，城乡经济发展差距大。

（四）乌蒙山片区贫困现状

乌蒙山片区处于乌蒙山北侧，包括云南、贵州和四川的38个县（市、区），区域内总人口约2 000万人。乌蒙山片区出现绝对贫困的现象异常严重，贫困面颇大。该区域以喀斯特地貌为主，生活环境恶劣，自然灾害频发，水土流失严重，气候干旱，且干旱的时间长、范围广，常遇大型冰雹、狂风、骤雨和虫害等严重的自然灾害，影响粮食的耕作与人民的正常生活。蓄水工程设施较少，无法应对干旱现状，交通便利性差，医疗设施落后。并且人口文化素质较差，超过50%的人口只有小学文化水平。

（五）滇桂黔石漠化片区贫困现状

滇桂黔石漠化片区包括广西、云南、贵州的91个县（市、区），区域内的主要特征是石漠化极其严重，存在80个国家石漠化治理重点县。人均耕地严重不足、水土流失加剧、自然灾害频发等因素使该区域成为贫困发生率高、贫困成因冗杂的严重贫困区。区域内基础设施落后，主要表现在水利设施与交通设施较为滞后，生产用水与县市区内部公路较为缺乏。同时，区域内资源开发利用程度低，能源、矿产、旅游、生物等资源未转化为产业优势。

（六）滇西边境片区贫困现状

该区域位于云南边境地区，包括56个县（市、区），既是我国的连片贫困地区，也是我国重要的主体生态功能区。区域内有国家扶贫开发工作重点县45个，少数民族较多，农村居民人均纯收入低于云南省平均水平。从该区域的现状来看，区域内人口的平均受教育年限不足6年，其贫困主要是贫困人口素质较低导致的贫困，直接导致了他们不具备相应的脱贫技能。同时，区域内教育服务的缺乏也是导致贫困人口素质低下的原因之一。

（七）大兴安岭南麓片区贫困现状

大兴安岭南麓片区包括内蒙古、吉林和黑龙江的19个县（市、旗），其中13个为国家级扶贫工作重点县。区域内资源较为丰富，可利用耕地、草场面积 700

余万公顷，另外还有一部分矿产资源。虽然区域内自然资源条件相对于其他贫困地区较好，但是由于基础设施的滞后，自然资源未得到有效利用。就土地资源来看，由于缺乏水利基础设施，农田得不到有效的灌溉，灌溉农田面积仅占到全部农田面积的30%左右；人均土地占有量虽然较高，但是由于地处北方，冬季较为漫长，霜期较长，土地生产力并不高；另外，区域内土地沙化、盐碱化的现象也较为严峻。

（八）燕山–太行山片区贫困现状

该区域包括河北、山西及内蒙古的33个县（市、区、旗），其中国家级扶贫开发工作重点县25个。燕山–太行山片区矿产资源较为丰富，如煤炭、石墨、钒钛等，自然资源利用潜力大，如风能、太阳能等。此外，区域内拥有许多国家级的森林公园、地质公园和自然保护区。区域内的贫困状况主要由三个因素造成：一是人力资源较为缺乏，人均受教育年限低于全国平均水平。二是环境保护的任务较重，由于承担京津冀区域风沙治理、退耕还林、退沙还林、防沙治沙等生态建设任务，因而对于区域内产业的发展有一定的限制作用。三是区域内交通基础设施落后，超过25%的自然村不通公路。

（九）吕梁山片区贫困现状

吕梁山片区位于陕西和山西的交界处，包含了陕西7个国家级特困县和山西的13个国家级特困县，区域内峰峦叠嶂、山体起伏不平，拥有丰富的矿产资源（如煤炭、铁矿、岩盐等），但生产力滞后、经济发展水平低、产业结构单一。吕梁山区的贫困主要是由于土地资源贫瘠，区域内水土流失严重，水土流失面积占区域总面积的75%以上，区域内17个县为限制开发的黄土高原丘陵沟壑水土保持生态功能区，因此农业集约化、规模化生产较难开展。

（十）大别山片区贫困现状

大别山片区包括湖北、安徽与河南的36个县（市），其中29个为国家级扶贫开发工作重点县。相对于我国其他贫困地区来说，该片区的矿产资源极为匮乏，且人地关系矛盾突出。该区域总面积6.7万平方千米，总人口超过3 600万人，是14个集中连片特困地区中人口密度最大的。区域内致贫原因主要为贫困户收入来源单一，由于人口密度大，人均耕地面积狭小，贫困户对农业依赖性又强，因而贫困户脱贫困难。此外，区域内洪涝灾害的发生率较其他片区更为频繁，但相关的水利基础设施并不完备。

（十一）罗霄山片区贫困现状

罗霄山片区地跨湖南、江西两省，包括23个县（市、区），其中16个为国家级扶贫开发工作重点县。区域内主要以山地、丘陵为主，森林覆盖率较高，高达72%，另外由于革命老区众多，区域内红色文化旅游资源具备一定的开发价值。罗霄山片区贫困发生率为10.2%，农民人均收入只有全国的53.6%。造成这种现状的原因：一是由于基础设施落后，如部分村落还未通电通路；二是由于地质灾害较多，如山洪、泥石流等；三是由于生态环境建设任务较重，产业发展受到一定限制。

（十二）西藏区

西藏区是指西藏自治区的74个县（市、区）。西藏自治区的贫困主要来源于以下几个方面：第一，资源性贫困，区域内生产资源、矿产资源、自然资源及生物资源均较为匮乏，可利用生产性资源不多；第二，生态环境恶劣，区域内海拔较高、生态环境较为脆弱，产业发展受到限制；第三，人力资源匮乏，区域内居民受教育年限短，相关人才极为缺乏，使得区域内整体贫困发生率较高；第四，西藏地区由农牧社会直接过渡到社会主义社会，再加上传统文化的影响，使得西藏的居民脱贫更为缓慢；第五，区域内整体基础设施薄弱。

（十三）四省藏区

四省藏区具体是指青海省、甘肃省、四川省、云南省的77个县（市、区）。区域内分布着大量的少数民族自治区域，且以藏族为主体。虽然在西部大开发和相关政策支持下，四省藏区的社会经济都取得了一定的发展，并且贫困人口减少了近一半，但生态环境、生活环境的恶劣，长期的经济文化落后，使得该地区人口并未真正走出贫困，大量脱贫的贫困户再次返贫。

（十四）新疆南疆三地州

新疆南疆三地州处于新疆西南方，塔克拉玛干沙漠西南边缘，包括南疆的和田地区、喀什地区和克孜勒苏柯尔克孜自治州，其中19个为国家扶贫开发重点县。区域内贫困现象极其严重和普遍，贫困人口占新疆地区的80%，贫困发生率为55%，居中国14个集中连片特困地区之首，经济发展极其落后。目前区域内主要以农牧业为主，但农业产业化程度低，科技投入少，带头企业寥寥无几。

第三节　我国旅游扶贫前景展望

一、旅游扶贫的前景

我国的区域旅游扶贫实践开始得较早，早在 20 世纪 90 年代便被提出。一些贫困地区通过发展旅游业脱离贫困，旅游扶贫成为区域扶贫开发的新模式。旅游扶贫在区域扶贫开发中的优势表现为：第一，旅游经营门槛低，只要对贫困户进行相关的技能培训，贫困户即可通过参与旅游业发展增加收入渠道，从而脱贫。第二，旅游扶贫主动性强，相比于以往的被动式扶贫，旅游扶贫通过贫困户的主动参与、积极参与，充分调动其主观能动性，从而促进其脱贫。第三，由于我国贫困地区多为生态环境脆弱地区，旅游业对环境的影响相对较小，即使在部分受限制开发的地区也能发展旅游业。第四，旅游业关联带动效应强，旅游业的发展不仅能带动贫困户直接脱贫，还将通过产业融合带动休闲农业的发展，提升农业的增加值。而农业的发展壮大则将促进农产品加工业的兴起，从而产生一系列的连锁反应。根据国家旅游局与国务院扶贫办提出的目标来看，到 2020 年，规划通过旅游扶贫的方式带动贫困地区约 1 200 万贫困人口脱贫，该人口数占到所有贫困人口的 17%，由此可见在我国推进以旅游业为主导的扶贫模式具有广阔的前景。

从我国贫困地区的分布来看，14 个集中连片特困地区尽管经济发展滞后，但是它们普遍具有良好的旅游资源。对这些资源的利用与开发将是这些地区脱贫的关键，它们将是“十三五”时期我国旅游扶贫的重点区域。

二、“十三五”时期旅游扶贫重点区域

（一）六盘山片区

六盘山片区旅游资源赋存量高，拥有国家 5A 级旅游景区、国家级风景名胜区、国家级森林公园、国家级地质公园等众多代表性的旅游资源。区域内旅游资源种类丰富，归纳起来有六类，即陕甘宁红色旅游资源、草原风情旅游资源、宗教名胜旅游资源、生态休闲旅游资源、丝绸之路旅游资源和历史文化旅游资源（表 1-1）。依托如此良好的旅游资源，在“十三五”时期，六盘山片区应着力利用旅游资源优势，打造特色旅游品牌，充分发挥旅游业的关联带动作用，通过建立合适的贫困户参与旅游发展的机制让贫困户分享旅游带来的利益。

表1-1 六盘山片区旅游资源

资源种类	代表性资源
陕甘宁红色旅游资源	长武亭口革命旧址、淳化爷台山革命旧址、彬县龙高革命旧址、会宁红军长征会师旧址、岷县“岷州会议”纪念馆、通渭榜罗镇革命遗址、兰州八路军驻兰办事处旧址、陕甘边区苏维埃政府（即南梁政府旧址）、环县山城堡战役遗址、中国工农红军长征界石铺纪念园、固原六盘山长征纪念馆、西吉将台堡—、二方面军会师纪念碑、西吉兴隆单家集红军长征遗址、泾源老龙潭革命烈士纪念亭、同心陕甘宁省豫海县回民自治政府旧址、彭阳任山河烈士陵园、红军西征纪念园、豫旺堡红军总指挥部旧址等景区
草原风情旅游资源	莲花山、临夏穆斯林风情园、岷县洮河–迭藏河风情线、湟源日月山文成公主庙、循化街子撒拉族骆驼泉和十世班禅故居、互助土族风情园、海原民族古镇、原州同心民族风情街、隆德红崖老巷子民俗文化村等景区
宗教名胜旅游资源	崆峒山、麦积山、须弥山、南华山、法门寺、塔尔寺、大佛寺、炳灵寺、云崖寺、昭仁寺、瞿昙寺、夏宗寺、慈善寺、龙门洞、金佛沟等景区
生态休闲旅游资源	淳化泾河大峡谷、彬县侍郎湖、千阳千河湿地公园、陇县龙门洞、关山草原、麟游安舒庄森林公园、榆中兴隆山和官滩沟、永靖黄河三峡、和政松鸣岩和古动物化石博览园、漳县贵清山、遮阳山、景泰黄河石林和寿鹿山国家森林公园、渭河源国家森林公园、太统山森林公园、子午岭、灵台荆山森林公园、互助北山国家森林公园、泾源六盘山国家森林公园、西吉火石寨国家地质森林公园、隆德白桦林大峡谷等景区
丝绸之路旅游资源	泾川大云寺—王母宫和北石窟、南石窟、大佛石窟、崆峒山、麦积山石窟、天水伏羲庙、甘谷大象山、武山水帘洞、秦州南郭寺、玉泉观、陇西李氏祠堂、炳灵寺石窟、须弥山石窟、民和古鄯东沟瀑布群、固原博物馆、陇县大震关和秦汉萧关、隋唐石门关等景区
历史文化旅游资源	麟游九成宫国家考古遗址公园、彬县公刘墓、扶风周原遗址、千阳秦汉帝王行宫遗址、淳化甘泉宫和秦直道遗址、天水伏羲庙、秦安大地湾遗址、秦州三国古战场、李广墓、庆阳周祖陵、临洮马家窑文化、漳县汪氏文化、皇甫谧文化园、永登鲁土司衙门、榆中青城古镇、明长城、民和喇家遗址、乐都柳湾彩陶遗址和古南凉遗址、固原战国秦长城和开城安西王府遗址、彭阳朝那城、隆德宋金古城等景区

资料来源：《国务院扶贫办 国家发展改革委关于印发六盘山片区区域发展与扶贫攻坚规划的通知》

（二）秦巴山片区

秦巴山片区旅游资源丰富，拥有以世界文化遗产为代表的一批高品质旅游资源，是我国旅游发展的重要版图。区域内国家 5A 级景区、国家森林公园、历史文化古迹众多，并逐步形成了具有区域特色的旅游圈（表 1-2）。但是由于秦巴山片区交通可达性差，大部分的旅游资源开发利用程度有限，旅游扶贫的带动作用还未得到有效发挥。“十三五”期间，应重点加强对区域内旅游交通的建设，提升区域内部的可达性及秦巴山片区与外部交通的连接性。另外，秦巴山片区作为我国重要的生态功能区，旅游扶贫的过程应本着保护与开发并重的思想，通过科学合理的开发策略将旅游资源转化为产业优势。

表1-2　秦巴山片区七大旅游圈

旅游圈名称	代表性资源
川陕红色旅游圈	通江红四方面军总指挥部旧址纪念馆、通江川陕苏区红军烈士陵园、南江巴山游击队纪念馆、平昌刘伯坚纪念馆、万源保卫战战史陈列馆、剑阁红军血战剑门关遗址、苍溪红军渡纪念地、仪陇朱德故居纪念馆等
先秦两汉三国历史文化旅游圈	汉中张良庙、古汉台、张骞墓、武侯祠、张飞庙、永安宫、八阵图、大宁河古栈道、岩棺群、定军山、石门–明月峡古栈道、昭化古城、蜀道剑门关、秦西陲陵园、六出祁山遗址、阴平古道等
秦岭巴山生态文化旅游圈	大南宫山、大瀛湖、长青华阳、金丝峡、太白山、米仓山、仪陇琳琅山、朝天曾家山、元坝栖凤峡、苍溪梨博园、青川白龙湖、平武报恩寺、南江光雾山、通江诺水河和空山天盆、北川西羌九黄山猿王洞
鄂西生态与文化旅游圈	武当山、郧县青龙山、郧阳岛、太极湖、丹江大坝、郧西上津古城、天河风景区、房县温泉、双野、竹山堵河源、女娲山、竹溪十八里长峡、保康九路寨、汤池峡、五道峡等
豫西文化生态休闲旅游圈	豫西大峡谷、老君山–鸡冠洞、白云山、恐龙遗迹、宝天曼、尧山–中原大佛、丹江库区、瓮城瀑布、渠首楚文化博物馆、神灵寨、洛书出处碑、杜康仙庄、老界岭、重渡沟、寺山、七星潭、范蠡公园等
大九寨国际黄金旅游圈	宕昌官鹅沟、武都万象洞、康县阳坝、文县天池、成县鸡峰山、徽县三滩、两当云屏三峡、略阳五龙洞、石泉“汉水明珠”、紫柏山、汉江古会馆群、勉县云雾山、南郑天汉水城、青木川古镇、地震遗址等
长江三峡文化山水旅游圈	奉节白帝城、天坑地缝、巫山小三峡、神女溪、大昌古镇、龙骨坡遗址、云阳龙缸、巫溪红池坝、大官山、宁厂古镇、兰英大峡谷等

资料来源：《国务院扶贫办　国家发展改革委关于印发秦巴山片区区域发展与扶贫攻坚规划（2011-2020）的通知》

（三）武陵山片区

武陵山片区除了拥有以世界自然遗产为代表的高品质自然旅游资源外，区域内少数民族众多，土家族、苗族、侗族等多个民族聚居于此，因此形成了大量具有文化内涵的特色民族村寨，但是由于区位条件的限制，该区域少数民族聚居区也是贫困高发区。近年来，通过发展特色旅游业，部分地区的贫困户已经脱贫致富。“十三五”时期，武陵山片区除了持续提升区域内交通可达性、完善景区基础设施建设外，最重要的就是利用少数民族村寨、少数民族的民俗文化发展特色旅游业。目前武隆山片区的特色旅游组团见表1-3。可以通过实施特色民族文化与村寨保护工程，对区域内的古村落、古镇进行保护性开发，引导少数民族居民参与旅游业，从而达到脱贫减贫的目的。

表1-3　武陵山片区特色旅游组团

旅游组团	旅游交通集散中心	代表性资源
渝东南山水生态旅游组团	黔江区	武隆喀斯特、仙女山、乌江画廊、芙蓉洞、桃花源、龚滩古镇、龙潭古镇、郁山古镇、南天湖、雪玉洞、金佛山、黔江城市峡江峡谷、小南海、阿蓬江、濯水古镇、黄水国家森林公园、阿依河、摩围山、务川栗园草场等
渝东鄂西山水风情旅游组团	恩施市	恩施大峡谷、腾龙洞、恩施土司城、柴埠溪大峡谷、梭布垭石林、云龙河地缝、神农溪、咸丰坪坝营、咸丰黄金洞、建始直立人遗址、石柱黄水国家森林公园、西沱古镇等
张家界湘西风情旅游组团	张家界市	武陵源、天门山、八大公山、五雷山道教胜地、茅岩河漂流、凤凰古城、乾州古城、里耶古城、德夯风景名胜区、猛洞河风景名胜区、借母溪、芙蓉镇等
湘西南山水文化旅游组团	怀化市	新宁莨山世界自然遗产、洪江古商城、黔阳古城、芷江和平城、城步南山、武岗云山、黄桑、怀化大湘西文化村、隆回虎形山花瑶国家级风景名胜区、新化大熊山和紫鹊界梯田、通道百里侗文化长廊、通道万佛山等
梵净山生态休闲文化旅游组团	铜仁市	梵净山、乌江山峡、九龙洞、十里锦江、太平河、玉屏舞阳河、松桃苗王城、思南石林、石阡温泉群等

资料来源：《国务院扶贫办　国家发展改革委关于印发武陵山片区区域发展与扶贫攻坚规划的通知》

（四）乌蒙山片区

乌蒙山片区内水系发达，拥有金沙江、岷江、赤水河、乌江等长江水系，以及南盘江、北盘江等珠江水系。区域内少数民族较多，民族风情浓郁，是我国主要的彝族聚集区，此外苗族、回族在此也有大量分布。乌蒙山片区在进行旅游扶贫开发时，除重点建设区域内公共基础设施外，还应重点突出区域内的红色旅游资源、民族文化旅游资源与绿色生态旅游资源，进而形成特色精品线路。乌蒙山片区重点旅游景区见表1-4。另外，由于乌蒙山片区的旅游资源在我国的旅游版图上并不具备绝对的竞争优势，片区内部应加强合作，构建无障碍旅游圈，形成旅游资源互补、旅游客源共享、旅游基础设施共用等互利共赢的局面。

表1-4　乌蒙山片区重点旅游景区

旅游中心	代表性景区
毕节市	草海、百草坪、马摆大山、阿西里西、织金洞-东风湖等喀斯特地质风貌景区、百里杜鹃、习水、燕子岩等
昭通市昭阳区	威信扎西会议会址、乌蒙山回旋战遗址、会泽大海草山、雨碌大地缝、金沙江漂流、西部大峡谷温泉，白鹤滩、溪洛渡、向家坝、乌东德四大巨型电站高峡平湖，天星国家森林公园等
寻甸县	禄劝轿子雪山、倘甸红土地、武定狮子山、寻甸北大营草场、钟灵山国家森林公园、棋盘山国家森林公园、罗婺民族风情走廊、柯渡渡口红军长征纪念馆、珠江源等
乐山市沐川县	大风顶、螺髻山、马湖、老君山原始森林、龙华古镇、玉皇观森林公园等
西昌、泸州	凉山彝族和叙永、古蔺苗族文化主题旅游
宜宾、泸州、遵义	“醉游中国”白酒金三角主题旅游和“长征丰碑”红色主题旅游

资料来源：《国务院扶贫办　国家发展改革委关于印发乌蒙山片区区域发展与扶贫攻坚规划的通知》

（五）滇桂黔石漠化片区

滇桂黔石漠化片区民俗文化旅游资源多姿多彩，自然生态旅游资源独具特色，具有较好的旅游扶贫前景。区域内拥有以喀斯特地貌为特色的世界级山水旅游资源，如黄果树大瀑布、乐业–凤山世界地质公园、丘北普者黑等，规划将区域打造成为国际知名的喀斯特山水与文化旅游目的地。“十三五”时期，应重点提升区域内旅游公共服务能力、加强区域内多元化旅游产品的开发，逐步构建以喀斯特山水观光旅游为核心，以长寿养生、民族风情旅游为重点，以生态休闲旅游、红色教育旅游、边境风情旅游为支撑的旅游产业体系。滇桂黔石漠化片区重点旅游景区见表 1-5。

表1-5　滇桂黔石漠化片区重点旅游景区

景区类型	代表性景区
喀斯特山水风光景区	大黄果树景区、九龙山森林公园、关岭古生物化石地质公园、花江大峡谷、普定夜郎湖、天台山–斯拉河、云峰屯堡、天落湾、千峰山、普里山、贞丰双乳峰、乌蒙山国家地质公园、施秉云台山景区、乐业–凤山世界地质公园、巴马水晶宫、巴马百魔洞、巴马盘阳河、凤山三门海、大化七百弄、马山金伦洞、龙滩大峡谷国家森林公园、紫云格凸河穿洞、马岭河大峡谷、万峰林（湖）、丘北普者黑、泸西阿庐古洞、屏边大围山国家公园、师宗英武山、罗平鲁布革小三峡、九龙瀑布群、广南坝美、麻栗坡老山、富宁驮娘江、“滇越铁路”及“人字桥”、师宗凤凰谷、罗平多依河等景
少数民族文化生态旅游景区	资源八角寨丹霞地貌、龙胜龙脊梯田、三江程阳侗族八寨、融水贝江–元宝山、黔东南苗岭国家地质公园、普定穿洞古人类文化遗址、红崖天书、云山屯古建筑群、平坝天台山伍龙寺、安顺文庙、汉代文化宁谷遗址、平塘掌布、镇远古城、隆里古城、旧州古城、从江加榜梯田、从江岜沙、小黄、榕江三宝、丹寨石桥、月亮河布依族生态园、朗德苗寨、安龙打凼、兴义南龙古寨、纳灰、兴仁鲤鱼坝、贞丰纳孔、岩鱼、荔波樟江、潕阳河（湖）、黎平侗乡、雷山西江千户苗寨、雷公山、尧人山国家森林公园、巴马世界长寿之乡养生休闲、巴马东山乡巴根瑶族文化生态旅游村、麻栗坡董干城寨白倮村民族文化生态旅游景区、阿峨新寨壮族文化生态旅游村、篾厂乡大丫口瑶族文化生态旅游村、泸西城子古村、师宗五龙壮乡等
边境风情旅游景区	大新德天跨国瀑布、宁明花山、靖西通灵大峡谷、马关中法战争遗址、麻栗坡大王崖画等
红色旅游景区	百色起义纪念园、韦拔群纪念馆、广西农民运动讲习所（列宁岩）、黎平会议会址、邓恩铭故居、王若飞故居等

资料来源：《国务院扶贫办　国家发展改革委关于印发滇桂黔石漠化片区区域发展与扶贫攻坚规划的通知》

（六）滇西边境片区

滇西边境片区是我国重要的少数民族聚居地之一，同时也是我国重要的生态功能区。区域内拥有丰富多彩的民族文化旅游资源，如大理白族文化、彝族古镇等；拥有绚丽多姿的自然生态旅游资源，如澜沧江、湄公河、火山热海等，旅游扶贫开发前景良好。由于地处中国与老挝、越南、缅甸的接壤之地，边境线长达3 000余千米，具有较好的对外开放优势。这也是滇西边境片区相对于其他集中连片特困地区最大的优势。因此，在“十三五”时期，要充分利用区域内的民俗文化旅游资源、自然资源打造突出区域特色的民族风情旅游、边境旅游、热带风光旅游及原始生态旅游。滇西边境片区特色旅游组团见表1-6。

表1-6　滇西边境片区特色旅游组团

旅游组团	旅游集散中心	代表性资源
民族休闲度假旅游组团	楚雄、大理	大理古城、三塔、鸡足山、普陀泉、新华村、紫溪山、彝人古镇、石羊古镇、石门关、方山、博南古道、云南驿、密祉旅游小镇、无量山、曲硐小城镇、白族古村诺邓、虎头山、茈碧湖、寺登街、千狮山、云鹤古镇、石宝山等
澜沧江-湄公河国际旅游组团	景洪市、思茅区、临翔区	司岗里崖画谷、翁丁原始部落、秘境临沧、石洞寺、滇缅铁路遗址园、南汀河、拉祜风情旅游区、佤族生态旅游区、芒玉峡谷、娜允古镇、墨江北回归线标志园、付腊温泉小镇、九甲千家寨等
哈尼梯田文化旅游组团	蒙自市、元阳县	石屏古城、异龙湖、花腰风情旅游区、元阳哈尼梯田、迤萨镇、金水河、蝴蝶谷、哈尼文化圣城、李仙江等
三江并流人文生态旅游组团	丽江古城区、怒江六库	丽江古城、玉龙雪山、玉峰寺、白沙壁画、拉市海、束河古镇、老君山、长江第一湾石鼓、泸沽湖、程海、听命湖、阴阳山瀑布、石月亮、丙中洛、独龙江、老窝山等
火山热海边境旅游组团	隆阳区、腾冲县、芒市	潞江坝、邦腊掌温泉、松山战役遗址、史迪威国际公路遗址、火山热海、和顺古镇、善洲林场、勐巴娜西珍奇园、大盈江风光、景颇山官文化园、南甸宣抚司署、高黎贡山等

资料来源：《国务院扶贫办　国家发展改革委关于印发滇西边境片区区域发展与扶贫攻坚规划的通知》

（七）大兴安岭南麓片区

大兴安岭南麓片区位于我国东北地区，区域内森林资源、草原资源较为丰富，拥有以科尔沁草原、阿尔山、扎龙湿地为代表的高品质旅游景区。区域内有蒙古族、满族、达斡尔族、锡伯族、柯尔克孜族等6个世居民族，因此具备较为浓郁的民族风情。在“十三五”时期，应重点开发休闲观光旅游、湿地科考旅游、民俗风情旅游与红色旅游。同时依托紧邻边境地带的区位优势，加强与区域外边境游线路的衔接，从而扩大客源市场。大兴安岭南麓片区已形成的特色旅游组团见表1-7。

表1-7　大兴安岭南麓片区旅游组团

旅游组团	旅游集散中心	代表性资源
阿尔山休闲观光旅游组团	阿尔山	阿尔山国家森林公园、阿尔山地质公园、好森沟国家森林公园、阿尔山疗养院矿泉群等

续表

旅游组团	旅游集散中心	代表性资源
湿地科考旅游组团	阿尔山、白城、齐齐哈尔、大庆	图牧吉、科尔沁、白狼、扎龙、向海、莫莫格、林甸湿地温泉等
民俗风情旅游组团	乌兰浩特白城	成吉思汗庙、葛根庙、通榆墨宝园、富裕老窖酒厂博物馆、青冈满族民俗风情园、乌兰毛都草原等
红色旅游组团	乌兰浩特、齐齐哈尔、绥化	内蒙古民族解放纪念馆、内蒙古党委办公旧址、五一会址、阿尔山日军侵华军用机场遗迹、侵华日军遗址群、泰来县江桥抗战纪念地、望奎县林枫纪念馆等

资料来源：《国务院扶贫办　国家发展改革委关于印发大兴安岭南麓片区区域发展与扶贫攻坚规划的通知》

（八）燕山-太行山片区

燕山-太行山片区地形地貌丰富多样，山峰、森林、湿地、瀑布、峡谷、草地等生态旅游资源丰富，国家级风景名胜区、国家级森林公园、国家级湿地公园、国家级自然保护区、国家级地质公园众多，如五台山、大同火山群等；同时由于该片区是游牧文化与农耕文化的交融地带，历史文化沉淀厚重，各种古迹众多，如五台山佛教建筑群、承德避暑山庄等。此外，燕山-太行山片区位于环京津休闲旅游产业带，依托紧邻京津的区位优势，旅游客源市场相当广阔。“十三五”时期，除了发挥已有的旅游景区带动作用外，还应继续发掘旅游资源，重点发掘区域内农事民俗旅游资源、山水休闲资源，形成个性化的旅游产品。另外，应提升区域内城镇的旅游接待服务能力，并开发个性化的旅游商品。燕山-太行山片区旅游景区见表1-8。

表1-8　燕山-太行山片区旅游景区

景区类型	代表性景区
宗教文化类	五台山风景名胜区、恒山庙群、悬空寺、永安寺、千佛岭、天镇慈云寺、大同昊天寺、灵丘觉山寺和曲回寺石佛冢群、广灵圣泉寺、阳高云林寺、兴和佑安寺、承德避暑山庄周围寺庙等
生态休闲类	塞罕坝国家级自然保护区、围场红松洼自然保护区、涞水野三坡景区、涞源白石山景区、大同火山群国家地质公园、阜平天生桥国家地质公园、丰宁京北第一草原、丰宁朝阳洞生态旅游景区和鱼儿山湿地公园、丰宁九龙松景区、围场御道口草原森林风景区、平泉辽河源山地度假区、承德县石海森林公园、隆化茅荆坝国家森林公园、张北中都草原、蔚县小五台山自然保护区、顺平腰山王氏庄园、曲阳虎山、浑源神溪湿地、阳高六棱山风景区、灵丘桃花山溶洞、大同桑干湖、汤头温泉、广灵白羊峪、甸顶山空中草原、繁峙秘魔岩、兴和察尔湖、化德黄羊滩等旅游景点、二茄兰原始林海旅游区、兴和苏木山森林公园等
历史文化类	承德避暑山庄、清西陵、木兰围场、泥河湾古人类遗址、蔚州古城、曲阳北岳庙和雕刻文化园、唐县唐尧文化园、平泉契丹文化产业园、张北蒙古大营、丰宁凤山古镇、蔚县暖泉古镇、广灵水神堂、天镇新平堡历史文化名镇、大同县吕家大院、吉家庄新石器遗址、乌龙峡生态旅游度假区、白登之战遗址、浑源麻家大院、李峪青铜器遗址、东坊城辽金战场遗址、灵丘赵武灵王墓、明代长城、觉山寺等

续表

景区类型	代表性景区
红色旅游类	狼牙山景区、平型关战役遗址、阜平晋察冀边区革命纪念馆、八路军总部旧址、白求恩柯棣华纪念馆、徐向前故居、董存瑞烈士陵园

资料来源：《国务院扶贫办　国家发展改革委关于印发燕山–太行山片区区域发展与扶贫攻坚规划的通知》

（九）吕梁山片区

吕梁山片区位于黄土高原中东部，是典型的黄土丘陵沟壑区。区域内旅游资源丰富，尤其是非物质文化遗产是该区域的主要特色，如伞头秧歌、二人台、信天游、民乐鼓吹、三弦书等，另外区域内陕北民俗文化、黄河文化也对大众旅游者具有较强的吸引力。但是由于区域内以丘陵沟壑地貌为主，公共基础设施建设滞后，对内对外交通均不流畅，因此严重制约了旅游业的发展。“十三五”时期，吕梁山片区应主打黄河风情、黄土风情，深挖区域内非物质文化遗产，形成特色化、精品化的旅游线路；同时，加强旅游基础设施建设，提升城镇的旅游服务能力，最大限度地发挥旅游业的带动作用。吕梁山片区旅游景区见表 1-9。

表1-9　吕梁山片区旅游景区

景区类型	代表性景区
黄河、黄土风情文化	黄河壶口、碛口古镇、黄河第一湾、二郎山金疙瘩、黄河蛇曲国家地质公园、黄河天下第一村、黄河峡谷、三十里铺民俗村、黄河太极圈、鱼儿峁、姜氏庄园、木头峪廊沿窑洞式建筑群、米脂婆姨文化馆、佳县赤牛坬民俗文化村等
红色文化	蔡家崖晋绥边区纪念馆、杨家沟毛主席转战陕北旧址、百团大战首战旧址、359 旅司令部旧址、中央后委机关驻地旧址、毛主席东渡黄河旧址、寨则山毛主席路居处、毛泽东东征旧居、刘志丹牺牲地、毛泽东诗词园、袁家沟革命旧址、绥德抗大旧址、沙家店战役旧址、李鼎铭陵园与故居、红军东征纪念馆、南丰寨陕北特委第一次会议旧址、“四八”烈士纪念馆等
历史文化	白云山道观、小西天、蒙恬墓、扶苏墓、芦芽山太子殿、宋长城遗址、李自成行宫、米脂古城、佳芦古城、波罗古堡、疏属山、楼山、望海寺、五寨古城角、五王城遗址、常遇春古墓、靖边楼、北峰台、峰台梁、孟门、路遥纪念馆、吴堡石头城、清泉寺、白龙寺、道堂寺、赵王城遗址、旧石器遗址、净居寺、千佛洞、香炉寺、云岩寺、万佛洞、合龙山、师家沟清代民居等
生态休闲度假	蔡家川森林公园、横沟温泉和北山、盘龙山、姑射山、天柱山、连连沟、万华山、紫荆山、五鹿山、人祖山、高西沟、川口、王圪堵、佛殿堂、笔架山、泥河沟千年枣树等

资料来源：《国务院扶贫办　国家发展改革委关于印发吕梁山片区区域发展与扶贫攻坚规划的通知》

（十）大别山片区

大别山片区位于鄂豫皖交界地带，平均海拔超过 1 000 米。区域内水系发达，森林覆盖率较高，生物多样性较丰富，旅游业发展潜力较大。目前区域内主要以红色文化旅游资源、历史文化旅游资源和生态休闲旅游资源为主，有多处爱国主义教育基地、国家级自然保护区、国家级森林公园。由于是国家重要的革命老区，大别山片区在旅游扶贫上取得了一定的成就，如红安县、金寨县等多个地区通过发展旅游业带动当地百姓脱贫。“十三五”时期，大别山片区应充分挖掘整合红色文化旅游资源、历史文化旅游资源与生态休闲旅游资源，着力打造特色旅游品牌。同时，利用大别山片区毗邻武汉城市圈、中原城市群、皖江城市带的优势，进一步发掘旅游客源市场。大别山片区旅游景区见表 1-10。

表1-10　大别山片区旅游景区

景区类型	代表性景区
红色文化	黄麻起义纪念园、宣化店中原突围纪念馆、红安革命传统教育学院、新四军第五师司令部旧址、麻城中央农民运动讲习所旧址、七里坪镇长胜街、鄂豫边区革命烈士陵园、鄂豫皖苏区纪念园、麻城革命烈士陵园、“八七会议”乘马会馆、王树声故居、团风、英山革命烈士陵园、红 27 军组建地、红 25 军纪念馆、大别山·金寨国防和革命传统教育基地、刘邓大军前方指挥部、红二十八军旧址、金寨县革命博物馆、霍邱烈士陵园、渡江战役指挥部、刘邓大军高干会议旧址、大别山烈士陵园、渡江烈士陵园、新县鄂豫皖红色首府景区、焦裕禄纪念园、王大湾会议旧址、商城县金刚台红军洞群、红二十五军长征出发地、刘邓大军前方指挥部和董必武/李先念/邓颖超等名人故居
历史文化	淮阳太昊陵、固始陈氏将军祠、黄国故城遗址、白云禅寺、王公庄画虎村、陈胡公墓、陈楚故城、太康谢安故里、新蔡古城、辛亥革命先烈祠、平粮台遗址、佛阁寺、白云寺、净居寺、淮河文化博览园、固始根亲博物馆、潢川古黄国历史文化陈列馆、老子故里、庄子故里、寿县古城、楚文化博物馆、太湖五千年文博园、安丰塘、宿松白崖寨、岳西二祖寺、潜山三祖寺、霍邱李氏庄园、姜子牙文化城、张恨水文化园、水门塘、麻城岐亭古镇杏花村、蕲春李时珍国际健康旅游区、英山毕昇活字印刷博物馆、李四光故居、黎元洪纪念馆、孔子问津书院、团风历史博物馆、孝昌董永故里等旅游景区
生态与休闲度假	天柱山、天堂寨、燕子河大峡谷、明堂山、天峡、石莲洞、迪沟、八里河、临淮岗、花亭湖、八公山、司空山、妙道山、天马保护区、金紫山、瓦埠湖、武昌湖、小孤山、鹞落坪保护区、王家坝、白鹭洲、板仓自然保护区、梅山水库风景区、响洪甸水库、龙津溪地、鸡公山、灵山、南湾湖、汤泉池、金刚台、九里湖、黄柏山、西九华山、龙湖、黄河故道、香山湖、金兰山、震雷山、安山、宁陵万亩梨园、薄刀峰、九资河、青苔关、桃花冲、龟峰山、天台山、云丹山、观音湖、赤龙湖、双峰山、龙潭湖、三里城茶叶公园、大悟红叶观光园、九女潭、横岗山、三角山、吴家山、杨柳温泉谷、牛车河、孟宗公园、草店芳城遗址等

资料来源：《国务院扶贫办　国家发展改革委关于印发大别山片区区域发展与扶贫攻坚规划的通知》

（十一）罗霄山片区

罗霄山片区是我国著名的革命老区，区域内大部分地区都是井冈山革命根据地与中央苏区的范围，因而红色文化旅游资源相当丰富，并形成了以井冈山为中心的红色旅游景区集群和以瑞金为中心的红色旅游景区集群。同时，区域内客家风情浓郁，形成了以赣州为中心的客家文化旅游景区集群。此外，作为我国南方重要的生态屏障，区域内生态旅游资源也较为丰富。“十三五”时期，应继续开发以红色旅游为核心，以客家民俗文化、历史文化和生态休闲为重点的旅游产品体系，加强区域内高等级公路、铁路及支线机场的建设，持续提升城镇旅游公共服务能力，为旅游业发展创造良好环境。罗霄山片区旅游组团见表1-11。

表1-11　罗霄山片区旅游组团

组团名称	代表性景区
大井冈山旅游组团	井冈山北山烈士陵园、黄洋界、毛泽东旧居、小井红军医院旧址、上井红军造币厂、革命博物馆、东固革命纪念馆、永新三湾改编、遂川工农兵政府旧址、草林红色墟场、莲花高滩红军旧址、安仁轿顶屋及湘南特委旧址、炎陵朱毛首次会面旧址、茶陵工农兵政府、桂东《三大纪律六项注意》颁布地以及白鹭书院、安石故里、天祥景区、笔架山、龙潭、五指峰、汤湖、陡水湖、万安湖、玉壶山、炎帝陵、桃源洞、茶陵南宋古城、“四大学士故里”、云阳山、东阳湖、洣江书院、龙家祠堂、熊峰山、神农殿、九龙庵、香火堂、药湖寺、石冲村古民居村落、欧阳厚均故居等
原中央苏区旅游组团	瑞金叶坪、沙洲坝革命旧址群、革命历史博物馆，兴国将军园、苏区干部好作风纪念馆，宁都起义指挥部、反“围剿”战争纪念馆、翠微峰战斗遗址、于都长征第一渡，寻乌调查纪念馆，石城阻击战纪念园、石城红五军团诞生地、高虎脑战役系列遗址，会昌毛泽东诗词纪念园以及翠微峰、罗汉岩、罗田岩、通天寨等
客家风情旅游组团	赣州宋城特色文化产业园、赣州历史文化街区、七里古镇古窑址、江西客家博物院、五龙客家风情园、上犹森林小火车、安远客家围屋、赣县白鹭古镇、宁都东龙古村、瑞金九堡密溪古村与瑞金粜米街、三百山东江源头、会昌筠门岭古镇与羊角水堡、兴国三僚风水文化村、石城峡谷温泉、安远温泉、乐安流坑古村等
湘南生态休闲文化旅游组团	湘南年关暴动指挥部旧址、汝城津江红色古村、东江湖、莽山、八面山、汝城温泉、一六温泉、濂溪书院、白云书院、太极予乐、岭秀瑶寨、鱼王畲寨等

资料来源：《国务院扶贫办　国家发展改革委关于印发罗霄山片区区域发展与扶贫攻坚规划的通知》

（十二）新疆南疆三地州

新疆南疆三地州包括新疆和田地区、喀什地区及克孜勒苏柯尔克孜自治州，位于新疆天山以南。区域内自然风光独特、民族风情浓郁、历史文化积淀深厚、旅游资源丰富。既有闻名于世的尼雅遗址、昆仑山、塔克拉玛干沙漠，也有特色鲜明的慕士塔格冰山、乔戈里峰、喀拉库里湖，还有资源禀赋独特的冰川公园、阿图什天门、千年史诗《玛纳斯》、柯尔克孜族猎鹰。同时，南疆三地州位于我国古丝绸之路的重要位置，借助“一带一路”的契机，区域内旅游投资增速较快，旅游业发展迅速。“十三五”时期，新疆南疆三地州应继续利用自身良好的区位优势与独特的旅游资源优势，对外吸引丝绸之路沿线客源国，对内吸引中东部地区旅游者，充分发挥旅游业的关联带动作用，让当地更多的居民参与到旅游发展中来，从而实现脱贫、减贫的目的。

（十三）西藏及四省藏区

西藏及四省藏区是我国经济发展较为滞后的区域，区域内平均海拔较高，自然生态环境较为脆弱。与此同时，区域内民风淳朴，藏族文化旅游资源保存良好，部分地区自然生态景观也极具吸引力（图 1-1），如迪庆藏族自治州的香格里拉既拥有浓郁的藏族风情，也拥有景观价值极高的普达措国家公园。西藏及四省藏区的旅游业近年来虽然得到了较快的发展，但是受限于交通的通达性、接待设施的完备性、海拔较高等诸多因素，相对于我国其他地区，其旅游业发展依然较慢。“十三五”时期，对于西藏及四省藏区旅游业的发展应继续以自助游市场为主，围绕自助游市场提供完备的基础设施与公共服务，同时在发展旅游业的过程中注重对藏区传统文化的保护，以及对藏区民俗风情的尊重。

图 1-1　尼雅遗址、喀拉库里湖与阿图什天门

资料来源：尼雅遗址，http://page.tianya.cn/tyk000009562，2014-03-28;蓝天下的喀拉库里湖，http://www.xiangshu.com/read.php?tid=687574，2007-08-22；新疆旅游景点阿图什天门，http://blog.sina.com.cn/s/blog_4b4838bd01015a7h.html，2012-06-21

三、“十三五”时期旅游扶贫展望

（一）规划引领

“十三五”时期，旅游扶贫要在区域扶贫开发当中发挥更为重要的作用，首先就必须突出旅游规划的引领作用。2015 年 7 月，国家旅游局启动了面向贫困地区的旅游扶贫规划公益行动，旨在通过对具备旅游发展条件的建档立卡贫困村引入旅游智本完善贫困村旅游项目策划、旅游产品设计、旅游业态设计及贫困户参与机制设计，最大限度地识别贫困户，让其分享旅游业发展带来的利益。2015 年 10 月 17 日，国家旅游局在张家界召开旅游规划扶贫公益行动动员大会，全国所有旅游规划甲级资质及部分乙级资质机构派代表大会，会上就旅游扶贫试点村规划编制的要点进行了解读，并向参会代表发放了《旅游扶贫试点村规划导则》，明

确了旅游扶贫试点村规划的基本内容。同时，国家旅游局启动了集中连片特困地区的旅游发展规划编制行动，如《乌蒙山片区旅游发展规划》《大别山片区旅游发展规划》《武陵山片区旅游发展规划》《秦巴山片区旅游发展规划》，旨在从宏观层面上为贫困地区旅游发展营造良好的环境。

（二）业态导入

从我国扶贫开发的实践来看，扶贫的关键在于培养贫困地区自我造血的能力，即通过培植贫困地区产业的发展来带动该地区脱贫、减贫。“十三五”时期，我国旅游扶贫的关键亦在于通过构建完善的旅游业态，形成旅游产业链来带动贫困地区发展。部分贫困地区旅游资源丰富，具备发展旅游业的良好基础，但是旅游资源并不等于旅游产品，更不等同于旅游业。由于我国旅游业发展中存在大量的门票经济，贫困地区的旅游发展往往局限于旅游门票经济，而忽视了对旅游其他要素的开发，如旅游住宿、餐饮、商品等。“十三五”时期，产业融合发展背景下，旅游扶贫要着力解决旅游业态导入的问题，通过设计科学合理的业态来充分带动贫困地区旅游业的发展。

（三）机制设计

贫困户参与旅游业发展的机制设计是“十三五”时期我国旅游精准扶贫的一大亮点。在国家旅游局推出的专门针对我国 560 个建档立卡贫困村的旅游规划扶贫公益行动中，明确强调要根据村情及旅游项目的特点，因地制宜设计农户以房屋、宅基地、土地承包使用权、资金、技术等投入旅游开发的机制，并需要专门设计具体的实施路径。从我国乡村旅游发展的情况来看，目前已经形成了“景区+农户”、“景区+协会+农户”和“协会+农户”等参与机制，这些机制在乡村也发挥了一定的成效，取得了较好的效果。但是由于贫困地区不同于一般乡村地区，居民受教育水平有限，已经形成的机制不一定能发挥出效用，因此需要根据旅游业发展的实际进行重新设计，确保贫困户参与到旅游发展中。

阅读 1-2　六盘山旅游扶贫试验区

六盘山旅游扶贫试验区自成立以来，依托当地丰富的特色资源发展旅游产业，使周边地区交通、饮水等基础设施得到有效改善，拓宽了农民增收渠道，也实现了周边农民稳定就业，从而增强了贫困地区的“造血功能”，加快了贫困群众脱贫致富的步伐。

彰显贫困地区的资源特色，实现资源价值。试验区成立以来，国家、区、市共投入各类资金三亿多元，开发建设了六盘山国家森林公园、六盘山红军长征景区、须弥山石窟、火石寨国家地质（森林）公园四个 4A 级旅游景区，以及老龙潭·中华龙文化博览园、胭脂峡等 10 多个旅游景区，逐步开发打造了清凉六盘消夏游、长征圣山体验游、丝路重镇文化游、丹霞奇观浪漫游、回乡风情探秘游等特色旅游产品，形成了高原绿岛、长征圣山、丝路重镇、丹霞奇观、回乡风情五大旅游品牌，全市旅游业得到了真正意义上的发展，通过旅游业的关联带动，进一步彰显了贫困地区的资源特色及价值。

推动产业结构调整及其他社会事业协调发展。试验区的建设及发展，促使全市道路交通得到极大改善，实现了中心城市通高速、县城通二级以上公路、全部乡镇和建制村通沥青水泥路，初步形成了集公路、铁路、航空及过境高速公路为一体的立体型综合交通网络。城市建设步伐不断加快，商贸流通、餐饮住宿、交通运输等服务业逐步发展壮大，三营、黄铎堡、兴隆、将台、泾河源、六盘山等一批旅游中心乡镇悄然兴起。在旅游扶贫产业的带动下，一大批民间文化蓬勃发展，非物质文化遗产得到有效开发和保护，社会各项事业呈现出齐头并进、竞相发展的良好局面。

促进剩余劳动力实现就业，加快农民脱贫致富步伐。积极引导景区周边群众参加景区基础设施建设，参与发展农家乐、果树采摘、花卉观赏等旅游项目和制作销售手工艺品、土特产品等，使他们成为旅游开发的参与者和直接受益者。目前，全市依托旅游景区发展农家乐旅游服务已成为各县区发展旅游经济、带动群众脱贫致富的新门路。例如，六盘山国家森林公园周边 5 个村建有农家乐 81 家，隆德县杨家店红军村、红崖老巷子民俗文化村和神林现代农业休闲观光旅游村共经营农家乐 50 余家，尤其是泾源县泾河源镇冶家村农家乐的特色旅游服务既方便了游客，缓解了县城宾馆的接待压力，又增加了就业门路，提高了农民的收入，并带动了泾源县大庄、沙南、羊槽村及原州区部分乡村建设农家乐的积极性。

第二章　国内外旅游扶贫研究综述与实践经验

在明确提出“旅游扶贫”以前，世界上无论是发展中国家，还是发达国家，都在不同程度上，利用不同渠道和形式，开展了多种多样的以消除和减少贫困为目的的旅游扶贫活动。旅游扶贫的理论基础来源于早期旅游业对接待地经济影响的研究，即旅游对接待地社会经济发展的作用，包括就业、经济增长、赚取外汇等。以 20 世纪六七十年代的旅游乘数效应研究为代表，贫困作为一个影响旅游经济作用发挥和旅游乘数效应的因素出现在相关文献中。此后，学者们逐步开始关注旅游对欠发达地区的效益与影响，从国际、国家、地区、接待地等多个层次中逐层展开。除了旅游扶贫的概念，研究内容上主要分为三个方面，即旅游发展对贫困地区的影响、贫困人口参与及收益情况。

第一节　国外旅游扶贫综述

一、旅游扶贫相关概念

关于用旅游来扶贫的方式在国际上比较流行的提法是 PPT（pro-poor tourism，旅游扶贫）和 ST-EP（sustainable tourism and eliminating poverty，可持续旅游与消除贫困）。PPT 是英国国际发展署于 1999 年委托相关专家开展了一项关于可持续旅游和消除贫困的研究，在这个研究中 PPT 第一次被明确地表述出来。从它的字面意义来说，PPT 是指有利于贫困人口的旅游，核心是使贫困人口受益，旅游只是使贫困人口受益的一种手段，它是一种能够促进减轻贫困的旅游发展方式，强调穷人旅游收益必须远远大于他们付出的成本[①]。PPT 的目标包括经济利益、其他生活利益（自然、社会、文化）和无形的福利[②]。2002 年 8 月召开的世界可持续旅游发展峰会上第一次提出了 ST-EP。它更加注重通过可持续旅游的方式来减少贫困。

PPT 与 ST-EP 既有联系也有区别。联系在于两者对于减少贫困的作用，而区别在于两者之间的理念不同。王铁在阐述两者的理念区别时认为：PPT 与可持续旅游有密切关系，即便"使贫困人口受益"不同于 WTO 关于可持续旅游概念的侧重点，PPT 也赞成和遵从可持续旅游的理念，但两者之间在核心关注点上截然不同[③]。PPT 关注的是贫困人口受益，而 ST-EP 则更关注可持续旅游这种发展方式。国际上的案例也可证明 ST-EP 的关注点不同于 PPT。例如，非洲部分 ST-EP 项目通过探寻社区旅游来改善当地野生动物保护状况，并未以贫困人口受益为核心。因此，他们更倾向于用 ST-EP 来替代 PPT。ST-EP 的核心是把可持续旅游作为减贫的一种手段，用以解决旅游发展中出现的社会、文化、环境等负面问题。ST-EP 强调为旅游扶贫示范项目提供启动资金，加强可持续旅游与减贫的研究等。通过旅游促进当地经济发展仍是其主要目的，这与 PPT 的内涵是一致的。

国内最早将旅游引入扶贫是在 20 世纪 80 年代。一些老、少、边、穷地区由于地理位置差、产业基础薄弱，通过开发当地的旅游资源发展旅游业逐步摆脱了贫困。1991 年，贵州省旅游局首次提出了"旅游扶贫"的概念。1994 年 3 月，国务院制定和发布了《国家八七扶贫攻坚计划（1994—2000 年）》。以该计划的公布实施为标志，我国的扶贫开发进入攻坚阶段。这是我国历史上第一个有明确目标、明确对象、明确措施和明确期限的扶贫开发行动纲领。《国家八七扶贫攻坚计划（1994—2000 年）》的提出掀起了我国旅游扶贫开发的热潮。旅游扶贫开发是一种特殊的开发扶贫形式，以发展旅游业带动经济欠发达地区脱贫致富为主要目标。我国旅游资源蕴藏丰富的地区与贫困地区有很大的重合性，旅游资源具有高密集度、高档次、高品位的优势，这样就在发展旅游业与扶贫之间建立了有机联系。

二、旅游业发展对贫困地区的影响

最早对国外旅游扶贫的理论研究要数旅游给当地经济发展所带来的一系列影

① Schilcher D. Growth versus equity：the continuum of pro-poor tourism and neoliberal governance[J]. Current Issues in Tourism，2007，10（2）：166-193.

② Suntikul W，Bauer T，Song H. Pro-poor tourism development in Viengxay，Laos：Current state and future prospects[J]. Asia Pacific Journal Research，2009，14（2）：153-168.

③ 王铁. 基于 Pro-poor Tourism（PPT）的小尺度旅游扶贫模式研究[D]. 兰州大学博士学位论文，2008.

响问题，包括对经济发展的作用、意义、正面和负面影响等。20 世纪 80 年代以来，旅游业的蓬勃发展对接待地的经济、社会、文化、环境的影响日益突出，特别是在不发达的国家和地区。Shah 等的研究表明，旅游可给当地带来经济发展和服务业的繁荣，包括为贫困人口提供更多的就业岗位和带来更多的经济利益，从而促进当地的经济发展[①]。随后一系列关于旅游发展对接待地的积极和消极影响的研究逐步增多，可持续旅游、社区旅游、生态旅游等成为该时期研究的主流。虽然此阶段关于旅游的研究都没有以贫困问题为中心，但这些研究中都涵盖了贫困地区人口通过发展地区旅游业获利或者消除贫困的研究，对当地扶贫起了一定的作用，旅游和扶贫之间的有机联系也慢慢展现开来。直到 1999 年 PPT 概念的提出，才开始了真正的旅游扶贫研究。关于旅游扶贫，国外的研究主要起源于发达国家的学者对旅游目的地社会与经济发展的影响研究。除了经济上的正面影响，旅游业发展也可能给接待地带来生态环境、社会文化上的负面影响。在自然景观丰富但工农业贫瘠的贫困社区，社区居民为增加创收，生态旅游和以社区为基础的旅游业经常声称是可能补救的措施。但研究表明，生态保护与收益分享远非那么简单，Snyder 选取坦桑尼亚北部社区进行实证研究，探讨社区旅游与生态保护之间的问题[②]。

很多学者通过研究认为，旅游业的发展能为贫困地区带来更多的就业机会，增加当地人民的收入，促进中小企业的发展。但一些学者，如 Walpole 和 Goodwin 持不同意见，他们认为贫困地区的经济基础非常薄弱，同时由于外来资本占据了大部分的旅游市场，产生了非常严重的旅游外汇流失现象，因此贫困地区得到的最终经济利益十分有限[③]。Fletcher 和 Archer[④]及 Parlett 等[⑤]，研究了旅游的积极影响和消极影响的关键因素，包括政治、经济、文化、生态环境等方面的影响。同时在创造就业和收入方面，他们还指出，对于那些发展机会较有限的欠发达地区，旅游显得比其他产业更为有效。Taylor 研究了库克群岛的旅游发展，他发现库克群岛的旅游发展并没有给贫困人口带来经济利益。原因在于他们过度依赖旅游业，

---

① Shah K，Gupta V，Buyd C. Tourism，the poor and other stakeholders：experience in Asia[Z]. 2000.

② Snyder K A. Tourism in Maasai communities：a chance to improve livelihoods[J]. Journal of Sustainable Tourism，2011，19（8）：935-951.

③ Walpole M J，Goodwin H J. Local economic impacts dragon tourism in Indonesia[J]. Annals of Tourism Research，2000，27（3）：35-41.

④ Fletcher J E，Archer B H，Cooper C P. The development and application of multiplier analysis[J]. Recreation and Hospitality Management，1991，（3）：28-47.

⑤ Parlett G，Fletcher J，Cooper C. The impact of tourism on the Old Town of Edinburgh[J]. Tourism Management，1995，16（5）：355-360.

使得旅游的替代性产业失去生存空间，并且特别容易被国际垄断组织控制，加剧其经济漏损[①]。

三、旅游开发中贫困人口参与问题研究

当我们对旅游开发中贫困人口参与问题进行研究时，重点集中于贫困人口参与旅游开发的障碍以及改进措施，其中最主要的障碍便是缺少人力资本，缺少金融资本、可进入性差以及丢失土地所有权和使用权次之，这都使得贫困人口无法真正参与旅游。Mercer 的研究较有代表性，他探讨了旅游开发与该地居民的关系，他以澳大利亚中部和北部为例，通过对其进行考察，指出了居民参与对旅游地的适度开发是有利的[②]。大部分研究表明，居民只有参与旅游决策，进行旅游规划，才能真正提高收益水平，从而获取利益，但同时我们也可以发现，由于受到很多因素的影响，社区居民一般都没有参与到较高等级的旅游活动中，贫困人口就更不可能参加。旅游开发中贫困人口参与类型主要包括：参与旅游规划与决策、参与旅游企业经营活动、参与和旅游相关的其他行业的经营管理、参与旅游就业、导游、酒店从业人员[③]。Bah 和 Goodwin 在对 1993~2003 年研究回顾中指出贫困人口若要持续地从旅游发展中获益，除了政府支持行业承诺外还要建立一个完善的社区参与机制[④]。

四、旅游开发中贫困人口收益问题研究

旅游开发中，贫困人口收益情况问题主要分为经济利益和非经济利益两个方面。其中，研究的重点问题是旅游收益在贫困人口间的分配。研究的主要结论有：旅游业可以为妇女、残疾人等这类在就业中处于劣势的人群提供就业机会。旅游收入的“渗透作用”间接地使贫困人口获利。贫困人口并不是均质的群体，其在资产和能力方面存在不同。不同居民在旅游衰退中的收入变化情况也是不同的，净利益对于最贫困的人来说可能很少甚至为负数，最贫困的生产者基本上属于收

---

① Taylor J E. Remittances and inequality reconsidered：direct，indirect，and inter temporal erects[J]. Journal of Policy Modeling，1992，14（2）：187-208.

② Mercer D C. Aboriginal self-determination and indigenous land title in Post-Mabo Australia[J]. Political Geography，1997，16（3）：189-212.

③ 王兆峰. 民族地区旅游扶贫研究[M]. 北京：中国社会科学出版社，2011：211-212.

④ Bah A，Goodwin H. Improving Access for the Informal Sector to Tourism in The Gambia[Z]. PPT Working Paper No. 15，2003.

入减少的那部分。政治联系和社会关系也是导致利润分配不均的主要因素之一[①]。Nicholson在分析菲律宾棉兰老岛旅游业发展情况时发现，当一个地区在发展旅游业的同时没有保护社会文化，那么随着当地商业化进程不断加快，可能会使儿童由于无人引导或者引导过度而走上性犯罪道路，这会改变当地居民的生活环境，也会给当地造成极其不好的影响[②]。旅游业发展还改变了旅游目的地的自然资源和生存环境，这种改变有利有弊。发展旅游业能够改善生活环境，旅游目的地居民也获益匪浅，发展旅游业能提高当地的教育和医疗设施水平，这是其带来的积极影响。但是贫困地区的人民也因此失去很多自然资源，如土地资源，这使他们的生活来源受到了很多的限制。Gurung在研究尼泊尔的加奥里帕尼地区时发现，减少当地一公顷的森林，当地人民便不能够再轻易收集柴火和其他物品，随之受影响的便是森林旅游[③]。Joseph在对博茨瓦纳地区的旅游扶贫效益进行评估后，指出旅游推动了当地经济的发展，促进了贫困人口尤其是贫困妇女的就业[④]。Scheyvens基于斐济的研究发现每年斐济的旅游人数都在增加，但是当地贫困人口数也在增加，虽然与本地农业衰退有关系，但值得注意的是当地政府的旅游政策都在于保护大的外商独资的度假地而本土旅游企业得不到支持，斐济当地土著人主要以企业雇员或者收取租赁的方式参与旅游发展，很少直接参与旅游规划和开发，因此限制了旅游扶贫的效益[⑤]。

第二节 国内旅游扶贫综述

与国外的研究相比，我国对旅游经济影响的研究比国外晚了二三十年。但快速发展的旅游业吸引了学者的关注，国内对旅游扶贫的研究主要体现在旅游经济方面，这是旅游扶贫研究的理论依据，也是旅游扶贫经济效应评估的基础。21世纪以来，学者们对旅游扶贫问题的探讨范围越来越广泛，归结起来，主要体现在

---

① 班振. 东兰县旅游扶贫开发研究[D]. 广西大学硕士学位论文，2013.

② Nicholson T. Culture，Tourism and Local Strategies Towards Development：Case Studies in the Philippines and Vietnam[R]. London：Dept. For International Development，1997：197-198.

③ Gurung H. Environmental Management of Mountain Tourism in Nepal[C]. ESCAP Symposium on Tourism Promotion in the Asia Region，Hangzhou，1991.

④ Joseph E. Enclave tourism and its socio-economic impact in the Okavanngo Delta Bostswana[J]. Tourism Management，2005，(26)：157-172.

⑤ Scheyvens R. Tourism and poverty alleviation in Fiji：comparing the impacts of small- and large-scale tourism enterprises[J]. Journal of Sustainable Tourism，2012，20(3)：417-436.

以下四个方面。

一、旅游扶贫概念的探讨

21世纪以来，很多学者开始研究旅游扶贫的内涵。这些学者的看法或者趋于一致，或者背道而驰。高舜礼指出旅游扶贫的对象主要是经济相对落后的贫困地区，其中不但包含了贫困地区和贫困人口，还包括已经脱贫的但经济发展并不算发达的地区，他提出旅游扶贫的宗旨不仅仅是解决贫困人口的脱贫问题，更要通过旅游扶贫的发展带动当地民众最终走向富裕的道路①。刘向明和杨智敏认为旅游扶贫要兼顾“物质的贫困”和“观念上的贫困”，后者甚至更加重要②。周歆红认为旅游扶贫一定要明晰目标人口和目标地区，其研究的重点是如何在旅游开发中让贫困人口增加发展机会和获取收益，她认为旅游扶贫的根本是扶贫，发展的前提是经济效益的提高，方法和手段是发展旅游业，终极目标是社会积极变迁③。丁焕峰则认为旅游扶贫是基于对贫困地区的旅游资源进行开发，将旅游业发展成当地的主导型产业和支柱型产业，从而实现贫困地区地方财政和居民共同脱贫致富④。我们从中可以发现学者们各自定义的侧重点有很大的不同。

二、旅游扶贫效应的研究

最初学者们没有直接从旅游的反贫困角度入手，而把研究的焦点集中于旅游业发展对经济的影响上面。蔡雄等分析了旅游扶贫的乘数效应，认为其具有非常大的乘数效应，值得推广和借鉴⑤，高舜礼认为旅游扶贫的对象主要是经济欠发达地区，但在某种程度上也具有一定的旅游发展基础，这些地区不仅包括那些贫困地区，还包括所有的相对贫困地区。旅游扶贫目标是解决脱贫后要逐步致富的问题，而不仅仅局限于脱贫⑥。贾芳结合旅游的脆弱性，关注了旅游扶贫开发过程中应满足的条件⑦。林红则提出要冷静看待“旅游扶贫”在西部开发中的效应，并认

---

① 高舜礼. 对旅游扶贫的初步探讨[J]. 中国行政管理，1997，(7)：22-24.

② 刘向明，杨智敏. 对我国“旅游扶贫”的几点思考[J]. 经济地理，2002，22（2）：241-244.

③ 周歆红. 关注旅游扶贫的核心问题[J]. 旅游学刊，2002，17（1）：17-21.

④ 丁焕峰. 国内旅游扶贫研究述评[J]. 旅游学刊，2004，19（3）：32-36.

⑤ 蔡雄，连漪，程道品，等. 旅游扶贫的乘数效应与对策研究[J]. 社会科学家，1997，(3)：4-16.

⑥ 高舜礼. 旅游扶贫开发的经验、问题及对策[J]. 旅游学刊，1997，(4)：8-11.

⑦ 贾芳. 对旅游扶贫的再思考[J]. 甘肃社会科学，2000，(2)：81-82.

为“旅游扶贫”论的一大危害在于可能会引发各地盲目地开发旅游资源[①]。周歆红指出，漏损在旅游扶贫乘数效应中同样存在，同时还指出了旅游业要和当地社会协调发展的困难性[②]。虽然对旅游扶贫所造成的负效应有所研究，但是没有受到重视。唐建兵和王玉琼提出了关于旅游扶贫四个方面的负效应：①欠发达旅游开发区缺乏旅游行业管理和规划指导，多属自发性；②一些旅游开发区滋生“财大气粗”或“小富即安”心理；③旅游开发的重要性被夸大；④民族地区旅游目的地的自然环境被污染了，还对旅游目的地的社区传统文化造成了一定程度的破坏，使当地淳朴的民风商品化和社会道德风尚退化[③]。

三、旅游扶贫发展模式的分析

在我们开展旅游扶贫工作时，旅游扶贫发展模式为我们提供了较大的现实价值，是对旅游扶贫模式的总结和研究，是连接理论和实践的桥梁。蔡雄等通过对贵州省安顺市旅游景区景点的调研，总结了以下几种扶贫模式，主要包括政府行为、景区带动、移民迁置和农旅结合四种模式[④]。胡锡茹认为云南在多年旅游实践中形成了三种模式：以实现地区经济可持续发展、保护环境为原则的生态旅游扶贫模式；以脱贫致富为目标，以当地居民受益为目的的民族文化旅游扶贫模式；以旅游特色产品为发展支柱，以特色资源为发展依托的边境旅游扶贫模式[⑤]。赵丽丽提出在我国西南地区，旅游扶贫启动与发展的两种战略方法，确定了十大策略[⑥]。梁明珠以生态旅游成功与否和居民利益分配、社区参与、土地赔偿等方面为线索，提出了制定“三农”利益保障机制的方法[⑦]。李永文和陈玉英认为当我们制定旅游扶贫开发的战略时，应着重考虑“资源—人—效益”三个因素[⑧]。陈凌建认为我国贫困地区扶贫模式包括“公司+农户”、参与式、“乡村银行”的小额信贷、异地开发、产业扶贫模式、劳务扶贫模式、科学扶贫模式、乡村旅游扶贫模式等[⑨]。龚娜

---

① 林红. 对“旅游扶贫”论的思考——兼议西部旅游开发[J]. 北京第二外国语学院学报，2000，(5)：49-53.

② 周歆红. 关注旅游扶贫的核心问题[J]. 旅游学刊，2002，17(1)：17-21.

③ 唐建兵，王玉琼. 旅游业和小城镇发展的互动关系研究[J]. 成都大学学报（自然科学版），2007，26(1)：75-78.

④ 蔡雄，连漪，程道品，等. 旅游扶贫——功能、条件、模式、经验[M]. 北京：中国旅游出版社，1999：45-70.

⑤ 胡锡茹. 云南旅游扶贫的三种模式[J]. 经济问题探索，2003，(5)：109-111.

⑥ 赵丽丽. 我国西南地区旅游扶贫研究与实例应用分析——四川省红原县瓦切乡旅游扶贫构想与方案设计[D]. 西南石油学院硕士学位论文，2003.

⑦ 梁明珠. 生态旅游与“三农”利益保障机制探讨[J]. 旅游学刊，2004，19(6)：69-72.

⑧ 李永文和陈玉英. 旅游扶贫开发的 RHB 战略初探[J]. 经济地理，2004，24(4)：560-563.

⑨ 陈凌建. 中国农村反贫困模式与选择[J]. 湘潭师范学院学报（社会科学版），2009，31(6)：43-45.

和龚晓宽将我国扶贫的模式总结为八种，即财政扶贫模式、以工代赈扶贫模式、"温饱工程"模式、产业开发模式、对口帮扶模式、旅游扶贫模式、生态建设模式和移民搬迁模式[①]。

四、旅游扶贫特定地区的研究

在目前旅游扶贫研究文献中，占主导地位的是关于特定地区的旅游扶贫开发研究，主要集中于旅游扶贫的可行性分析、旅游扶贫的战略和方法、旅游扶贫对当地发展的作用、旅游扶贫中出现的问题和解决策略等。例如，李甫春针对广西大量的扶贫开发实例，总结了 10 种具体的扶贫开发模式：发挥亚热带优势，发展蔗糖产业；发挥山区优势，发展林业经济；发展生态农业，实现良性循环；发挥水电资源优势，振兴民族经济；发挥社会主义优势，建设新家园；发挥人力资源优势，组织劳务输出；发挥山水风光、民族民情优势，发展旅游业；发挥边疆优势，发展边境贸易；发挥地域优势，发展经济作物；发挥矿产资源优势，推动地方经济发展[②]。王明霞和李旭超以秦皇岛青龙县为例，通过问卷调查和实地考察的的方法，分析青龙县旅游扶贫的现状，从而揭示在扶贫工作中青龙县旅游存在的问题，提出了改善的建议[③]。

第三节　国内外旅游扶贫实践模式及经验总结

一、国外旅游扶贫实践模式

PPT 既考虑贫困人口在旅游发展中的经济成本和收益问题，同时也重视贫困人口的社会和环境等问题，致力于贫困人口发展机会的开发，并达到经济、社会、环境效益协调统一。近年来，国际旅游界在许多活动中，都在很大程度上涵盖了旅游扶贫的内容，自发地考虑了旅游为扶贫服务的问题。1988 年，世界旅游组织提出了可持续旅游的概念，强调旅游环境的可持续发展及当地社区的参与和合作。1992 年，在联合国环境与发展会议上，各国政府通过了可持续发展《21 世纪议程》，世界旅游组织建立了以环境、经济和社会为基础的三维旅

---

① 龚娜，龚晓宽．中国扶贫模式的特色及其对世界的贡献[J]．理论视野，2010，(5)：30-32.

② 李甫春．广西少数民族地区的十种扶贫开发模式[J]．民族研究，2000，(4)：26-36.

③ 王明霞，李旭超．河北省青龙满族自治县旅游扶贫调查与研究[J]．满族研究，2007，(4)：62-76.

游可持续发展体系，强调开发与环保互为依存关系，旅游业为绿色产业，由此在全球兴起生态旅游热。

（一）国外旅游扶贫实践进程

在明确提出旅游扶贫以前，世界上无论是发展中国家，还是发达国家，都在不同程度上，利用不同渠道和形式，开展了多种多样的以消除和减少贫困为目的的旅游扶贫活动。

1. 美国

美国是世界上最发达的国家之一，虽说城乡差别不是很大，但远不能说消除了贫困。许多地区，如印第安人保留区、阿巴拉契亚山区以及密西西比河三角洲等地区，农村经济竞争力下降、资源枯竭、失业、教育水平低、生活贫困是困扰经济发展的大问题，相当一部分的人口处于贫困状态。20 世纪 90 年代以来，美国政府和国家旅游局开始重视在旅游资源丰富的贫困地区发展旅游业，大力倡导乡村旅游和多元文化旅游，吸引游客和投资，创造大量就业机会，对消除和减少贫困起了积极作用。美国的具体做法如下。

（1）培训乡村旅游骨干。1992 年，美国在堪萨斯举办世界博览会，带动了堪萨斯周边具有中西部田园风光、反映美国早期开发历史的乡村的旅游发展。政府认识到，发展小乡村旅游是经济稳定的重要源泉，因此，需要制定更有活力的政策，鼓励各级政府、企业和私人积极参与。从 1992 年开始，美国旅游局连续多年举办旅游骨干人员培训班，全国各州派人参加，目的是为各州培训乡村旅游骨干人才提供技术、信息和其他支持。该项目持续了多年，在全国范围内建立了网络，这些人才在协助当地制定旅游优先发展政策、推动乡村旅游方面起了很大作用。

（2）发展小生意带动大市场。驾驶一辆拖挂休闲宿营车去旅游是西方国家旅游者钟爱的户外活动。美国大约有 900 万辆宿营车，3 000 万人经常使用。据美国国家公园中心统计，仅在国家公园里每年就有大约 1 000 万人或宿营于休闲车上，或宿营在帐篷里。每年进入美国的大约 6 000 万国际游客中，来自日本、澳大利亚、新西兰、德国和英国的游客是休闲宿营车的最大用户。美国已建立了近 5 000 个公共宿营地和近万个私人宿营地，主要分布于乡村。虽然宿营车在旅游业中所占的份额不大，但它带动了其他旅游项目，如划船、登山、垂钓、滑雪、观光的发展。平均每个游客在商品和服务（包括食品、宿营费用）、纪念品、主题公园和其他一些景点消费 200 美元，其经济总量可观，更重要的是带动了乡村的宿营地、主题公园、国家公园、基础设施及餐馆的建设，造就了数百万人就业，每年有数百亿美元收入。

（3）发展特色旅游。麦特万是美国西弗吉尼亚的一个小乡镇，位于阿巴拉契亚山脉煤田区。20 世纪 80 年代以前，由于该区采煤业发达、经济效益好而忽略了它历史文化的一面。1987 年以后采煤业萧条，经济不景气。恰逢一部反映麦特万 19 世纪末开发史和 20 世纪 20 年代劳资双方冲突、以“麦特万大屠杀”为结局的电影上市。某公司抓住这一机会，进行炒作，大肆宣传麦特万历史，恢复历史场景的原貌，树立发展历史旅游这一特色品牌，来该镇的游客人数直线上升，带动了小镇经济发展。

（4）从发展博彩业到发展旅游业。覆盖密西西比、阿肯色和路易斯安那州的三角洲地区是美国最穷困的地区。贫困人口比例高，失业率高，受教育水平低。据 1998 年统计资料，密西西比县有 35%的儿童生活在贫困状态，40%的居民中学没有毕业。1992 年三角洲地区开始发展赌博业，在密西西比州的图尼卡建了九个赌场，期待着靠赌博来挽救经济。但是，由于社会环境恶劣、治安不好，一半以上的人口至今还生活在贫困线，失业率高达 17%。赌博业并没有像所期望的那样向密西西比北部及跨河向阿肯色发展，三角洲地区的许多小镇也消失了。近年来该地区转向发展旅游，利用三角洲地区丰富的音乐历史资源来吸引游客，建立了三角洲文化中心，1998 年接待了 19 000 名游客。

2. 非洲

在非洲的纳米比亚，旅游业是仅次于钻石业的第二大行业。1993 年以来，旅游业以 15%的年增长率增长。该国法律规定，旅游业必须包括当地社区居民的参与和对旅游资源的管理，必须朝旅游扶贫方向发展。尼日利亚也实施政府减贫战略，倡导私人投资旅游，创造工作机会，发展贫困地区经济。

3. 印度

印度是世界上贫穷人口比例最高的国家之一。近年来印度在贫困人口比例高而旅游资源丰富的东部和中部地区开展旅游扶贫，同时对航空业进行改革以吸引更多的国际游客。2001 年 4 月，大湄公河次区域六国旅游工作组在昆明召开会议，研讨有效利用该地区丰富旅游资源，发展地方经济，特别强调为私人投资者在特色旅游产品和服务投资方面创造条件。亚洲开发银行在 2001 年 5 月首次将“良好管理和健康发展的减贫旅游”列入董事会议程，制定了发展减贫旅游信贷货币政策，致力于生态旅游和社区发展、贫困人口特别是贫困妇女就业、贫困村民收入增加和保护文化与环境，以及促进当地产品开发和基础设施建设。

4. 其他发达国家

近年来，加拿大、英国、德国、澳大利亚等发达国家也大力推行乡村旅游、特色旅游和绿色旅游，扶持乡村经济发展。英国海外发展研究所和南非合作旅游扶贫项目，对南非旅游扶贫的几个成功案例做了总结。加拿大大学协会为大湄公河次区域的旅游脱贫提供培训和技术支持，同时以越南、泰国、老挝三国作为旅游扶贫开发的三个村庄进行可行性研究。

国际上已有的旅游扶贫成果表明，蓬勃发展的旅游扶贫给贫困者带来的益处是难以估量的。全球已有相当一部分贫困人口摆脱了贫困，更多的人在非经济因素，包括享受基础设施、现代信息通信以及自尊心的增强和文化水平的提高等方面受益。实践证明，发展旅游扶贫是全球脱贫减贫的有效手段。

（二）国外旅游扶贫模式

国外比较成熟的扶贫模式分为三类：以巴西、墨西哥扶贫模式为代表的“发展极”（development pole）模式；以印度、斯里兰卡扶贫模式为代表的“满足基本需求”模式；以欧美国家为代表的“社会保障方案”模式①。发展极理论是法国经济学家 Perroux 提出的，它是基于不发达地区资源贫乏状况和非均衡经济发展规律，由主导部门和有创新能力的企业在某些地区或大城市聚集发展而形成的经济活动中心，这些中心具有生产、贸易、金融、信息等多种中心功能，并对周围产生吸引和辐射作用，促进自身并推动其他部门和地区经济的增长。巴西基于“发展极战略”的反贫困战略模型，对确定的目标“发展极”给予重点支持，包括：建立专门开发机构指导、组织落后地区开发，并形成自上而下的国家干预体系；制订并推行各类落后地区开发计划；实行各类鼓励政策、促进“发展极”建设。“满足基本需求”模式，由美国经济学家 Paul Steretein 提出，他认为从把经济增长作为衡量发展的主要标准到以满足基本需求为标准的演进，是从抽象目标到具体目标，从重视手段到重新认识结果，以及从双重否定到肯定的演进。1962 年，印度政府提出在一定时期内保障贫困人口享有一个最低生活水平以满足其最低需要的政策。通过这种“满足基本需要”战略的实施，印度贫困得到一定程度的缓解。“社会保障方案”模式是国家通过财政手段实行的国民收入再分配方案。通过政府针对贫困人口的低收入和低水平生活状况，直接对穷人提供营养、基本的卫生和教育保障及其他生活补助，满足贫困人口的家庭需要。

① 汪东亮，胡世伟，陆依依. 我国旅游扶贫研究综述[J]. 商场现代化，2010，（9）：183-184.

二、国内旅游扶贫实践模式

（一）国内旅游扶贫实践进程

我国旅游开发扶贫活动，是在不断克服传统的资源观和产业观的束缚中发展起来的，是随着我国旅游产业的不断发展、旅游经济覆盖面的不断扩大而不断丰富其实践和理论的。20 世纪 80 年代前期和中期，一些距离中心城市或重点旅游线路景点较近的老、少、边、穷地区的乡村，为摆脱贫困面貌，几经比较，最后选择了开发利用当地旅游资源、兴办旅游业的道路，取得了很快脱贫致富的效果，产生了积极的社会影响。国内旅游扶贫的实践活动很多，从各地开展旅游扶贫的时间看，比较明显的有三个高潮：一是 20 世纪 80 年代中后期，二是 90 年代初期和中期，三是 2005 年以后。第一个高潮正值我国旅游业飞速发展之时。从 1986 年“七五”计划开局之年起，旅游业被正式纳入了国家的国民经济和社会发展计划，各地重点旅游资源的开发利用得到了国家和地方计划内投资的扶持，开发力度有所增强。一批比较贫穷落后，但拥有较高品位旅游资源的地区，如安徽的皖南地区，湖南的湘西、湘南地区，四川的川北、川东地区，福建的武夷山区，广东的粤北地区，云南的西双版纳、大理地区，新疆的吐鲁番、喀什地区等，开始了有计划的旅游资源开发和配套建设，从而在旅游开发扶贫方面取得了大面积丰收。“投资少、见效快”的旅游产业形象，鼓舞着一些基层政府投入旅游开发，现已具有一定规模、效益和知名度的扶贫开发景点，很多都是当时开发的。第二个高潮的出现，一方面是由于国内旅游的势头逐步兴盛，不断扩大的消费市场需求刺激了基层投资旅游业的热情，另一方面是由于初见成效的旅游扶贫项目的示范带动。这一时期，旅游扶贫开始由各地零散的自我行动，向有组织的方向发展。第三个高潮的出现，除了上述原因，还有就是实行“双休日”及三个黄金周创造了更多的机遇和更大的市场空间，不少地方发展了以农家乐为特征的乡村旅游、生态旅游等，统一组织开发的特点更加明显。旅游开发扶贫所出现的三个高潮，反映了旅游扶贫所具有的强大生命力。当我们对旅游开发中贫困人口参与问题进行研究时，重点集中于贫困人口参与旅游开发的障碍以及改进措施，其中，最主要的障碍便是缺少人力资本、缺少金融资本、可进入性差及丢失土地所有权和使用权次之，这都使贫困人口无法真正参与旅游。

（二）国内旅游扶贫模式

在国内旅游扶贫的过程中，主要有两种扶贫模式：其一为输血救济式扶贫，接受输血救济式扶贫的地区，主要是被动接受，缺少长远发展，在扶贫后段可能效果突出，但需要大量的人力、物力、财力投入，耗资大且持续时间短，而且贫困山区人口由于是被动接受，自身并没有掌握脱贫致富的技能；其二为造血开发式扶贫，造血开发式扶贫模式是教导贫困地区人口掌握技能，虽然此种模式扶贫见效比较慢，但见效后持续时间长，可以从根源上改变贫困地区的现状，促进地区经济和人口双重脱贫。由此我们可以看到，两种扶贫模式带来的扶贫效果是不一样的，但是目前国内仍是以输血救济式扶贫为主，探索出各种造血开发式扶贫路径是今后扶贫的工作重点，同时我们也可以看到造血开发式扶贫模式是今后扶贫模式的转变方向。由于造血开发式扶贫模式为贫困地区带来的效果更明显，所以现在越来越受到各级政府的重视。目前我国旅游业发展速度不断增快，旅游扶贫对于贫困地区的带动作用也越来越突出，旅游扶贫便作为一种造血开发式扶贫模式应运而生。国家旅游局曾经做过很多具体的实地调查，发现我国贫困地区多分布在我国中西部一些偏远地区，以及一些少数民族地区，这些地区往往旅游资源受到的破坏较小，自然和人文资源都相对保存完好，这样就在贫困地区将扶贫和旅游业发展建立起了联系，因此开发旅游作为造血开发式扶贫模式在国家扶贫战略中的地位越来越重要。

三、国外旅游扶贫的经验和借鉴

国际上对通过发展旅游来帮助贫困者脱贫的旅游扶贫有两种表述：PPT 或 TPA（tourism and poverty alleviation，旅游扶贫），二者在内容上完全相同，是指通过发展旅游，贫困者在经济、社会、环境和文化等方面受益，从而保证旅游业的增长贡献于贫困的减少（旅游业对于脱贫有所贡献）。旅游扶贫的核心作用主要体现在三方面：首先，它为贫困者提供了就业机会，不需特殊技巧、报酬相对较低的工作非常适合贫困者；它给小企业发展带来了许多商机，给社区带来了新的财源，其综合效应远大于经济收入本身。其次，使贫困者在非经济因素方面受益，包括接受教育，在旅游业中获得一技之长，改善居住和自然环境，接受现代文明熏陶。最后，促使政府改变政策，加强扶贫工作，促进各界参与开发，建立合作伙伴关系。发达国家和发展中国家实施旅游扶贫有以下经验值得我们借鉴。

（1）旅游扶贫涵盖方方面面的工作，从宏观到微观，从产品开发到市场计划控制和政策引导，它涉及的是一个系统工程，需要整个旅游业乃至整个社会的支持和配合。

（2）政府在旅游扶贫中起主导作用，调动社会各界的积极参与至关重要。无论是否用文字表述，旅游扶贫战略都可以在政府或企业发展战略中体现出来。旅游政策之外的其他优惠政策，如土地保有期、小企业发展等，也是旅游扶贫成功的关键。

（3）确保有市场是前提。企业和市场是旅游扶贫的主体。需要密切关注旅游市场的需求、产品质量、商业投资技巧、私人业主等。旅游扶贫战略通常包括新产品开发，特别是有当地文化内涵的产品的开发。寻找市场时，尤其要考虑所开发的产品与主流旅游产品的结合。

（4）在基础配套设施良好的旅游目的地开展旅游扶贫效果最优，因此，加强基础设施和景区建设是关键。另外还要考虑某些边远地区受贫困影响太深，仅依靠发展旅游本身是有限的，还要考虑社会、环境等协调发展。

（5）经济上既要考虑给贫困者创造较长期的就业机会，又要考虑提供短暂的赚钱脱贫机会，在强调经济上受益的同时，要鼓励贫困者积极参与培训，学习文化知识，获得某门生存技能，接受文明的熏陶。

（6）旅游扶贫是长远发展战略，要兼顾扶贫事业的长远规划和发展过程中贫困者的快速经济收益。尽管旅游扶贫的中心要素是减少和消除贫困，在计划和运作过程中，必须把环境的可持续发展与之有机结合起来，从而获得长远的成功。

四、国内旅游扶贫的经验和借鉴

国内旅游扶贫重点放在旅游扶贫在具体领域的开发，认为政府应指导旅游扶贫开发工作，从地方政府部门的角度来处理旅游扶贫开发中出现的问题。很少有学者关注在旅游扶贫中，非政府组织、私营企业及其他利益相关者的地位和作用。目前的研究范围主要包括旅游扶贫的模式、功能、对策等，对诸如一些较具示范性、可操作性做法的理论基础分析、贫困人口受益模式等较深层的主题涉及较少；研究中以定性分析为主，缺乏基础的定量分析；以研究特定地区旅游扶贫为主，没有微观单元的实证研究；缺乏对贫困人口在旅游扶贫中的关注，对贫困人口参与旅游中存在的障碍、得到的经济利益没有涉及，反而主要集中于富裕起来的人口研究，对研究对象认识不够深入；没有深入探讨旅游扶贫带来的经济、文化、社会影响；关于社区参与的研究只是提出问题和阐述其必要性，缺乏对机制的建立、解决方案和模式的设计及系统的建立等进行系统研究；缺乏对其他经济系统与旅游系统如何联系，农户、社区参与与旅游发展的关系等问题的具体研究。

经过近些年的旅游扶贫开发实践，我国旅游开发扶贫已有不少可以值得借鉴的规律和经验，主要有以下几点。

（1）旅游开发扶贫成绩突出的地区，都有敢于开拓、甘于奉献、苦干实干的带头人。

（2）旅游开发扶贫成绩突出的地区，都注意因地制宜开发旅游资源，并注意解决和改善可进入性问题。

（3）旅游开发扶贫成绩突出的地区，都注意按照旅游经济规律办事，做好产销结合与配套开发，努力提高旅游综合接待能力和创收能力。

（4）旅游开发扶贫成绩突出的地区，都注意发挥旅游业的关联带动功能，依托旅游市场，大力发展与旅游业相关的服务产业和旅游农业、旅游工业，带动了地方经济的全面发展。

（5）旅游开发扶贫成绩突出的地区，都注意加强横向联合，并积极争取地方政府及有关部门的扶持。除了以上经验外，还有以下几点：注意旅游景区景点的形象建设和宣传促销；一定要让当地社区居民参与到旅游开发工作中来；健全和加强旅游管理体系；等等。

阅读 2-1　旅游扶贫富了十八洞村

十八洞村位于湘西土家族苗族自治州花垣县排碧乡西南部，是一个纯苗族村，也是典型的贫困村。全村共有 6 个村民小组，4 个自然寨，225 户 939 人，紧临吉茶高速、209 国道和 319 国道，距县城 34 千米，距矮寨大桥 8 千米，交通区位优势明显。村内有 18 个溶洞，故名为十八洞村。虽然十八洞村内隐藏着颇具特色的 18 个溶洞，但是秀美的风光难掩贫困的事实：人均耕地面积（包括水田和旱地）只有 0.83 亩（1 亩≈666.7 平方米），人均纯收入不到 1 500 元。

2013 年底，十八洞村充分利用得天独厚的自然景观、民俗民居等旅游资源，提出了发展乡村旅游脱贫致富的构想。随着花垣县委驻十八洞村工作队的到来，十八洞村正式拉开了旅游扶贫开发的序幕。花垣县委驻十八洞村工作队积极发动村民进行讨论，在多次征求村民意见的基础上，取得一致共识：农家乐只是突破口，想让老百姓最终富起来，最重要的是要以乡村旅游业为龙头，带动其他产业共同发展。

十八洞村首先开发村里闲置的土地，走土地流转和股份合作扶贫的路子，在花垣县扶贫开发领导小组办公室牵线搭桥下，与花垣县苗汉子合作社“联姻”，在十八洞村村内流转 100 亩土地，建设精品猕猴桃产业示范基地；在花垣县现代农业科技示范园区内，流转 900 亩土地，建设十八洞村猕猴桃产业辐射基地，打造十八洞村猕猴桃核心品牌。基地由苗汉子合作社统一管理运作，十八洞村村民优先有偿务工劳作。

同时，十八洞村推行“113 工程”建设，即每家每户种植 10 株冬桃、10 株黄桃，养殖 300 条稻田鱼，并将桃子的采摘权和稻田鱼的捕捉权对外推销。仅此一项，每户农户只需投资 400 元左右，3 年后即可实现创收近 5 万元，并可吸引一批固定客源。另外，十八洞村植入苗族文化元素，用苗族文化来提升十八洞村文化品位，农家乐围绕苗族文化开展特色化服务项目，共同开发苗绣文化旅游商品。

未来的十八洞村将会形成以乡村旅游业为核心，以猕猴桃为主的种植业，以湘西黄牛为主的养殖业，以苗绣为主的手工艺加工业，以“旱涝保收”为主的劳务输出业为支撑的乡村旅游扶贫发展格局。

资料来源：旅游扶贫富了十八洞村，http://www.toptour.cn/tab1648/info204000.htm，2014-12-10，有删减

第三章　旅游精准扶贫规划指导思想与战略定位

指导思想与目标定位是指导贫困地区旅游发展的重要依据，它为贫困地区旅游业发展设定愿景，制定发展战略，是旅游规划的灵魂。旅游精准扶贫规划的所有内容都是围绕指导思想与目标定位展开。旅游精准扶贫规划的战略定位包含五个定位，即主题定位、功能定位、形象定位、产业定位和产品定位。围绕旅游战略定位制定旅游发展的目标与空间布局。旅游发展目标既可分为总体目标与指标性目标，又可分为中期、近期和远期目标。

第一节　旅游精准扶贫规划指导思想

一、旅游精准扶贫思想的提出

2015 年 6 月，习近平总书记在视察贵州的扶贫工作时，首次提出“扶贫开发贵在精准，重在精准，成败之举在于精准”[①]。由此“精准扶贫”成为我国新时期扶贫工作的重点。国家旅游局积极响应党中央的号召，依托旅游行业的带动性强、关联性大等特点，与国务院扶贫开发领导小组办公室共确定 560 个有条件通过发展旅游来实现脱贫的建档立卡贫困村。7 月，决定在全国建档立卡的贫困村开展旅游规划扶贫公益行动，实施旅游精准扶贫战略。国家旅游局局长李金早在阐述旅游精准扶贫时，表示“旅游扶贫正以其强大的市场优势、新兴的产业活力、强劲的造血功能、巨大的带动作用，以其锐不可当之势正成为我

① 精准，在习近平的扶贫观里有多重要？http://www.xinhuanet.com//politics/2015-12/08/c_128510390.htm，2015-12-08.

国扶贫攻坚的崭新生力军”[①]。

旅游精准扶贫思想的提出既是新时期我国实现“两个一百年”奋斗目标[②]的要求，同时也是贫困地区的需要。我国贫困地区往往具有较好的旅游资源条件，以往的扶贫因为这样或那样的原因忽视了这些资源，扶贫模式的不合适导致贫困地区脱贫困难，有些地区甚至越扶越贫。旅游精准扶贫思想的提出则意味着三点：第一，变被动扶贫为主动扶贫，由输血式扶贫向造血式扶贫转变。既往的扶贫中，旅游业也曾作为重要的产业进行培育，但是在扶贫过程中，对于贫困户的主动参与关注不够，导致旅游扶贫效果不精准。第二，变大尺度、中尺度扶贫为小尺度扶贫，由区域扶贫向贫困户精准扶贫转变。既往的扶贫中，旅游扶贫更着眼于从大区域的角度进行，而忽视了小尺度层面村庄的精准扶贫。第三，变一方主导为多方参与，由政府主导向政府、企业、村民共同参与转变。既往扶贫中，政府拥有绝对的主导权，扶贫机制、模式本身的问题导致村民在上一轮扶贫开发中参与决策权较少，因而旅游扶贫效果不显著。

二、旅游精准扶贫规划指导思想关注焦点

（一）发展的政策方针

旅游精准扶贫指导思想的编制一定要与国家、地方政府的政策方针紧密保持一致，坚持以国家精准扶贫精神为指导，深入贯彻落实科学发展观和社会主义核心价值观，坚持在生态文明的总体要求和美丽中国的总体目标下，充分发挥旅游业在扶贫、脱贫中的作用，同时充分考虑地方政府关于精准扶贫的政策文件，从而保证旅游精准扶贫指导思想的科学性。

（二）发展的实施路径

旅游扶贫不是一蹴而就的，而是需要分步骤、分阶段的加以实施，并通过一系列的发展措施保证指导思想确立的总体目标得以实现。因此，在编制旅游精准扶贫的指导思想时，要体现出对旅游业发展路径的指导，即旅游业通过整合各类资源存量，创新旅游发展模式，优化旅游业结构，提升旅游发展质量等。

---

① 2015 旅游成绩单:旅游扶贫成为中国扶贫攻坚新主力军，http://travel.people.com.cn/n1/2015/1221/c41570-27954253.html，2015-12-21.

② “两个一百年”奋斗目标是指：第一，在中国共产党成立一百年时全面建成小康社会；第二，在中华人民共和国成立一百年时建成社会主义现代化国家。

（三）发展的总体目标

指导思想一般都会明确提出旅游发展的总体目标，该目标是贫困地区在今后旅游发展过程中努力的方向。规划的目标按时间长短可分为近期目标、中期目标和远期目标，其中总体目标一般是指远期目标，并且在规划的指导思想当中一般是定性的，定量的目标则是对旅游精准扶贫实施所要达到效果的描述，如具体实现多少贫困户脱贫。

三、旅游精准扶贫规划指导思想编制原则

（一）以人为本原则

旅游精准扶贫的目的是要实现贫困户的减贫、脱贫，因而其最基本的原则要体现出对贫困户的人文关怀，关注贫困户的价值诉求。在旅游精准扶贫规划指导思想编制时，要突出对贫困地区贫困主体的人文关怀，通过扶贫模式的设计、扶贫机制的构建及旅游项目的引入最终实现减贫、脱贫的目标。

（二）全面参与原则

旅游精准扶贫不同于以往扶贫的根本在于精准识别、精准帮扶。因而，需要充分调动贫困户的积极性，使贫困户相信并愿意参与到旅游精准扶贫中来。除了贫困户以外，政府、企业、相关社会组织等也应全面参与旅游精准扶贫，通过各利益相关者的群策群力帮助贫困地区实现减贫、脱贫的目标。

（三）旅游主导原则

旅游精准扶贫规划是通过培植以旅游业为主导的产业引领贫困地区脱贫，因而在旅游精准扶贫规划指导思想编制时要突出旅游主导的原则。旅游业是精准扶贫的主导产业，旅游项目是旅游精准扶贫的重要载体，旅游经营活动是贫困户实现减贫、脱贫的方式。通过全面盘活贫困地区旅游资源、建设旅游项目、完善旅游功能来实现以旅游业为主导的精准扶贫。

（四）综合协调原则

旅游精准扶贫规划指导思想的编制还要体现出一定的综合性、协调性。首先，旅游业融合发展的态势使得旅游精准扶贫规划指导思想的编制不仅要考虑旅游业自身的发展，还要考虑与贫困地区其他产业发展的关系；其次，指导思想要体现

多方的价值诉求，贫困地区旅游业的发展是当地政府、企业、社区与旅游者共同支撑起来的，因而也要考虑他们的利益诉求。

四、旅游精准扶贫规划指导思想编制内容

旅游精准扶贫规划指导思想内容的编制既要突出国家、地方相关政策文件的精神，又要体现此次规划的总体目标及规划可能的实现路径，即通过什么样的发展战略实现规划总体目标。由于旅游扶贫规划的特殊性，指导思想内容的编制还应从村情村况出发，把握贫困地区的具体实际。

旅游精准扶贫规划指导思想主要内容一般由三个部分构成，即相关的政策文件精神、发展的总体目标和总体目标的实现路径。例如，在全国旅游规划扶贫公益行动中，湖北省红安县长丰村旅游精准扶贫规划指导思想的内容如下：本次长丰村旅游精准扶贫规划要全面坚持以国家“精准扶贫”的思想为指导，以贯彻国家旅游局关于开展全国旅游规划扶贫公益行动的总体要求为战略支点，以实现长丰村全面脱贫为总体目标，坚持以生态为基础、文化为灵魂、特色为根本和市场为导向，坚持旅游发展差异化与合作、旅游项目建设与创新、乡村文化传承与借鉴，坚持将旅游业建设成为长丰村的富民产业，通过实施“农业+旅游”战略，打响长丰村的旅游品牌，最终实现长丰村社会经济的全面发展。通过上述内容可以看出，该规划的相关政策文件精神符合国家精准扶贫的思想和国家旅游局关于开展全国旅游规划扶贫公益行动的总体要求；规划的总体目标是实现长丰村全面脱贫；实现的路径则是规划指导思想后半部分。

阅读 3-1　遵义市关于打好扶贫攻坚战推进精准扶贫的实施方案

消除贫困，改善民生，实现共同富裕，是全面建成小康社会的必然要求。自“八七”扶贫攻坚以来，通过历届市委、市政府的不懈努力，扶贫开发取得了明显成效，到 2014 年底，实现习水、正安、务川 3 个国家扶贫开发工作重点县和 85 个贫困乡镇“减贫摘帽”，减少农村贫困人口 89.5 万人。但扶贫攻坚任务依然十分繁重，目前还有道真县和 31 个贫困乡镇未摘帽，仍有贫困村 871 个、贫困户 19.44 万户、贫困人口 54.57 万人（不含无业可扶、无力脱贫的“两无”人员 10.13 万户 18.41 万人）。为进一步加快贫困地区发展、集中力量决战决胜扶贫攻坚，加快全面建成小康社会步伐，根据《中共中央办公厅国务院办公厅印发〈关于创新机制扎实推进农村扶贫开发工作的意见〉的通知》（中办发〔2013〕25 号）、《中共贵州省委办公厅贵州省人民政府办公厅印发〈关于以改革创新精神扎实推进扶贫开发工作的实施意见〉的通知》（黔党办发〔2014〕23 号）、《中共贵州省委办

公厅贵州省人民政府办公厅关于印发〈贵州省“33668”扶贫攻坚行动计划〉的通知》(黔党办发〔2015〕13 号）的精神，确保精准扶贫、精准脱贫见实效，结合我市实际，特制定本实施方案。

以党的十八大，十八届三中、四中全会精神为指导，深入贯彻习近平总书记系列重要讲话特别是关于扶贫开发的系列指示精神，全面落实贵州省“33668”扶贫攻坚行动计划，坚持扶贫攻坚与全面小康创建统筹推进，以“三业”(产业、就业、创业）为重点，以增加农民收入为核心，以集中连片特困地区为主战场，以创新扶贫开发机制为动力，以开放促开发，以“三化”兴“三农”，把生态环境保护作为扶贫开发的生命线，持续巩固“减贫摘帽”成果，大力实施扶贫攻坚“三步走”发展战略和“35669”行动计划，抓好产业发展这个主线、基础设施这个关键、素质提升这个根本，全面落实扶贫目标、任务、资金和权责“四到县”和“六个到村到户”工作机制，做到精准扶贫、精准脱贫，确保与全国同步建成全面小康社会。

注：贵州省“33668”扶贫攻坚行动计划中是指在 3 年时间内，减少贫困人口 300 万人以上，实施结对帮扶、产业发展、教育培训、危房改造、生态移民、社会保障精准扶贫“六个到村到户”，完成小康路、小康水、小康房、小康电、小康讯、小康寨基础设施“六个小康建设”任务，使贫困县农村居民人均可支配收入达到 8 000 元以上

资料来源：遵义市关于打好扶贫攻坚战推进精准扶贫的实施方案，http://fpb.zunyi.gov.cn/xxgk/zpfl/fgwj/zcjd/201507/t20150723_345257.html，2015-07-23，有删减

第二节　旅游精准扶贫规划战略定位

一、主题定位

主题定位是贫困地区目的地旅游发展的核心，旅游业功能要凸显主题，旅游吸引物的布局要围绕主题展开。旅游主题定位一般确定目的地“举什么旗、打什么牌和走什么路”。主题定位的确立一般有三个来源，即旅游发展目标、旅游发展功能和旅游形象。

旅游发展目标是未来旅游发展的方向，确定旅游发展目标必须充分考虑资源优势、内外部环境等各种影响因素。一旦确定旅游发展目标，那么贫困地区的旅游发展功能及旅游形象则必须围绕旅游发展目标来设计。

旅游发展功能是根据旅游发展目标确立的，同时也要考虑旅游资源和贫困地区社会经济发展现状。旅游发展功能与贫困地区所拥有的旅游资源类型有很大的联系，这是因为功能需要有相应的旅游项目作为支撑，而旅游项目与旅游资源紧

密相关。

旅游形象是展示贫困地区目的地风貌的载体，目的地往往通过明确的旅游形象来向旅游者传递相关信息。因此，旅游形象从根本上而言是确定目的地旅游特质的过程，旅游形象是旅游发展目标和功能的具体表现，概括了旅游发展目标和旅游发展功能。

由以上分析可以看出，旅游主题定位由三大要素构成，其中旅游发展目标是最基本的要素；旅游发展功能则是由旅游发展目标决定的内在功能；旅游形象是旅游发展目标的外在表现。所以贫困地区在发展旅游的过程中，必须明确不同阶段目的地的主题定位，针对不同的发展阶段，提出不同的形象口号。

以湖北省红安县长丰村为例来说明主题定位的确立。长丰村位于湖北省红安县高桥镇，其所处的红安县是国家级贫困县、大别山集中连片特困地区，同时也是我国著名的红色老区，红色旅游资源较为丰富。长丰村本身也是前国家主席李先念和陈锡联将军的故乡，同时村内生态资源较为丰富。因此，在对该村进行旅游精准扶贫规划时，对其主题定位的考虑主要以举文化旗、打生态牌和走休闲体验路为主。其中，文化旗主要是指该村的红色文化、民俗文化；生态牌指该规划以生态保护为基本原则，同时突出对村域内生态资源的利用；休闲体验路主要突出长丰村主题产品的开发以休闲、度假功能为主。

二、功能定位

功能定位是确定贫困地区目的地今后发展将具备哪些功能，以哪些功能为主要的发展方向。从重要性来看，旅游功能可以分为主导功能、支撑功能和辅助功能；从内容上来看，旅游功能具有综合性、多元性和复杂性的特征。所以，在确定贫困地区目的地旅游功能时，要从多个方面加以衡量。总的来说，旅游功能要考虑三大效益，即经济效益、社会效益和环境效益。

经济功能，即对旅游业在目的地经济产业结构及区域市场格局中扮演的角色的定位。

社会功能，即旅游业发展不仅要体现其经济效益，还要与社会发展相适应，要满足旅游者与本地居民的休闲需求，满足文化遗产、非物质遗产保护的需要。

环境功能，即旅游在发展过程中要注意与环境协调一致，注重对旅游环境的营造。

从旅游功能的影响因素来看，旅游功能可以从以下四个方面进行交叉定位（图 3-1）。

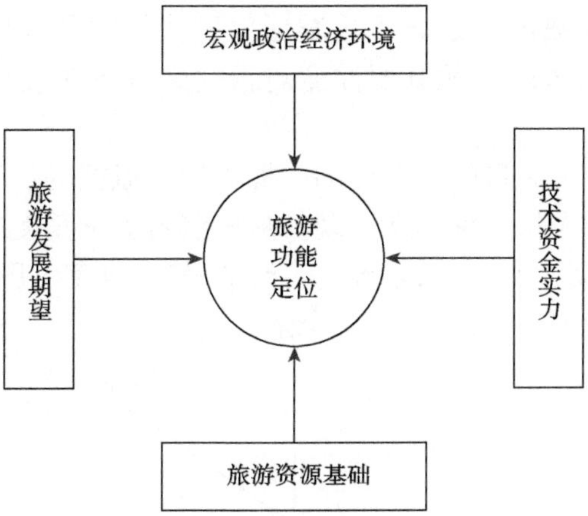

图 3-1　旅游功能定位示意图

旅游功能既有单一的旅游功能，如观光旅游、文化旅游、生态旅游、城市旅游、购物旅游、度假旅游、工业旅游、修学旅游、科考旅游、徒步旅游、会议旅游、展览旅游、节事旅游、奖励旅游和邮轮旅游等；又有复合型的旅游功能，如休闲观光、生态度假、会议展览、文化休闲、城市游憩、山地休闲、科考探秘和康体娱乐等。从未来旅游发展的趋势来看，具备复合型旅游功能的目的地将越来越受到市场欢迎，并且国内一些受欢迎的单一旅游目的地也开始逐渐向复合型旅游目的地转变。

在对旅游功能定位进行分析时，要充分把握贫困地区旅游发展的阶段性，根据不同的阶段特征确定主导旅游功能。有的地区可能已经具备一定的旅游基础，如某些贫困地区已经有较多的 A 级景区，在对其进行精准扶贫时就需要对其旅游功能进行升级，释放旅游的带动作用。在国家旅游局确定的 560 个旅游精准扶贫试点村中，绝大部分都是拥有旅游发展基础甚至 A 级景区的，也就是说这些地区基本具备了观光旅游功能，因而在对这些地区进行旅游精准扶贫时，就需要深入分析前一阶段旅游业扶贫带动不明显的原因，进而制定科学合理的旅游功能定位，从而为旅游精准扶贫总体目标的实现奠定基础。

三、形象定位

旅游形象定位是指通过目的地的景观、环境、文化，以及服务展示和公关活动在旅游者心中确定的一个综合感知形象。旅游形象首先要得到本地居民的认可，其次通过传播被旅游者接受。被旅游者接受的旅游形象是目的地在市场中立足和形成竞争优势的立足点。旅游形象要从物质景观形象和社会文化景观形象两个方面来加以体现，尤其要注意对目的地具有代表性的建筑、地区的形象塑造。

旅游形象是旅游者对目的地总体的、抽象的、概括的认识和评价，它是目的地的历史、现实与未来的一种理性再现。从旅游者美学角度来看，它由三个维度构成：功能–心理维度；实征–幻象维度；泛征–特征维度（图 3-2）。

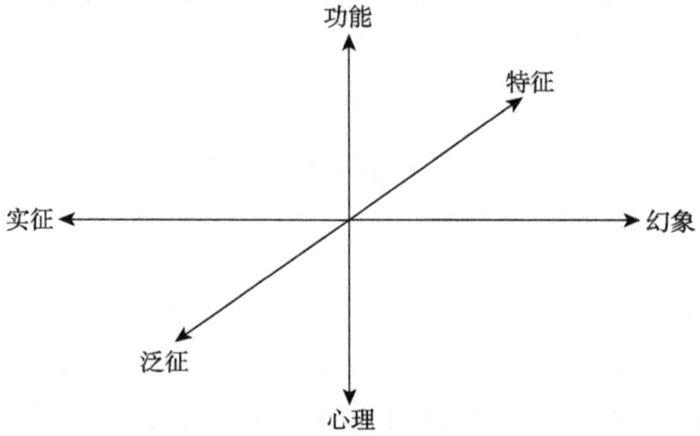

图 3-2　旅游形象三维构成示意图

功能–心理维度从物质和精神性、可衡量和不易衡量两个角度研究旅游形象的特征。功能性特征是物质性的、可衡量的；心理特征是精神性的、不易衡量的。

实征–幻象维度是从心理学和消费者行为学的领域研究旅游形象的本质。目的地的旅游项目和服务被旅游者以实征和幻象两种方式来理解，实征是可以在旅游目的地得以求证的实际功能性特征和心理性特征；而幻象是旅游目的地真实特征投射到旅游者内心世界的画面。

泛征–特征维度表示旅游目的地形象有平泛普遍的一面，由此可以与其他目的地比较功能性特征和心理性特征，但同时旅游目的地的形象也有独具特色的一面，包括独有的资源特色、环境氛围等。

还是以主题定位当中长丰村的例子进行说明。对于长丰村这样一个小尺度的贫困区域，其最突出的资源就是李先念故居，因而在对其形象进行设计时，需要着力突出该资源的特色，利用该资源的吸引力来吸引旅游者。同时，考虑到长丰村未来旅游发展的需要，要在一定程度上突出其旅游功能。综合考虑，该村的旅游形象为“主席故里，乐活长丰”。其中“主席故里”就是泛征–特征维度、实征–幻象维度的具体体现；“乐活长丰”则是功能–心理维度的具体体现。

四、产业定位

产业定位是指对旅游业未来发展方向与目标的定位。产业定位主要考虑三个因素：第一个是旅游业目前在贫困地区国民经济发展中的地位；第二个是未来旅游业可能在该地区国民经济中占有什么地位；第三个是参照地方政府对旅游业的定位。就目前旅游业的发展来看，大部分地区的旅游业规模偏小，旅游收入占地区生产总值的比重还未达到5%。根据2009年国务院41号文件提出的“把旅游业培育成国民经济的战略性支柱产业和人民群众更加满意的现代服务业”[①]的定位，多个省区及地方政府将旅游业定位为战略性支柱产业[②]。

在对贫困地区旅游发展进行产业定位时，需要充分考虑旅游业发展的前景以及带动作用，从而确立其科学的产业地位。由于精准扶贫的实施往往是针对县以下的行政区域，因此对于某些资源赋存状况良好的专业旅游村镇来说，旅游业的综合收入可达到本区域总产值的一半以上。例如，乡村旅游已经成为湖北省扶贫攻坚的主战场，恩施市枫香坡村、郧县樱桃沟村、神农架下谷村、罗田县圣人堂村等一批乡村，都通过乡村旅游走出了各具特色的脱贫之路，实现了旅游脱贫的目标。其中圣人堂村旅游收入占到全村总收入的80%以上[③]。

五、产品定位

产品定位是对贫困地区目的地未来发展哪些旅游产品进行选择。旅游产品的发展是随着旅游业的发展逐渐演变。在旅游刚刚兴起的时代，旅游产品主要以观光旅游为主。我国从改革开放至1994年，旅游市场的供给基本以观光产品为主。这一时期，我国旅游业刚刚起步，旅游开发基本围绕着旅游资源的观赏功能进行。1994~2006年，这一时期的旅游市场开始出现了休闲产品、度假产品，但是观光产品仍然占据主流，这一时期是我国的大众旅游迅速发展时期。2006年之后，随着旅游者旅游需求的多样化，旅游市场上的旅游产品种类也越来越多，并且产品细分的趋势越来越明显，观光产品、休闲产品和度假产品衍生出更多种类的专项旅游产品。当然，根据旅游目的地的特色，旅游产品的定位还有许多其他的变化。例如，一个贫困地区目的地花卉资源比较有特色，该目的地的旅游产品定位就会有

---

① 国务院关于加快发展旅游业的意见，www.gov.cn/zwgk/2009-12/03/content_1479523.htm，2009-12-03.

② 支柱产业增加值一般占到国民经济生产总值的5%，由于目前国内缺乏旅游产业增加值的统计数据，因而暂时用旅游收入占地区生产总值比重来判断旅游产业在国民经济中的地位。

③ 乡村成为湖北旅游扶贫主战场，http://hbfp.cnhubei.com/2016/0114/286405.shtml，2016-01-14.

花卉观赏旅游产品；一个贫困地区目的地非物质文化遗产比较深厚，就会有专门的非遗旅游专项产品，该产品就可能既包含观光产品，也包含休闲产品和度假产品。

我国贫困地区中，有一大部分集中在革命老区，如赣闽粤原中央苏区、大别山革命老区等。这些革命老区留存了大量的红色文化旅游资源，是旅游精准扶贫的重要载体，因而在对这些地区的旅游产品进行定位时，红色旅游产品是其重点发展的一个类型。武陵山区，区域内生态旅游资源、民俗文化旅游资源较为丰富，在对该贫困地区的村镇进行规划时，就要重点设计生态度假旅游产品、民俗文化体验旅游产品以及休闲观光旅游产品等。

阅读 3-2　旅游扶贫的恩施路径

恩施土家族苗族自治州（简称恩施州）位于湖北省西南部，是武陵山集中连片特困地区的重要组成部分，同时也是鄂西生态文化旅游圈的重要组成部分。近年来，恩施州以旅游业为龙头，重点发展旅游产业，逐步进入湖北省旅游业发展的第一阵营。得益于旅游业的发展，恩施州通过旅游带动 40 万人就业，并实现 34 万人脱离贫困。恩施州通过近些年的发展已基本形成了旅游扶贫的五大模式，分别为景区带动型扶贫、乡村旅游型扶贫、养生度假型扶贫、创业就业型扶贫和产业融合型扶贫，走出了一条切实有效的旅游扶贫路径。

（1）景区带动型扶贫。先后引进鄂西生态文化旅游圈投资公司、湖北清江旅游发展公司等 100 多家企业投资旅游景区开发，建成了 31 家 A 级景区，在建景区达到 10 个以上，形成了“1 个 5A+15 个 4A”的高密度、高 A 级景区集群，覆盖 110 个重点贫困村 16 万贫困户，辐射周边农户开办星级农家乐 630 家。

（2）乡村旅游型扶贫。全州涌现出恩施枫香坡、宣恩伍家台、咸丰麻柳溪、来凤杨梅古寨、鹤峰董家河等 80 多个乡村休闲旅游示范点，特色农产品成为“抢手货”，古村古寨成为“新卖点”，农家院变成“农家乐”，带动 5 万余名贫困村民在家门口走上了旅游致富路。

（3）养生度假型扶贫。利用良好的气候环境和生态优势，先后建成利川苏马荡、建始黄鹤桥、巴东铁厂荒、咸丰坪坝营等高山休闲旅游度假区，每年吸引 50 万人以上游客消夏度假，平均居住时间达到 1 个月以上，使当地农民人均增收 2 500 元以上。

（4）创业就业型扶贫。以恩施女儿城、恩施华龙城、硒都茶城等大型旅游综合体为平台，促进贫困人口就地就业致富，实现“搭建一个平台、富裕一方百姓”的目标。恩施土家女儿城，长期免费提供摊位供贫困大学生创业，优先吸纳周边贫困群众参与经营，共解决 5 000 人就业，从业人员年均收入达到 3 万元。

（5）产业融合型扶贫。利用旅游业产业链条长、辐射带动能力强的优势，走产业融合发展的路子，实现“融合一种产业、调优一方结构”的目标。

资料来源：恩施州：围绕全域旅游探索旅游扶贫新路径，http://www.enshi.gov.cn/2018/0503/638031.shtml?mobile=no，2018-05-03，有删减

第三节　旅游精准扶贫规划目标体系

一、目标设定依据

在制定贫困地区旅游业的发展目标时要考虑以下五个原则：

（1）明确旅游精准扶贫规划的最终目标是实现贫困地区减贫、脱贫；

（2）旅游业的发展速度要大大快于区域经济的增长速度；

（3）旅游收入增长率要适当高于旅游人次增长率；

（4）旅游人数和旅游收入的增长要考虑重大事件的影响；

（5）对于区域综合性旅游目的地，要重点考虑非本地客源市场的增长。

根据贫困地区目的地的尺度，在制定旅游业发展目标时，参考依据也不一样。村镇一级的旅游精准扶贫规划的目标主要以减贫、脱贫为总体目标，具体目标设定以上一级行政区的相关规划为主要参考。县一级的旅游规划应重点参考地市级的旅游业发展规划对本县的旅游目标的设定，同时结合本县的国民经济发展规划来制定旅游发展目标。区域一级的，如大别山区、武陵山区等则参考相关省市旅游业发展规划对本区域旅游发展目标的设定，并结合实际情况来制定。

阅读 3-3　国家旅游局启动大别山片区、武陵山片区旅游规划编制工作

大别山片区与武陵山片区是我国确定的集中连片特困地区[①]。大别山片区包括湖北、安徽、河南三省的 36 县，是我国有名的革命老区，区域内红色文化资源丰富，生态旅游资源独具特色，地质遗迹多样。武陵山片区包括湖北、湖南、贵州、重庆，区域面积 11 万平方千米，自然旅游资源丰富，民俗文化丰富多彩。

国家旅游局于 2015 年先后启动了大别山片区和武陵山片区旅游规划编制工作。规划从全国扶贫的大局出发，将大别山片区旅游业打造成为区域振兴发展的先导产业和民生产业，将大别山片区打造成为国家生态文明建设示范区、国家旅

---

① 根据《中共中央　国务院印发〈中国农村扶贫开发纲要（2011—2020 年）〉》，六盘山区、秦巴山区、武陵山区、乌蒙山区、滇桂黔石漠化区、滇西边境山区、大兴安岭南麓山区、燕山-太行山区、吕梁山区、大别山区、罗霄山区等区域的连片特困地区和已明确实施特殊政策的西藏、四省藏区、新疆南疆三地州是扶贫攻坚主战场，即 14 个集中连片特困地区。

游扶贫发展创新示范区和区域旅游合作示范区。武陵山片区旅游规划的启动会议上，国家旅游局财务规划司司长明确规划的编制要解决好目标、途径、载体、机制、项目五个核心问题，以帮助武陵山片区贫困人口脱贫为目标，为武陵山片区旅游发展绘制好蓝图。

资料来源：国家旅游局启动大别山扶贫片区旅游发展规划编制工作，http://lyxy.hbue.edu.cn/00/b0/c152a176/page.htm，2015-06-15；《武陵山片区旅游发展规划》编制工作启动，http://moment.rednet.cn/rednetcms/news/localNews/20151019/264335.html，2015-10-19，有删减

二、目标分类体系

根据旅游产业发展目标的表述特征，可以将其分为总体目标与指标性目标。总体目标就是大致描述目的地未来旅游业发展要达到一个什么样的程度，是建设国内一流旅游目的地还是建设国际知名旅游目的地；是建设区域性旅游目的地还是建设以本地客源市场为主的休闲目的地。而指标性目标则是由一系列的旅游业考核指标体系构成，它是对旅游业总体目标的细化。指标体系的分类可以从经济目标、行业目标、社会目标和环境目标等角度再进行细分。

根据旅游业发展的分期，可以将其分为近期发展目标、中期发展目标与远期发展目标。近期发展目标主要指明旅游产业近期（一般在 5 年以内）将要达到什么样的状况，如旅游收入、旅游接待人次数、旅游项目建设情况等；中期发展目标与远期发展目标主要指明中期、远期旅游业发展要达到的目标。近期、中期、远期发展目标的设定有助于考核旅游业发展是否朝着既定的目标执行。根据旅游业转型的要求，旅游业发展目标还可设置转型目标，如旅游目的地由观光型向休闲度假型转变，由旅游集散地向旅游目的地转变等。

三、目标体系内容

以国家级贫困县郧县[①]旅游发展总体规划为例，对旅游精准扶贫规划目标体系进行说明。

（一）总体目标

围绕郧县旅游资源空间分布及特点，强化旅游宣传促销，重点发展国内旅游；创新发展旅游新业态，积极开发以“红、绿、蓝、紫”为核心的旅游新产

① 郧县已于 2014 年 9 月 9 日经国务院批复撤销，并设立十堰市郧阳区。

品，开发一批特色鲜明、主题突出的旅游产品，形成“古人类文化”、“恐龙文化”、“历史文化”、“汉江文化”和“红色文化”五大具有震撼力的特色旅游主题，培植并健全快速增长的郧县旅游产业体系，全力将郧县打造成为“国内一流、国际知名的生态文化旅游目的地”“中国旅游强县”“国家级生态文化休闲旅游度假示范区”。

（二）具体目标

1. 经济目标

到2015年底，全县年接待国内外游客达到400万人次，旅游总收入24亿元；到2020年底，全县年接待国内外游客达到700万人次，旅游总收入超过59.5亿元；到2030年底，全县年接待国内外游客达到960万人次，旅游总收入超过100亿元。

2. 转型目标

通过发展旅游产业，促进国民经济转型升级，打造“国内一流、国际知名的生态文化旅游目的地”“中国旅游强县”“国家级生态文化休闲旅游度假示范区”，建成郧县旅游产业集聚区，实现郧县旅游产业格局由目前的点状空间发展结构向片状空间发展格局的转变。

3. 社会目标

通过发展旅游产业，全面促进和谐社会建设，使旅游成为提高人民生活质量的载体，就业和再就业的重要渠道，推进新农村建设的抓手，区域协调和城乡一体化发展的动力。

4. 环境目标

通过发展旅游产业，促进郧县生态文明建设。让旅游者和居民共同成为生态环境的保护者、宣传者和参与者，形成良好的自然环境、友善的社会环境和浓厚的人文环境。

（三）分期目标

1. 近期：2012~2015年

（1）具体目标：“十二五”期间文化旅游固定资产总投资60亿元；旅游中介组织发展达到4个；建设并达到国家4A级以上旅游景区（点）3个；非物质文化遗产进入省级名录10个以上，国家级4个以上，世界级1个以上；提供就业岗位

5 000 个以上规模的企业达 20 家。

（2）概念性目标：根据郧县县委县政府的精神，重点围绕“一城两区三园四线”旅游发展目标展开，实现郧县旅游目的地和旅游精品名牌建设的有效突破，初步形成统一的旅游品牌，提升郧县旅游业对外整体形象。

（3）产品开发目标：挖掘和提升郧县现有的旅游产品内涵，构建以远古文化旅游线、汉江文化旅游线、山水生态旅游线、郧阳红色旅游线四条旅游精品线路为重点，远古文化和生态文化为特色，食、住、行、游、购、娱相配套的全县大旅游框架，进一步提升旅游产业素质，积极开拓大市场；形成以汉江为轴线，以文化资源与自然资源分布为两翼，初步在全县实现“一轴，两翼，六功能组团”的总体发展目标。

（4）市场拓展目标：在国内旅游市场上，继续扩大郧县旅游产品在周边市场的影响，形成其旅游发展的基础市场。进一步完善文化体验与休闲度假旅游的接待设施，增强黄金周及节假日的旅游接待能力；在入境旅游市场上，进一步稳固目前的主要客源市场中国港澳台和日韩市场，并加大对市场的拓展力度，努力从停留时间和人均消费水平上挖掘市场潜力，同时要积极开发东南亚旅游市场。

（5）旅游配套目标：加强政府支持力度，一方面，改善各景区旅游交通网络建设，在连接旅游景区公路建设上，以打造“三条旅游循环线”为重点，着力提高景区公路等级和客运质量。根据各景区发展需要，合理调整客运线路，及时开通十堰、郧县县城及周边其他地区至各景区的旅游专线，保证游客安全便捷进出景区，形成对客友好的旅游气氛；另一方面，加快推进游客服务中心建设。同时，适当增加一定比例的旅行社、酒店，满足节假日的旅游接待需求；开发具有特色性的旅游纪念品，为游客提供美好的游后体验。

2. 中期：2016~2020 年

（1）具体目标：“十三五”期间文化旅游固定资产总投资 120 亿元；旅游中介组织发展达到 15 个；建设并达到国家 4A 级以上旅游景区（点）5 个；非物质文化遗产进入省级名录 20 个以上，国家级 10 个以上，世界级 2 个以上。

（2）概念性目标：继续夯实郧县旅游品牌，将其重点培育成为湖北省内一大新兴旅游品牌，与“灵秀湖北”品牌交相辉映，在鄂西生态文化旅游圈旅游产品结构中发挥重要的支撑作用。

（3）产品开发目标：配合本规划提出的“一轴，两翼，六功能组团”的旅游发展空间格局，强化各分区的旅游功能，处理好重点区域和一般区域的关系，完善开发三大主题产品系列，重点培植八大重点旅游产品，继续稳抓三大精品游线，并逐步推出八大主题游线。同时开始联合省内其他旅游城市进行联动开发，形成比较健全的旅游产品体系和产业集群；在传统旅游观光产品的基础上，进一步挖掘郧县旅游的文化内涵，突出旅游产品的多样性与互动参与性，实现郧县旅游产品与省内其他旅游产品组合成景、串联成线的深度对接，增强郧县旅游产品的整体竞争力。

（4）市场拓展目标：在国内旅游市场上，进一步巩固省内基础市场，调节郧县旅游景点的淡旺季，加大对周边省份城市的市场拓展力度，形成双向共同市场，重点开拓华北、长江三角洲、珠江三角洲、京津唐等地区的客源市场，这些地区人口多、收入水平和人均出游率都较高，发展潜力很大，该市场的开拓对于郧县旅游产品市场地位的确立具有决定性意义；在入境旅游市场上，除了继续维护日韩、中国港澳台、东南亚旅游市场之外，还应该注重对亚太地区和欧美市场的开发，利用这些市场区域对远古文化、"汉江文化"的共同认知与兴趣，强化郧县远古文化旅游在这些市场上的旅游形象。

（5）旅游配套目标：形成国内国际旅游者友好的整体旅游气氛，在兼顾道路景观性原则和畅达性原则的基础上，优化现有的内外交通体系；制定统一规范的旅游服务接待体系，为游客营造放心安全的旅游消费环境；加强文化旅游信息数据库建立，实现信息咨询、线路安排、票务服务、产品展示、商品交易一体化。

3. 远期：2021~2030 年

（1）具体目标："十四五"期间文化旅游固定资产总投资 200 亿元；旅游中介组织发展达到 25 个，建设并达到国家 4A 级以上旅游景区（点）8 个（其中 5A 级 2 个）；非物质文化遗产进入省级名录 30 个以上，国家级 10 个以上，世界级 3 个以上。

（2）概念性目标：使郧县旅游成为湖北省在国内旅游市场上的主打品牌之一，在国际旅游市场上具有鲜明的旅游形象和很高的知名度。

（3）产品开发目标：全面完善本规划所提出的旅游产品体系、省内外旅游线路体系以及旅游节庆体系，形成动静相宜、赏娱结合、（省）内外连通的综合旅游产品体系；扩大旅游产品规模和旅游产品功能，形成高端化的、体验性的、个性化的旅游产品特色，不断提高旅游综合效益。

（4）市场拓展目标：国内旅游市场形成以湖北省内及周边地区为核心，以华北、长江三角洲、珠江三角洲、京津唐等地区为支撑，辐射全国的国内旅游客源市场格局；全方位开发境外华人市场和洲内、洲际市场，形成近、中、远程市场结合的多元入境旅游市场格局。达到郧县旅游在市场上具有很高的知名度、美誉度和忠诚度的目标。

（5）旅游配套目标：此时郧县旅游已经形成了完善、高效的旅游基础接待设施，软硬件俱佳，形成了健全成熟的旅游接待体系、服务体系和管理体系，旅游信息网络和旅游管理网络开始发挥重要作用；旅游六要素配置合理，旅游产业链完善，旅游产业链的带动效应得到充分发挥。

第四章　旅游精准扶贫的业态与项目设计

随着旅游市场竞争的日趋激烈，传统的旅游业态已经不能满足旅游者的消费需求。在此背景下，一大批旅游新业态应运而生。旅游新业态按照其“新”意来源，可以分为三类。第一类是市场导向型新业态，它是由市场需求激发而产生的；第二类是产品创新型新业态，它是指由于旅游产品创新而形成的旅游新业态，如房车营地、邮轮游艇等；第三类是经营提升型新业态，它是指由于经营者经营方式、手段等发生改变而形成的旅游新业态，如主题酒店等。在对贫困地区进行精准扶贫时，要注重引入合适的旅游新业态，发挥后发优势。此外，对于旅游项目的策划，则应因地制宜、因需设计。

第一节　旅游精准扶贫业态概述

一、经营提升型新业态

（一）乡村民宿

（1）简要概述：乡村民宿业态是原乡村旅游农家乐业态的升级版，农家乐满足了游客食、住的基本功能，但是在旅游环境氛围营造、旅游主题塑造等方面较为缺乏；而民宿的兴起正好满足了旅游者对乡村原生态本真的追求。该业态兴起于日本、中国台湾地区，目前国内江浙地区民宿发展较好。

（2）发展特色：民宿是指利用自用住宅空闲房间，结合当地人文、自然景观、生态、环境资源及农林渔牧生产活动，以家庭副业方式经营，提供旅客乡野生活的住宿处所。其主要功能在于让旅游者体验当地风情，感受民宿主人的热情与服务，并体验有别于以往的生活。因此其在功能配置上主要以旅游住宿功能为主，基本很少提供餐饮服务。

（3）案例借鉴：台湾垦丁地区是台湾乡村民宿发展的起源。20 世纪 80 年代初，台湾垦丁公园游客量较大，为解决游客的居住问题，当地政府通过辅导原住民利用空屋与当地特有环境来经营民宿，既提高了该地区旅游接待能力，又增加了原住民收入。发展初期，民宿经营水平参差不齐，之后台湾地区“民宿管理办法”出台，该办法就民宿的设置地点、规模、建筑、消防、经营设施基准、申请登记要件、管理监督及经营者应遵守事项做出了规范，目前全台湾地区民宿已经超过 5 000 家。台湾垦丁地区的民宿风格各异，希腊风情、乡野风格、后现代设计等均有表现，游客推荐较多的几家民宿有一个共同特点就是民宿内设施的细节对于文化的表现，游客从进入民宿开始就感觉到民宿的主题文化。

阅读 4-1　2015 台湾民宿发展报告

台湾地区民宿发展相较于大陆地区历史更为悠久，发展更为成熟，尤其是在大陆开放自由行之后，台湾地区的民宿在量与质上又得到较大的提升。据台湾有关部门提供的数据，台湾地区的民宿已经发展到 6 356 家，提供客房 26 357 间。根据《2015 台湾民宿发展报告》，花莲（1 431 家）、宜兰（1 157 家）、台东（908 家）、南投（629 家）、屏东（459 家）、澎湖（426 家）、新北（237 家）、苗栗（235 家）、金门（166 家）和嘉义（165 家）分列台湾地区民宿数量 1~10 位。从预订量来看，垦丁、花莲、九份三个目的地的预订量最高，是台湾地区 2015 年最为热门的民宿目的地。从民宿房价上来看，苗栗、新竹、桃园民宿平均房价较高。而从消费者角度来看，88%的自由行旅游者愿意选择台湾民宿这种非标住宿形式，47%的旅游者愿意在住宿上花费 250~500 元/晚的费用。

资料来源：大鱼自助游与台旅会联合发布《2015 台湾民宿发展报告》，http://travel.163.com/15/1209/15/BADE9IM300064M2L.html，2015-12-09

（二）精品酒店

（1）简要概述：精品酒店业态是传统酒店业态的升级版。随着旅游者消费需求的多样化，传统的酒店服务已经不能满足其需要，旅游者转而向具备一定主题、硬件设施完备、服务优质的小而时尚的精品酒店转型。精品酒店最早源于 Ian Schrager 和 Steve Rubell 将一个小楼改建成一个高档酒店，他们将其称为精品酒店。

（2）发展特色：乡村精品酒店的最主要的功能在于主题文化的塑造，通过主题文化向旅游者传递乡村的各种元素。同时，乡村精品酒店在服务上要做足细、独、特等功夫，让乡村的历史、文化和艺术通过环境的营造和优质的服务表现出来。此外，乡村精品酒店往往给游客一种家的感觉，从进入大堂开始服务人员便开始为其营造家的环境，微笑服务、主动服务及随时为游客解决问题等都让游客入住酒店后记忆深刻。

（3）案例借鉴：花间堂这一品牌于2009年由张蓓女士创建，它将高端精品酒店的服务理念与地方民居、民俗等人文特色完美结合，开创了文化精品度假酒店的先河，并逐步发展成为花间堂酒店及度假村。目前丽江、杭州、苏州、周庄、阆中、香格里拉和无锡均开设有花间堂。丽江花间堂·植梦院是由一个“四合五天井”的纳西老院子改建而成，酒店内部体现了浓郁的纳西风情。周庄花间堂·季香院是由当地有名的大宅——戴宅改建而成，酒店为游客营造了一个民国风情的江南民居氛围。香格里拉花间堂·圣地是由当地一户贵族的院落改建而成，它主要体现了藏地风情。阆中花间堂·阆苑、苏州花间堂·探花府则分别体现了川北民居和江南园林风格。而无锡阳山花间堂则是以田园风光为主，主要通过乡村意向的营造向住客传递田园文化。

阅读4-2　去呼呼：非标住宿的创、变与度假住宿的场景革命

一、住宿产品的创与变

站在“互联网+”风口上，传统的旅游业固有法则正在被打破，新的增长方式正在建立起来。在所有的变化里我们发现中国的旅游住宿产品正在发生非常大的变化，在这个变化里怎么让住宿产品满足越来越多人的个性化需求呢？只有创新。

针对这一问题，去呼呼创始人、去哪儿网集团副总裁张泽表达了自己的看法。

“今天的消费者更关注的是时尚，是互联网，是移动化，是个性张扬，是我的地盘我做主。传统酒店的商务房、大床房、行政房对他们而言已经没有概念，他们要的是一间自己喜欢的房间，里面有自己的需求。例如，乡村精品酒店，不仅有邻里之间的温馨感觉，且每一个房间再配上一把智能门锁更安全、更方便，于是这些酒店就将乡村的壳与标准化酒店的心很好地进行了融合。”他认为，“非标住宿就是应该忘掉传统的房型，让每一个房间变得越来越有态度，让消费者感受到这个房间能够给你带来的东西，房间本身已经变得没有意义，而房间里面的设计和装修却变得更有意义”。

二、度假住宿的场景革命

“很多时候我们做事情讲究天时、地利、人和，天时加地利就是场景，在特定的场景下，会产生特定的需求，没有这个场景这个需求可能就没有了。”去呼呼副总经理庄菁如此解释场景。

而消费者的出行理念在经历了以景点为核心的“旅游”阶段、以文艺小清新为特点的“旅行”阶段后，发展到以休闲为主要目的的“度假”阶段。每一阶段

消费者的住宿诉求不尽相同。当消费者的出行目的是度假时，住宿产品将作为行程的核心，消费者会花更多的时间待在酒店内。消费者整个入住过程中所涉及的所有环节都会涉及场景，充分利用这些场景将是对度假住宿商业模式的重构。例如，度假住宿的迷你酒吧完全不必将饮料的价格定得那么高，可以引入免费试喝的饮料，让消费者喝完饮料之后填写一张试饮问卷，这个饮料的成本由品牌方来承担，同时酒店还帮助品牌获得了数据进而获得一定的收入，消费者也因为免费喝到了饮料而提升了入住满意度。同时，充分利用场景的关键点创造更多的分享，有分享就有关注，让消费者为酒店来做宣传。

资料来源：去呼呼：非标住宿的创、变与度假住宿的场景革命，http://www.dotour.cn/article/18389.html，2015-11-17，有删减

（三）主题餐厅

（1）简要概述：主题餐厅业态是传统餐厅的升级版。传统餐厅主要专注于餐饮服务，而在餐饮之外的餐厅环境氛围营造上功夫不足。主题餐厅除了提供餐饮服务外，亦将主题作为其重要的吸引物。

（2）发展特色：主题餐厅以一系列围绕一个或多个历史或其他的主题为吸引标志，向顾客提供饮食所需的基本场所。它的最大特点是赋予一般餐厅某种主题，围绕既定的主题来营造餐厅的经营气氛。餐厅内所有的产品、服务、色彩、造型及活动都为主题服务，使主题成为消费者容易识别餐厅的特征和产生消费行为的刺激物。

（3）案例借鉴：风波庄是一家总舵设在合肥的，以江湖文化为主题的餐饮连锁机构。它以“品尝江湖菜肴，感受武侠文化”“有人就有江湖，有江湖就有风波庄”等鲜明主张，将中国武学和传统美食完美结合，开创并形成独具风格的武侠主题新餐饮模式。风波庄餐厅中以常见的武功招式为菜名，融千年武侠精神，以常见的客栈酒家的形式向游客提供各种餐饮服务。

二、产品创新型新业态

（一）休闲农业园

（1）简要概述：休闲农业园是通过利用农业景观资源和农业生产条件，发展观光、休闲、旅游、度假等于一体的新型农业生产经营形态。休闲农业园主要以农业生产为主，兼具旅游功能，一般具备较多参与性项目。

（2）发展特色：休闲农业园是“农业+旅游”的融合产物，休闲农业园的发

展一方面通过旅游的发展提升了农业的附加值，另一方面也通过农业价值的挖掘为区域增添了旅游吸引物。休闲农业园主要有四个特点：一是农业与旅游业的互相融合；二是田园风光与休闲景点相互呼应；三是农业生产功能与休闲观光功能相互耦合；四是生产活动与休闲活动的相互统一。目前的休闲农业园主要有以下四种类型：第一种是以休闲度假为主导功能的休闲农业园；第二种是以设施化种植、采摘为主导功能的休闲农业园；第三种是以良好的生态环境为特色的休闲观光农业园；第四种则是以民俗风情展示为主导的休闲农业园。

（3）案例借鉴：台湾宜兰中山休闲农业园位于宜兰县，占地面积806公顷，是台湾的休闲农业示范区，以种植茶树、果树为主，主要生产茶叶和文旦柚。整个休闲农业园将农业与自然景观、人文景观、旅游结合起来，融特色餐饮、特色民居、休闲农场、观光果园、茶园、植物园和旅游景点于一体，既提升了农业的复合价值，又利用特色农产品品牌（冬山素馨茶、冬山文旦柚、冬山山水梨）提升了综合经济效益。得益于休闲农业园的发展，当地农业转型升级、农村面貌得到较大的改善，农民也实现了增收。

阅读 4-3　台湾休闲农业发展的经验与启示

20 世纪 80 年代初，台湾开始推广以观光、休闲、采摘为主要内容的观光农园。台北市政府率先在木栅推行“观光茶园”计划，标志着政府部门正式开始辅导休闲农业。到了 80 年代后期，政府又着力推行“农业+旅游业”性质的休闲农业。1990 年台湾当局“主管部门”设立了《发展休闲农业计划》，从技术、经费、宣传等方面加大了对休闲农业支持力度。1992 年台湾当局“主管部门”颁发了《休闲农业区设置管理办法》，编印相关指导教材，成立相关团体，此后，台湾休闲农业开始蓬勃发展。截至 2015 年，台湾休闲农业已发展休闲农场近 1 300 家，提供了近 20 多万个就业岗位。

在台湾休闲农业蓬勃发展的背后是经验的积累。纵观其休闲农业发展历程，政府的大力支持与完善的法律法规是其成功的必要条件。在政府层面上，首先，台湾当局“主管部门”专门设置了针对休闲农业发展的机构，同时也制定了一些政策法规促进休闲农业的快速发展，如《发展休闲农业计划》与《休闲农业区设置管理办法》。其次，充分发挥协会的引领作用，台湾于 1998 年成立了台湾休闲农业发展协会，专注于休闲农业的规章制定、产业引导、营销推广及环境保护等。再次，实施标准化的发展策略，通过制定休闲农业的准入门槛，提升休闲农业的发展品质。2015 年台湾休闲农业已发展休闲农场达到近 1 300 家，但经过台湾当局“主管部门”认证的只有 507 家。最后，台湾休闲农业在发展中非常重视营销环节，通过构建完善的营销体系将市场与休闲农业对接，尽可能多地吸引游客到访。

资料来源：台湾休闲观光农业考察报告，http://www.huaxia.com/hbhg/xwdt/htjl/2015/01/4229838.html，2015-01-13，删减整理

（二）创意产业园

（1）简要概述：创意产业园是以文化创意展示为主导功能，兼具旅游观光的产业园区。发展创意产业的核心是要构筑创意产业链，并尽量拓展延伸，以形成规模，获得最大经济效益。

（2）发展特色：文化创意产业园是“文化+旅游”的融合产物，它的发展一方面将文化创意转化为旅游资源，另一方面也提升了文化产业的附加值。文化创意产业园的关键在于创意主题的确立，如国内发展较好的北京 798、上海 M50 等都拥有很好的创意主题。另外，文化创意产业园要注意对文化产业链的打造，将“设计、研发、创意、制造、销售”形成完整的产业链条。目前国内的文化创意产业园较多，据不完全统计，全国文化创意产业园超过 2 500 家，在取得一定发展成就的同时也涌现了许多问题，如创意产业园房地产特色明显，主题雷同，文化创意气息淡薄等。

（3）案例借鉴：月记窑国际当代陶瓷艺术中心，创建于 2009 年初春，位于泉州市德化县具有 400 多年历史的古龙窑遗址旁，占地 15 亩，包括设备完善、环境优雅的陶艺家工作室和生活区、多功能展览厅和陶瓷文化体验区。中心以德化县深厚的古龙窑文化月记窑为主题资源，以国际陶瓷艺术展示等陶瓷文化的交流活动为载体，配合环境幽雅、民俗风情浓厚的自然资源，吸引世界各国的陶瓷艺术大师来中心进行陶瓷艺术品创作与陶瓷文化的交流活动，成为有相当知名度和美誉度的国际当代陶瓷艺术创作、展示和交流中心，目前该中心已成为福建省级文化产业示范基地。月记窑国际当代陶瓷艺术中心的建立和发展，在促进当地生态旅游业向特色文化体验旅游升级的同时，也增加了当地社区居民的收入，更对德化陶瓷注入了时尚艺术生活理念。

阅读 4-4　广东云浮活化乡村历史文化资源

2014 年，云浮市实施“乡村记忆”工程，建成了 10 座乡村历史文化展示馆和 5 座乡村非物质文化遗产演示馆。这项被云浮市政府列为“十项民生实事”之一的文化建设项目，成功地把云浮市各地的乡村历史文化和非物质文化遗产凝聚浓缩成璀璨夺目的历史文化明珠，真实地展现了云浮市农村悠久的古建筑历史文明和风土人情。目前，10 座乡村历史文化展示馆、5 座乡村非物质文化遗产演示馆已建设完成并已全部免费对外开放，总面积合计 5 300 多平方米，展出图片 884

幅，展出实物1 236件（套），全方位为参观者提供丰富多彩的文化享受，参观人数累计已达20多万人。

云浮市古为百越地，是闻名遐迩的六祖故里，又有源远流长的石艺文化和南江文化，蕴藏着丰厚的古建筑、文物、非物质历史文化遗产。

2007~2011年第三次全国文物普查期间，云浮市共核定登记不可移动文物点1 784处。以类别分，则古建筑类最多、最丰富，多数为宅第民居；坛庙祠堂类次之，均具有典型的岭南艺术风格。非遗方面，云浮市先后公布了35个市级、97个县级非遗保护名录，其中民间舞蹈《禾楼舞》被列入国家级非遗保护名录，“云浮石艺”等16个项目被列入省级非遗保护名录。

2014年，云浮市提出要积极探索弘扬优秀传统文化新路径，把历史文化资源挖掘、保护与合理利用工作紧密结合起来，以古建筑保护和开发利用为重点，全力“活化”乡村历史文化资源，打造优秀传统文化新品牌。乡村历史文化展示馆和乡村非物质文化遗产演示馆的建设，被列入了云浮市政府“十项民生实事”之一。为此，云浮市文化部门充分整合和利用当地古建筑、祠堂、庙宇、空余建筑等文化资源，大力实施“乡村记忆”工程，积极探索乡村历史文化展示发展新模式，让群众“记得住乡情”“留得住乡情”。

云浮市乡村历史文化展示馆和乡村非物质文化遗产演示馆的建设，坚持以政府为主导、以乡村为主阵地、乡民主动参与、效益与众分享的原则。乡村乡贤主动加入乡村历史文化资源的保护行列，如兰寨村民主动把空置的古建筑交由政府统一开发，政府以租赁的形式每年向每间古建筑业权所有者支付2 000~6 000元费用，龙山塘村对交由政府统一开发的古建筑业权所有者每月每间支付200元，水东村为村民免费购买农村合作医疗，等等，开创了云浮市打造历史文化品牌的新局面。

资料来源：谭志红，甘姮华，李林，等. 广东云浮：“活化”乡村历史文化资源[EB/OL]. http://history.people.com.cn/n/2015/0205/c393599-26514962.html，2015-02-05

（三）旅游地产

（1）简要概述：旅游地产是指以旅游区域的景观、生态、文脉及人气资源为开发契机，以休闲度假村、旅游景区主题休闲公园、旅游运动村、产权酒店、分时度假酒店、高尔夫度假村、景区住宅、民俗度假村、国际休闲度假中心等方式开发的旅游置业项目。

（2）发展特色：旅游地产是“房地产+旅游”的融合产物，按照其功能特点可以分为以下六种类型，即旅游景区地产、旅游文化地产、旅游休闲地产、旅游商业地产、旅游养老地产和旅游景观房产。就整体旅游项目来看，旅游地产的开发一方面为其快速回笼了资金，创造利润；另一方面旅游地产本身也完善了项目的功能，同时也能作为旅游吸引物之一。旅游地产的成功开发：一是要把握项目的整体定位，二是要针对消费市场合理规划项目的地产体量，三是要与旅游结合起来，通过旅游提升周边的人气。

（3）案例借鉴：金山岭唐乡位于承德市滦平县境内，它以新型城镇化和美丽乡村建设为目标，通过选择农耕文明印记深刻的传统院落对农民闲置的住宅、宅基地进行改造从而创造的乡村休闲旅游地产。唐乡在建设上本着五个原则：第一，充分实现屋外差异化、屋内现代化；第二，整体情调设计上既充满浪漫小资，又与田园风光相结合；第三，根据不同院落风格来设置自助厨房；第四，设立唐乡的网站，对唐乡内的民宿酒店进行统一营销；第五，统一管理，通过与村里签订合作协议，租用农户的闲置房与土地。唐乡依托原有的淳朴老瓦、老砖、老窗，在尊重传统建筑文化、保持原有风貌的前提下，打造了一个外朴内秀的乡村旅游休闲地产项目。

三、市场导向型新业态

（一）旅游营地

（1）简要概述：旅游营地是国民休闲需求快速发展时代背景下的产物。随着旅游者休闲需求的不断升级，个性化、特色化的宿营成为其旅游住宿的首选。旅游营地是相对旅游者而言的，凡是人为圈定的、供户外露营者过夜与休闲的区域都可谓之露营地。

（2）发展特色：旅游营地按照其提供的对象差异性可以大致分为两类，一类为供徒步旅游者或背包旅游者使用的露营地；另一类为供自驾车旅游者使用的自驾车营地，该类营地往往还具备一定的配套设施，如餐饮、娱乐、购物、租赁等。在区位选择上，营地最好是距当地中心城市 150~200 千米，车程也最好控制在 2~3 小时以内，热点城市、大中型城市的郊区，大型的景区景点，沿交通干线、旅游重点线路等都可以考虑建设旅游营地。在客源市场上，营地的消费人群往往以散客、自驾游群体为主，年轻人居多。在自然环境上，一般选择地势开阔、较为平坦、通风及排水良好、生态环境优美的地方建设。

（3）案例借鉴：英国四星级乡村型 Penmarlam 汽车营地位于福伊河口。该汽车营地景色宜人，可以看到南康沃尔郡的大部分村庄和山脉。营地内有商店、盥洗室、自助洗衣店、婴儿照顾室、方便残疾人使用的设施及电源接口和宽带网络服务。该营地的成功不仅因为其提供完善的配套服务设施，同时也因其周边有较多景色较好的景点。营地周围有岩石海湾，独特的村庄，这里是划船爱好者的天堂。旅游者可以从营地走路去周边那些各具特色的村庄，也可以在 Old Ferr Inn（老式渡口旅馆，有些是建筑在岩石上面）住上一晚。周围还有许多有趣的步道，包括著名的“Hall Walk”。

（二）热气球

（1）简要概述：热气球运动作为一种新兴的体育运动，对绝大多数人具有强烈的吸引力。近年来，热气球已成为继攀岩、蹦极、滑翔之后的又一休闲娱乐的热点。国内目前开展热气球载人观光旅游的地区还比较少，但是热气球的比赛、表演等已经有较为成熟的市场。

（2）发展特色：热气球飞行不同于飞机，它不能像飞机那样自由地飞翔，飞行员只能靠操纵热气球改变高度，当热气球内气体受热时，浮力增大，气球上升，反之气球则下降。通过热气球飞行员操纵热气球，旅游者可以感受不同高度下地面的景色，如世界较为著名的热气球旅行地土耳其卡帕多西亚，乘坐热气球飞入峡谷之中，可以看到峡谷的壮丽景色；在缅甸蒲甘，则可以从高空看到地面的佛塔；而在肯尼亚马赛马拉，乘坐热气球则可以观摩非洲大草原的野生动物迁徙。目前国内已经有多个地区举办过热气球比赛，如北京的国际热气球邀请赛、青岛的国际热气球节等。

（3）案例借鉴：澳大利亚凯恩斯地区是世界上热气球爱好者的圣地，因为这里全年有 350 多天都晴好，特别是清晨，借着上升的气流，热气球升空的成功率很高。该地区热气球飞行产品较多，既有针对大众旅游者的 30 分钟、60 分钟的凯恩斯观光飞行，也有较为私密的私人飞行产品、热气球婚礼产品等，热气球飞行一般安排在早上 6:30 左右，7:30 之前着陆。

（三）主题休闲庄园

（1）简要概述：主题庄园是指围绕某个特定主题展开的，以休闲功能为主要目的的场所。随着国内旅游业的快速发展，主题休闲庄园也相继出现，并占据了一定的旅游市场，目前已初步形成农耕体验、亲子教育、特色餐饮和休闲度假等主题。

（2）发展特色：主题休闲庄园一般环境优美、空气清新、远离尘嚣，根据其特点可以分为饮食类、运动类、体验类、度假类和商务类五大类型。饮食类主题休闲庄园是以生态、绿色、有机、无公害为食品特色；运动类主题休闲庄园以休闲运动为特色，主要针对高级白领、成功企业主、商人等高收入人群；体验类主题休闲庄园主要经营农业采摘、种植、养殖和放牧等，以城市居民为主要客源市场；度假类主题休闲庄园则以休闲度假为主要功能；商务类主题休闲庄园则要求具有商务会议功能，与商务酒店提供的服务类似。

（3）案例借鉴：台湾嘉义松田岗休闲农庄是一个以“生产、生活和生态”为主题的休闲农场，该农庄有别于一般农庄，它在整体风格上充满南洋风，农庄内随处可见的造型石雕、两头鳄鱼造型木雕椅、发呆亭等，都来自印度尼西亚当地，同时庄园内还有台湾地区最大的棕榈科植物园。在餐饮方面，农庄内有两家主题餐厅，一家为热带雨林风格，另一家为蒙古风格。在住宿方面，松田岗休闲农庄是台湾最具特色的露营农庄，既有可容纳 600 人的星空露营场，又有别具南洋风味的棕榈屋、树屋及房车等设施。此外，农庄内还提供了各种体验活动，如香草工坊 DIY 制作、军体游戏、植物教室等。

第二节　旅游精准扶贫项目策划

一、旅游项目策划概述

（一）旅游项目的概念

旅游项目实际上是各种现实化的旅游资源，即由各种现实的和潜在的旅游资源转化而来的，能创造价值和财富的旅游吸引物。旅游项目要将已经存在的旅游资源经过人为的改造和设计，使其独特魅力展示出来或者凭借后天条件人为设计出一个具有旅游吸引力的项目。国内外有许多学者和研究机构对旅游项目的概念进行了界定，比较常见的有以下几种。

苏格兰旅游委员会 1991 年将旅游项目表述为：所谓旅游项目应该是一个长久性的旅游吸引物，旅游项目的主要目的是让公众和旅游者得到消遣的机会，做他们感兴趣的事情，或者是受到一定的教育，而不应该仅仅是一个游乐场、一场歌舞剧或电影、一场体育竞赛等。旅游项目不仅应该吸引严格意义上的旅游者、一日游者，而且还要对当地居民具有一定的吸引力。

华尔士和史狄文斯于 1990 年提出旅游项目具有如下特征：吸引旅游者和当地居民来访，并为达到此目的而经营；为到来的顾客提供获得轻松愉快经历的机会和消遣的方式，使他们度过闲暇时间；将其发展的潜力发挥到最大；按照不同项目的特点来进行针对性的管理，使游客的满意度最高；按照游客的不同兴趣、爱好和需要提供相应水准的设施和服务。

通过上述概念可以看出，旅游项目具有以下主要特征：第一，旅游项目应该为旅游者提供消遣以度过闲暇时间；第二，旅游项目的吸引力应该长久，并且其吸引的对象不能仅仅是旅游者，一日游者和当地居民也应该是旅游项目的吸引对象；第三，旅游项目需要一定的管理，并在经营下创造经济效益。由此，可以将旅游项目界定为：以旅游资源为基础开发的，以旅游者和旅游地居民为吸引对象，为其提供休闲服务，具有持续旅游吸引力，以实现经济、社会、生态环境效益为目标的旅游吸引物。可见，旅游项目中的旅游吸引物既包括了传统意义上的旅游线路、旅游点，也包括了旅游地的节庆活动、文化背景及旅游地的旅游商品。

（二）旅游项目分类

根据不同的研究目的和观察角度，旅游项目可以分为多种类型，较为常见的是主体分类法和环境分类法。此外，旅游项目还有许多其他分类方法。

主体分类法是以旅游者的个人特征作为分类标准对旅游项目进行类型划分的方法。一般而言，作为分类标准的旅游者特征有旅游者的旅游目的、职业、年龄、组织形式、消费方式、旅游时间、旅游的距离等。例如，按照旅游者的旅游目的，可以将旅游项目分为观光型旅游项目、度假型旅游项目及生态旅游项目等；按照旅游者的组织形式，可以分成单身旅游项目、情侣旅游项目和居家旅游项目等；按照旅游者的消费方式，可分为高消费旅游项目和低消费旅游项目等。

环境分类法则是以旅游项目所依托的环境作为标准而对旅游项目进行分类的方法。例如，按照旅游项目所处的自然环境，可以分为海岸旅游项目、山岳旅游项目、湖泊旅游项目等；按照人居环境，可以将旅游项目分为乡村旅游项目、都市旅游项目等。

旅游项目还有各种分类方法，如按旅游活动发生的空间，可将旅游项目分成室内旅游项目、城区旅游项目、乡郊旅游项目、区域旅游项目、国内旅游项目、国际旅游项目、洲际旅游项目乃至星际旅游项目；按照旅游活动的状态，可以分为主动旅游项目和被动旅游项目；按旅游活动的主题和内容，可以分为自然生态旅游项目、历史旅游项目、文化旅游项目、科技旅游项目等；按组织目的，可分为科学教育旅游项目、商务旅游项目（会议旅游项目）、考察旅游项目、修养旅游项目、体育旅游项目及宗教旅游项目等[①]。按旅游业构成的六要素，将旅游项目分

① 国家旅游局人事劳动教育司. 旅游规划原理[M]. 北京：旅游教育出版社，1999.

为交通类旅游项目、餐饮类旅游项目、住宿类旅游项目、购物类旅游项目、观光游览类旅游项目及娱乐类旅游项目。

在规划实践当中，上述旅游项目分类方法过于复杂，有些分类方法也不具有很强的社会适用性，因此在实践当中，旅游项目的分类可以按照重要程度分为引爆性旅游项目、重点旅游项目、支撑旅游项目、一般旅游项目与拓展旅游项目。该类旅游项目划分的优点是便于旅游开发主体厘清旅游项目的重要性，将有限的资金投入较为重要的旅游项目开发中，当旅游发展较为成熟时，再推动支撑类、一般旅游项目和拓展旅游项目的全面开发。

二、旅游项目策划原则

（一）创新性原则

旅游项目的首要原则就是创新，即在不断变化的市场形势下，通过功能或者表现形式上的创新来促进旅游项目的升级，以此推动区域旅游的发展。创新性原则可以概括为一句话："人无我有，人有我优，人优我新。"

（二）因地制宜原则

旅游项目在设计时，应注意营造与旅游者熟知环境的差异性，这种差异性营造的主要途径就是凸显当地特色。因此，进行旅游项目的创意设计时，要在充分研究旅游区各种资源条件的基础上，因地制宜地开发设计出具有鲜明地域特色的旅游项目。

（三）整体优势原则

旅游项目的设计要服从旅游经济发展需要，不能盲目、不切实际的超前发展，应从整体利益最大化角度进行设计。在旅游项目的设计上要充分实现与旅游景区及其周边区域食、住、行、游、购、娱等行业的互动，以此来实现更大区域内的旅游经济大发展。

（四）现实性原则

旅游项目设计是一项实践性较强的工作，设计出的旅游项目要具备可操作性和经济上的可行性。因此，在设计旅游项目时应立足于景区开发实际，从旅游资源赋存、投资来源、科技实力水平、旅游市场需求等方面来评价和衡量所设计的旅游项目是否具有现实意义。

（五）三大效益原则

三大效益关系到区域旅游的持续发展。项目设计就其目的而言，是为了获得未来的经济利益、促进当地经济发展、满足旅游者对旅游休闲的需求。但是旅游开发和项目设计在获得经济利益的同时也不能忽视项目给社会和生态环境带来的影响。

阅读 4-5 乡村旅游与休闲农业的创意创新思路

（1）自然农法：自然农法相当于国内的有机农业，只是名字更贴切。一方面，我们可以按照自然农法生产优质天然农产品；另一方面，我们可以对自然农法进行外延拓展，增加一些特色体验项目，如自然动力、自然绿化、自然放养、自然美容、自然加工等。

（2）乡村游学营地：乡村游学是一种观察型、体验式、感悟性学习，休闲农庄可以结合夏令营、冬令营、周末营及青少年第二课堂的形式，把自然生态教育、趣味知识教育、传统国学教育、手工技能教育、艺术特长教育、职业体验教育等融为一体，寓教于乐，建设当地独具特色的青少年游学营地。

（3）慢生活体验区："慢生活"是一种生活态度，是一种健康的心态，是一种积极的奋斗，是对人生的高度自信。这里的"慢"，并非速度上的绝对慢，而是一种意境，一种回归自然、轻松和谐的意境。中国的第一个国际慢城在江苏高淳，我们的古村古镇可以打造成慢生活体验区。

（4）众筹农业：众筹最经典的案例是很多人的咖啡馆。众筹农业是 CSA（community supported agriculture，社区支持农业）①和团购的升级版，发起人并不一定是因为缺少启动资金，而是通过众筹让消费者参与进来，形成一个固定的消费群体，并迅速带动相关消费圈子，同时也满足了参与者自娱自乐、自给自足、扩大社交、投资理财的需求。

（5）农业综合体：是以农业为主导，融合工业、旅游、创意、地产、会展、博览、文化、商贸、娱乐等三个以上产业的相关产业与支持产业，形成多功能、复合型、创新性产业结合体，包括区域性综合体、农园综合体、农博综合体、主题产业综合体、卖场综合体等形态。

（6）老种子保护园：很多老种子濒临绝迹，挽救老种子最好的方式是当地农民能够有意识地每年续种，但是单靠农民的意识，难以挽救濒临灭绝的老种子。休闲农业园区可采取有机种植保留方式，收集各地濒危的老种子，然后给

① CSA 起源于 20 世纪 70 年代的瑞士，并在日本得到发展。它是指消费者为了寻找安全的食物，与那些希望建立稳定客源的农民携手合作，建立经济合作关系。

老种子建立档案，通过每年的种植来更新储存的种子，同时收获的蔬果还可以供消费者食用。

（7）农夫市集：农夫市集是小农生产的安全农产品和消费者直接对接的平台，既帮助消费者找到安全、放心的产品，也帮助农户拓宽市场渠道，鼓励更多农户从事有机农业，从而减少化肥和农药带来的环境污染、维护食品安全、实践公平贸易。休闲农庄开办农夫市集，可以体现农庄的公益形象，营造农庄卖场氛围。

（8）城市伴手礼：以往的华人社会为农业社会，人情味浓厚，凡出外或是回乡，为表关怀与礼数，都会携带随手的小礼物送给亲友。进入现代社会，伴手礼已不只是注重于联系情感的一份随手小礼物，而成为商业行销各地名品及特产的专有名词，一些具有地方特色的产品，都成了伴手礼的代名词。

（9）无景点旅游：所谓无景点旅游，就是到一个陌生的地方住下，但并不会特别去逛景点，而是走到哪里算哪里。无景点旅游与自助游、自驾游、农家游一样，属于休闲游的一种。其特点是：自主、自愿、自助、自由。随意“驻扎”到某地，吃饭，喝茶，悉心品味民风民俗，不再跟随旅行团走马观花地参观门票高涨的景点。

资料来源：脑洞大开的休闲农业与乡村旅游新创意，https://baijiahao.baidu.com/s?id=1570416539786925&wfr=spider&for=pc，2017-06-17

三、旅游项目构成要素

（一）旅游项目的名称

项目名称是旅游者接收到关于该项目的第一信息，独特的项目名称能够在第一时间抓住旅游者的眼球，对旅游者产生吸引力。有创意的项目名称能够激发旅游者对于该项目的浓厚兴趣，如“海上田园”“天涯海角”等都能够引发旅游者的无限联想和向往。因此，要仔细揣摩旅游者心态，并在此基础上对旅游项目命名，力争通过形象联想来吸引旅游者。

（二）旅游项目的风格

旅游项目策划的重要内容之一就是要明确醒目的风格和特色，并将其大致的风格用文字或简要的图示描述出来，为下一步的创意设计工作提供依据和指导。具体而言，旅游项目的风格内容主要有以下几个方面。

（1）旅游项目中主要建筑物的规模、形状、外观、颜色和材料。

（2）旅游项目中建筑物的内部装修的风格，如建筑物内部的分隔、装修和装饰的材料。

（3）旅游项目相关的旅游辅助设施和旅游服务的外观、形状和风格，如旅游项目的路标、垃圾箱、停车场、购物商店、洗手间及旅游餐馆（餐厅）所提供服务的标准和方式等。

（三）旅游项目的选址

旅游项目策划中需要明确每个旅游项目的占地面积及其地理位置，具体为：①旅游项目的具体地理范围。②旅游项目中建筑物的整体布局，以及各个建筑物的位置及建筑物之间的距离。③旅游项目中所提供的开放空间的大小和布局。

（四）旅游项目的内涵

旅游项目的创意设计，要明确该旅游项目的内涵和体系，如引爆项目、支撑项目、重点项目等。具体地可以分为：规定旅游项目所能提供的产品类型；确定主导产品或活动。

（五）旅游项目的管理

旅游项目设计不仅要为项目的开发和建设提供指导，更要处理好日后的经营和管理等相关问题。因此，旅游项目的创意设计应针对该旅游项目的工程建设管理、日常经营管理、服务质量管理及经营成本控制等问题提供解决方案。

四、旅游项目设计步骤

在实际工作中，旅游项目创意设计一般可分为以下几个步骤。

（一）分析旅游开发地的环境

进行旅游项目设计首先要对旅游开发地的环境进行分析。环境分析实际上是收集旅游地的各种信息和资料的过程，具体而言，就是对旅游地的内部和外部环境进行调查和研究。内部环境的分析主要涉及旅游地所拥有的资源；外部环境的分析则主要针对各类旅游项目的市场竞争环境和发展态势。

（二）分析旅游开发地的资源特色

旅游地资源特色，是旅游项目内涵和形式的设计依据，这就需要项目设计者在旅游资源调查过程中，对旅游开发地的旅游资源进行详细分析，并总结出不同旅游功能分区的资源特色，以此作为各功能分区旅游项目设计的基调。

（三）旅游项目的初步构思

旅游项目构思是指人们将某种潜在的需要和欲望用功能性的语句来加以刻画和描述。这种初步构思可以自创，也可以借用其他旅游地的旅游项目作为原型。需要注意的是，此时的构思只是项目策划的方向和概念，并未定型，也不一定具有可行性。

（四）旅游项目构思的评价

规划人员应拥有成型的旅游项目构思但并不一定都能够付诸实施，还需进行可行性认证。此时，就需要借助目标市场需求调查及开发成本和收益的估算等方法对项目构思进行甄别，将那些成功概率较小的旅游项目构思淘汰，而保留那些成功机会比较大的策划概念。

（五）旅游项目的设计

旅游项目设计是对认定为可行的项目策划构思进行更加深入和全面的设计。该阶段与前面的构思相比，在内容上更加丰富且更具有可操作性。

（六）旅游项目策划书的撰写

在上述工作结束后，项目设计者应着手开始编写项目策划文案。

第三节　贫困地区旅游项目规划案例

以国家级贫困县郧县旅游发展总体规划为例，对旅游项目规划编制进行说明。郧县位于湖北省十堰市，地处秦巴集中连片特困地区，贫困发生率高，但是旅游资源较为丰富。它拥有令人心旷神怡的山水胜景，情韵独特的自然风光，风格迥异的遗址古迹，振奋人心的革命历史，底蕴深厚的远古文化等。此外，郧县还素有“恐龙之乡”“汉水之源”“人类发祥地”等美誉。近年来，该地区政府确立了以旅游为主导的发展战略，力图通过旅游产业的发展引导区域经济增长。

一、旅游项目总体布局

根据突出主导功能、体现地域特色和保持区域协调的原则，以及郧县旅游资源类型、特征、空间分布，可以将郧县旅游发展的空间结构划分为“一轴，两翼，六功能组团”，即汉江生态文化旅游轴，北翼：山水生态文化寻踪翼、南翼：森林养生文化休闲翼，旅游综合服务功能组团、生态滨江休闲功能组团、山水生态观光功能组团、森林养生度假功能组团、历史文化体验功能组团和远古文化寻踪功能组团（表 4-1）。

表4-1 郧县旅游空间发展总体布局

布局	片区名称	区域范围	主要项目
一轴	汉江文化生态旅游轴	汉江水域及两岸	郧阳岛、韩家洲休闲文化园、子胥湖生态开发区、世界人类文化产业园、汉江湿地公园、郧阳农耕博物馆、安阳风情小镇等
两翼	北翼：山水生态文化寻踪翼	汉江以北	—
	南翼：森林养生文化休闲翼	汉江以南	—
六功能组团	旅游综合服务功能组团	城关镇	游客综合服务集散中心、郧县旅游商品购物中心、“郧阳府”主题文化酒店、郧阳博物馆、郧县革命烈士纪念园、郧阳大剧场、郧阳名人园、郧阳非物质文化遗产与保护展示中心
	生态滨江休闲功能组团	柳陂镇、青山镇、茶店镇	青龙山国家地质公园、大福山生态文化旅游区、郧县市郊农业观光示范区、樱桃沟
	山水生态观光功能组团	南化塘镇、白浪镇、大柳乡、刘洞镇	九龙瀑、虎啸滩、南化塘革命烈士纪念园、龙吟峡、玉皇山中原突围战场纪念园、南化塘温泉度假小镇、白浪大溶洞、滔河生态旅游区
	森林养生度假功能组团	叶大乡	沧浪山国家森林公园
	历史文化体验功能组团	五峰乡、鲍峡镇、胡家营镇	春秋文化旅游城、东方绿松石文化博览园、云盖寺
	远古文化寻踪功能组团	青曲镇	郧县人大遗址保护公园

二、引爆项目——郧阳岛生态文化旅游开发区

郧阳岛是鄂西生态文化旅游圈十大旅游区核心板块之一——“武当山–太极湖旅游区”的重要组成部分，岛屿面积 6.8 平方千米，它以 209 国道为轴线，形成“两心两园三片区”的空间布局。该项目注重郧阳文化与汉江文化的相互融合，集观光旅游、休闲度假、文体娱乐为一体。规划投资 50 亿元打造世界知名的旅游

目的地和国家级清洁水源地。全岛分七大功能区，即郧阳生态文化主题公园、郧阳民俗文化小镇、西岸度假新城、游艇主题度假区、航空主题度假区、山地运动主题度假区和水上运动主题度假区。

（一）郧阳生态文化主题公园

依托郧阳博物馆、府学宫、郧阳老街等郧阳多元文化集中展示地，以郧阳文化为“魂”，通过大量文物陈列和多媒体实景的再现，利用府学宫、郧阳老街与现代博物馆、旅游码头等古今建筑风格上的对峙和反差，以及简明的景观群和丰富的体验性演艺活动展示生态民俗，植入房车营地理念，打造一处休闲娱乐的主客共享之地。郧阳生态文化主题公园片区分为四个功能区，即历史体验区、民俗生活区、综合文化服务区、滨水生态休闲区。

（二）郧阳民俗文化小镇

郧阳民俗文化小镇融会议、养老、健身、美食、购物、娱乐多重功能于一体。建筑造型通过传统中式古建筑的空间抽象与元素提取，形成具有楚风汉韵的新文化建筑，传承郧阳悠久的历史与深厚的传统文化，为游客提供休闲度假的多功能服务。文化小镇分为四大功能区，即旅游服务区、商务度假接待区、老年养生度假区和湿地公园区。

（三）西岸度假新城

规划在郧阳岛西北建设一个生态宜居的旅游城镇。该城镇紧邻汉江，滨水景观良好，分为三大功能区，即北部生态宜居区、中部商业服务区和南部生态安置区。其中，生态宜居区定位于旅游者的第二居所，为滨江景观地产；商业服务区汇集了各类旅游服务设施及公共配套设施；生态安置区则以还迁居民为主。

（四）游艇主题度假区

游艇主题度假区包括郧阳天主教堂、汉江游艇汇、游艇码头、棕榈沙滩等设施。在这里旅游度假的人们可以在会所前的滨水栈道上享受夏日阳光，可以带上家人朋友驾船远行，也可以在人造沙滩上运动。

（五）航空主题度假区

航空主题度假区位于郧阳岛西南部，是一个以航空运动为主的运动体验区。区域内旅游活动丰富多彩，可开展直升机训练营、高空滑翔、航空表演、新品发布等活动。整个度假区建设项目包括航空俱乐部、精品酒店、山地空中体育公园、直升机停机坪等。

（六）山地运动主题度假区

山地运动主题度假区包括山地体育俱乐部、山地体育公园、山地体育练习场等设施。山地体育公园设置在场地内较为低洼的地方，把场地较高的山地预留给会所和度假村，给场地内的建筑带来无比通畅和开阔的景观视线。

（七）水上运动主题度假区

水上运动主题度假区包括水上运动俱乐部、主题精品酒店、水上运动场等设施，是水上综合运动的主题度假区。可以开展摩托艇、香蕉船、滑翔伞、水上冲浪、水上滑板、帆船等各种水上活动，是水上运动爱好者的天堂。

三、引爆项目——世界人类文化产业园

世界人类文化产业园位于茶店镇，将依托郧县猿人化石及遗址充分展示郧县远古文化。规划在茶店建设世界人类文化产业园。该项目总体上以文物陈列馆和现场展示为主体。具体项目有郧县人核心区考古科研展示中心、声光电为一体的高科技古人类展示馆、人类进化园区、郧阳文化园区、人类生殖文化展馆、人类自身能力展馆、人类科学智慧馆、人类近亲馆、人类远亲展馆、猿人园、水上休闲游乐园、游客服务中心等。

四、引爆项目——子胥湖生态新区

子胥湖生态新区地处郧县城区西部，濒临汉江，核心区规划面积15平方千米。项目区内有春秋战国伍子胥、茶马古道、唐代樊梨花梨花寨等遗迹。规划围绕国家级清洁水源地、健康型生态滨水城进行项目设计，具体建设内容包括创意农业产业园、生态农业产业园和农耕文化产业园。子胥湖生态新区以现代农业、生态旅游、子胥文化、新农庄、宜人宜居五大主题发力，以子胥文化为灵魂，以生态和民生为两翼，以政府为主导，以企业为主体，实行土地流转入股，公司+基地+农户，开放股权引资的开发模式，计划用八年时间使该区域转型成为集生态旅游、生态农业、滨江园林湿地景观的现代新型小城镇建设示范区。

五、支撑项目

支撑项目对郧县旅游发展有着重要的影响作用，是郧县旅游业发展的重要支点。根据郧县旅游资源的特色及分布特点，我们提出建设郧县旅游六大支撑项目，即青龙山国家地质公园、汉源文化高峰论坛永久会址、郧阳府城文化产业园、九龙瀑生态旅游景区、沧浪山国家森林公园和郧县市郊型观光农业示范区。

六、重点项目

区域旅游业的发展除了需要引爆项目和支撑项目，还需要一系列的重点项目，它们之间的关系犹如“太阳—月亮—星星”。根据郧县旅游业发展的重点及发展趋势，我们确定了四大重点项目，分别为游客综合服务集散中心、九龙瀑生态旅游景区、“南化塘革命烈士纪念陵园——玉皇山战场”红色经典教育旅游区和韩家洲休闲文化园。

第五章　长丰村旅游扶贫试点村规划（上）

长丰村是国家旅游局首批旅游规划扶贫试点村。该村地处湖北省红安县西南部，是前国家主席李先念以及国务院前副总理陈锡联的故乡，具备一定的旅游发展基础。在编制该村的旅游精准扶贫规划时，我们严格按照国家旅游局《旅游扶贫试点村规划导则》进行。整个规划分为三章，本章是第一部分，包括规划总则、基础分析与发展思路。规划总则主要介绍规划编制的背景、性质、范围、期限、目标、依据以及技术路线；基础分析主要从长丰村的村情入手，分析其贫困现状和旅游发展的基础条件，并对旅游扶贫的潜力做出判断；发展思路主要是基于基础分析的内容对长丰村旅游发展的方向与路径、主导产品与配套项目做出规划。

第一节　长丰村旅游扶贫规划总则

一、规划背景

（一）精准扶贫成为当前国家发展重要战略

2015 年 6 月，习近平总书记在视察贵州的扶贫工作时，首次提出“扶贫开发贵在精准，重在精准，成败之举在于精准”[①]。由此“精准扶贫”成为我国新时期扶贫工作的重点。国家旅游局积极响应党中央的号召，依托旅游行业的带动性强、关联性大等特点，与国务院扶贫办共确定 560 个有条件通过发展旅游来实现脱贫的建档立卡贫困村。7 月，决定在全国建档立卡的贫困村开展旅游规划扶贫行动，

---

① 精准，在习近平的扶贫观里有多重要?http://www.xinhuanet.com//politics/2015-12/08/c_128510390.htm，2015-12-08.

实施旅游精准扶贫战略，长丰村成功入选。

（二）乡村旅游发展与美丽乡村建设势头强劲

乡村旅游已经成为国内旅游发展的新增长极，2014 年我国乡村旅游收入超过 2 800 亿元，乡村旅游点 170 多万个，利用具有一定资源条件的乡村开展乡村旅游已经成为各级政府的共识。长丰村自开展旅游接待以来，目前年游客接待量已经超过 40 万人次，旅游规划的启动有助于进一步将长丰村的资源转化为产业，从而实现农民增收、全村脱贫。2013 年中央一号文件中第一次提出了建设"美丽乡村"的奋斗目标，加强农村生态建设、环境保护和综合整治。因而，长丰村旅游规划的启动也将进一步改造提升长丰村的村容村貌，将村容村貌变为旅游资源，既促进美丽乡村建设，又实现旅游扶贫。

（三）红色旅游成为国内旅游市场热点之一

自 2004 年以来，在各级政府和有关部门的共同努力下，全国红色旅游发展取得了显著成效，并已经成为国内旅游市场的热点之一，2014 年全年旅游接待人数超过 9 亿人次，旅游综合收入超过 2 200 亿元。红安县作为全国红色旅游重要板块——大别山红色旅游区的重要组成部分，红色旅游资源丰富。而长丰村作为红安县红色旅游发展的重点之一，既是前国家主席李先念的故里，还走出了近二十位共和国将军。因此，启动此次规划编制将充分整合长丰村红色旅游资源，释放其旅游功能，助力长丰村旅游脱贫。

二、规划性质

湖北省红安县长丰村为国家旅游局旅游规划扶贫公益行动和湖北省旅游局旅游规划扶贫公益行动确定的旅游规划扶贫试点村，参照《国家旅游局办公室关于开展旅游规划扶贫公益行动的通知》《湖北省旅游局关于开展旅游规划扶贫公益行动的函》《旅游扶贫试点村规划导则》，规划性质属于旅游规划，规划名称为"湖北省红安县长丰旅游扶贫试点村规划"。

三、规划范围

本次旅游规划的范围为红安县高桥镇长丰村，总面积约 5 667 亩，下辖 11 个自然村，分别为李家大屋、刘家田、龚家田、耿家冲、刘家河、乔木湾、陡山彭、洪家湾、陈永太、童家湾和卓家田。

四、规划期限

本次旅游规划期限为 2015~2025 年，可分为三期：近期 2015~2018 年；中期 2019~2022 年；远期 2023~2025 年（图 5-1）。

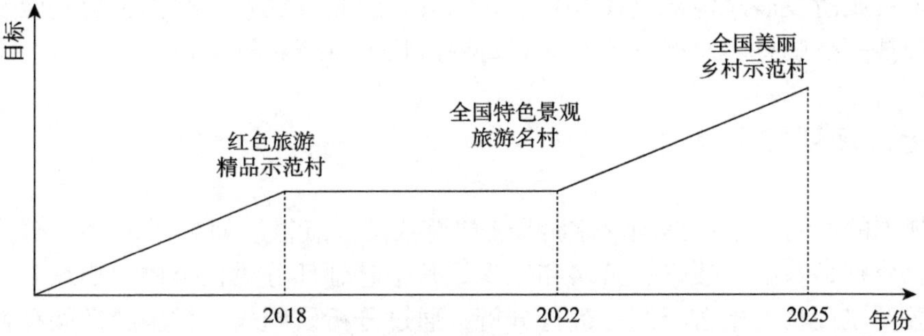

图 5-1　旅游规划期限与目标

五、规划目标

本次规划编制的总体目标为实现长丰村减贫、脱贫。同时，在乡村旅游发展与建设上还将达到三个目标：第一，依托丰富的红色旅游资源，将长丰村建设成为红色旅游精品示范村；第二，依托乡村旅游发展与美丽乡村建设，将长丰村建设成为全国特色景观旅游名村；第三，依托旅游业、休闲农业的发展，将长丰村建设成为全国美丽乡村示范村。

六、规划依据

（一）法律依据

法律依据如下：《中华人民共和国旅游法》;《中华人民共和国环境保护法》;《中华人民共和国土地管理法》;《中华人民共和国水法》;《中华人民共和国水污染防治法》;《中华人民共和国森林法》;《中华人民共和国文物保护法》。

（二）行业标准

行业标准如下：《旅游扶贫试点村规划导则》;《旅游规划通则》（GB/T18971—

2003）;《旅游资源分类、调查与评价》（GB/T18972-2003）;《旅游景区质量等级的划分与评定》（修订）（GB/T17775-2003）;《湖北省农家乐星级划分与评定》;《自驾游管理服务规范》。

（三）相关规划

相关规划如下:《红安县国民经济和社会发展第十二个五年规划纲要》;《湖北省红安县旅游发展总体规划（2015-2030）》;《湖北省红安县红色旅游发展规划》;《红安县高桥镇总体规划》;《红安县高桥镇长丰村新农村规划》。

七、规划技术路线

规划的编制严格依据国家旅游局《旅游扶贫试点村规划导则》，主要分为四个部分，分别是基础、战略、策略和保障。其中基础部分对长丰村规划编制背景、规划区发展现状及旅游资源等进行分析，通过分析研判长丰村旅游发展存在的问题以及未来发展的趋势，从而确立旅游规划的定位，进而对旅游项目、美丽乡村和旅游形象进行规划。要实现规划目标，必要的基础设施建设、乡村风貌保护和新农村建设引导是不可缺少的。

第二节　长丰村旅游扶贫基础分析

一、村情情况

（一）自然条件

1. 长丰村概况

长丰村所在的高桥镇是红安县重要乡镇之一。高桥镇下辖 43 个行政村，总人口 6.6 万余人，总面积 150 余平方千米。高桥镇作为红安县重要的将军镇共走出了 18 位共和国将军。而长丰村作为红安县的“伟人村”，是前国家主席李先念和国务院前副总理陈锡联的故乡。

长丰村位于高桥镇镇区西南部，距离镇区约 6 千米，通过三级公路与镇区相连，该村总面积约 5 667 亩，总人口 800 余人。长丰村是一块红色的土地，在革命战争年代，长丰村是最早创建党组织和开展革命活动的根据地之一，共有 480

多人参加革命，284 人为革命流血牺牲，在册烈士 150 人，目前设有李先念故居纪念园、陈锡联故居等爱国主义教育基地。依托红色旅游资源，长丰村兴办乡村旅游，每年接待游客约 40 万人次。

2. 长丰村区位及交通条件

长丰村所在的红安县位于湖北省东北部，它东邻麻城，南与武汉市黄陂区、新洲区接壤，西接孝感、大悟，北与河南新县毗连，处于鄂豫皖三省交界位置，是大别山经济区的重要组成部分。同时它背靠华中第一大城市武汉，具有承接武汉产业转移的区位优势。长丰村所在的红安县距离武汉市约 86 千米，距离合肥市约 300 千米，距离郑州市约 600 千米，旅游潜在客源市场广阔。

在武汉城市圈中，红安县位于外围圈层，多条高速、高铁与武汉及其周边城市直连，基本构建了 1.5~3 小时的交通圈层。依托毗邻武汉的交通区位，长丰村具有较好的吸引客流的优势。从红安县内来看，长丰村位于高桥镇西南，红安县西南，武汉市东北，与武汉市黄陂区接壤。依托红安县便捷的公路交通与良好的区位优势，长丰村至高桥镇约 6 千米，主要通过长扬路相连，车程约 10 分钟；至红安县约 22 千米，主要通过长扬路、S109 省道相连，车程约 35 分钟；至武汉市区约 85 千米，主要通过 S109 省道和 G42 沪蓉高速相连，车程约 90 分钟。

3. 自然环境条件

长丰村境内自然环境良好，整体地势上呈现西北高、东南低的态势，地势最高处位于红马寨，海拔超过 200 米。长丰村在气候上，属北亚热带气候，平均气温为 16.7℃。冬季平均气温 3.3℃，夏季平均气温 29.5℃。无霜期 238 天左右。年平均降雨量 1 131 毫米，多集中在 5~7 月，约占全年雨量的 60%。在水文方面，长丰村拥有两座水库，一座为李家大屋水库，另一座为刘家田水库，均为农业生产灌溉水库。

（二）社会经济现状

长丰村下辖 11 个自然村，主要分布在长丰村境内东北部、中部的村落总共为 8 个，分别是李家大屋、童家湾、刘家田、洪家湾、刘家河、陈永太、陡山彭和乔木湾；分布在西北、西南位置的村落总共为 3 个，分别是耿家冲、卓家田和龚家田。11 个自然村的分布已经形成了以李家大屋、童家湾和洪家湾为核心，以其他自然村为支撑的布局形式，其中村部位于李家大屋与童家湾之间。李家大屋与童家湾和洪家湾通过公路相连，这条路同时也是长丰村新农村建设的主要轴线。

长丰村自中华人民共和国成立以来主要以农业为主，青壮年大部分外出务工。

第一产业中，主要种植水稻、花卉苗圃、板栗、橘子等，还有部分养殖业，但是规模较小，2010 年全村经济产值不足 300 万元，44 户农户仍处于贫困状态。长丰村自 2006 年开始，为凸显“主席故里”的品牌效应，积极创建“旅游名村”，对李先念故居进行扩建和维修，兴建李先念故居纪念园，发展红色旅游、乡村旅游，第三产业占全村生产总值比例逐步上升。但是由于红色旅游主要以教育功能为主，旅游业未能完全发挥其扶贫潜力。

长丰村内的詹李路二级公路为村内的主干道，连通村委会，但是还有部分道路未硬化。村内电力设施基本满足村民生产生活需要，有线电视和电信网络基本覆盖全村，供水则主要靠村民打井获取地下水，农田水利设施勉强满足生产需要。

（三）土地利用现状

长丰村土地类型主要以建设用地、耕地、林地、水域和其他用地类型为主，总面积约 5 667 亩，具体分布及利用类型见表 5-1。在旅游发展过程中要注意对林地的保护，充分利用既有的建设用地，严禁占用耕地，尤其是基本农田。

表5-1 长丰村各村湾土地利用现状 单位：平方米

村湾名称	建设用地	耕地		林地	水域	其他
		水田	旱地			
陈永太	5 002	31 349	8 004	260 130	7 203	3 001
乔木湾	3 001	19 810	8 004	38 686	10 005	2 601
陡山彭	3 001	28 748	8 004	162 081	13 073	2 801
洪家湾	8 671	46 890	12 006	217 442	7 203	8 204
刘家河	4 002	18 876	4 669	113 390	5 736	4 068
童家湾	13 340	50 296	7 337	245 456	21 344	7 403
卓家田	10 005	40 353	14 007	458 896	20 210	3 401
李家大屋	8 671	31 282	10 005	286 810	23 345	16 074
刘家田	14 007	32 683	12 006	362 181	43 355	7 737
耿家冲	4 469	33 283	6 003	238 119	5 136	5 202
龚家田	14 674	63 298	10 672	408 204	19 209	5 002
村集体	6 270	33 350	61 364	60 030	—	—

二、贫困现状及成因

（一）长丰村贫困现状

长丰村总面积约 5 667 亩，2015 年总人口 882 人，总户数为 214 户。根据最新统计结果，长丰村建档立卡的贫困户共有44户，主要分布在第6组、第2组、第11组和第4组，其余村民小组零星分布。在所有的贫困户当中，根据省定标准来看，一般贫困户为19户，低保贫困户为12户，低保户为6户，五保户为7户，总体贫困率为20.56%，贫困形势较为严峻。

从致贫原因上来看，一般贫困户的主要致贫原因为因病、因学和因残，低保贫困户、低保户、五保户的主要致贫原因为因病、因残。其中因病致贫的有32户，因残7户，因学3户，缺劳力1户，其他1户。从收入水平来看，贫困户人均年纯收入为1 810元，其中人均纯收入最高的家庭为2 654元，超过2 500元的有4户；多数贫困户人均纯收入在2 000~2 500元，有21户；最低的则不足1 000元，共有7户；1 000~1 500元的有7户；1 500~2 000元的有5户。

从贫困户家庭规模来看，超过2人以上的家庭只有13户，分别为三口之家2户、四口之家9户、五口之家2户。而在2人以下的家庭中，仅1人的有18户，2人的有13户。从贫困户住房面积来看，户均住房面积88平方米，有基本的住房保障，80平方米以下的住房面积的仅有9户，80~120平方米的共有25户，超过120平方米的则有10户。从贫困户占有的耕地面积来看，户均2亩地，生产资料较少。2亩以下的贫困户共27户；2~3亩的共有5户；3~4亩的共有7户；4亩以上的共有5户。而从贫困户的主要能源消耗来看，基本为柴草，有39户家庭使用柴草作为主要的燃料。

（二）长丰村致贫原因

1. 产业基础薄弱，农户收入来源少

长丰村产业基础薄弱是其致贫的主要原因。由于长丰村一直以农业为主导产业，农户主要依靠种植或养殖谋生，并无其他可靠的收入来源。面对农业产业化的浪潮，长丰村依然以传统的农业生产方式为主，仍处于农业产业链的最底层，并未形成产业化、品牌化及特色化的农产业，因而产业增加值不高，农户收入增加较少，在遇到病灾或其他突发情况时致贫可能性大大增加。

2. 旅游收入较少，旅游带动作用弱

长丰村虽然已经拥有一座国家4A级旅游景区，每年接待游客量也有一定的规模，然而其旅游带动作用较差。李先念故居纪念园作为一个红色旅游景区，其主要功能为旅游教育，因而景区自开放以来一直实行参观免票政策，旅游总收入较低。又由于该景区离李家大屋较近，远离其他村民小组，因而其有限的带动作用主要表现在促进李家大屋村落的脱贫上。

3. 政策不够完善，综合保障体系差

在长丰村的 44 户贫困人口中，有 32 户是因病致贫，另有 3 户是因学致贫。由于长丰村农户收入渠道少，未能分享到旅游发展带来收益的农户抵抗突发病害的能力较差，一旦患大病便可能导致家贫，若有大病保险覆盖，将极大缓解该类贫困的发生。另外，有的家庭子女上学导致教育费用开支较大，该类贫困的发生往往随着子女完成学业将得到缓解，但若有相应的教育保障体系减少农户教育开支，也可减少该类贫困的发生。

三、旅游发展条件分析

（一）旅游资源评价

1. 旅游资源条件

1）资源概况

按照《旅游资源分类、调查与评价》（GB/T18972-2003）标准对长丰村内旅游资源进行分析。长丰村的旅游资源主要涵盖地文景观、水域风光、生物景观、遗址遗迹、建筑与设施、旅游商品及人文活动七个大类。其中地文景观主要以九龙冲为代表的山地形态以及正在开发建设的红马寨景区为主；水域风光主要以李家大屋水库和刘家田水库为主；生物景观以长丰村内的山林、花卉以及各类野生动物等为代表；遗址遗迹主要以卧龙洞、将军井、农事遗迹等资源为代表；建筑与设施主要以李先念故居纪念馆、陈锡联将军纪念馆、具有典型鄂东风格的传统民居以及格伦·本尼达墓葬为代表；旅游商品主要以长丰村目前售卖的各类旅游纪念品为代表，如文化衫、各种小玩具；人文活动则以鄂东地区典型的婚丧嫁娶民俗为代表。

2）总量分析

从类型上看，长丰村旅游资源种类较为多样，涵盖 7 个大类、16 个亚类（表 5-2）；从总量上看，长丰村旅游资源则显得较为单薄。但是长丰村作为一个行政村，拥有人文类型的 4A 级旅游景区以及自然类型的红马寨，单体资源数量近几十种，资源较为集中，资源赋存度较高，具有通过发展旅游脱贫的良好资源条件。

表5-2　旅游资源类型表

类别	主类	亚类	代表性的旅游资源
自然资源	A. 地文景观	AA. 综合自然旅游地	红马寨
		AC. 地质地貌过程形迹	九龙冲

续表

类别	主类	亚类	代表性的旅游资源
自然资源	B. 水域风光	BA. 河段	李家大屋水库、刘家田水库、刘家河水渠
	C. 生物景观	CA. 树木	陈锡联将军纪念馆古树、水杉、松树、茶树
		CC. 花卉地	花卉
		CD. 野生动物栖息地	鸟、野兔、野猪
人文资源	E. 遗址遗迹	EB. 社会经济文化活动遗址遗迹	卧龙洞、将军井、龚家田大石碾子
	F. 建筑与设施	FA. 综合人文旅游地	李先念故居纪念园
		FB. 单体活动场馆	陈锡联故居、陈锡联将军纪念馆、李先念图书馆
		FC. 景观建筑与附属型建筑	桂花园酒店、游客中心、映山红餐厅
		FD. 居住地与社区	龚家田、刘家田、刘家河、李家大屋
		FE. 归葬地	格伦·本尼达墓葬
	G. 旅游商品	GA. 地方旅游商品	花生油、板栗、文化衫、小玩具等
	H. 人文活动	HA. 人事记录	李先念、陈锡联等
		HB. 艺术	刺绣
		HC. 民间习俗	婚丧嫁娶等

3）空间分布

长丰村旅游资源主要集中分布在李家大屋与卓家田之间。李家大屋与卓家田之间集中了长丰村资源品质最高的李先念故居纪念园、红马寨以及李家大屋新农村居民点、李家大屋水库和刘家田水库，该区域是长丰村旅游发展的核心区域。陡山彭集中了陈锡联故居以及陈锡联将军纪念馆，陡山彭附近的乔木湾、陈永太乡村风貌景观较好，可以作为长丰村旅游发展的一个重点区域。

龚家田作为长丰村内最大的村民聚集区，村湾内传统民居较多，地势较为多样（坡地、平地和山地），也具备发展乡村旅游的基础，可作为长丰村旅游发展的又一重点区域。卓家田地处长丰村至黄陂的交通要道附近，刘家河保留了较为完整的传统民居，因而可以将这两个村落作为乡村旅游发展的重点。此外，长丰村由于地处鄂东，其民风民俗具有一定的开发价值，可将其作为非物质文化资源。

因此，从长丰村旅游资源分布可以看出，长丰村基本形成了以“李先念故居纪念馆-红马寨”为核心，以陈锡联将军纪念馆、刘家田水库为重点，以龚家田、刘家河、卓家田等村落为支撑，以其余村湾为辅助的布局形态。

2. 旅游资源总体评价

从总体上来看，长丰村旅游资源具有一定特色。

第一，红色文化丰富，伟人独具魅力。长丰村是前国家主席李先念和国务院前副总理陈锡联的故乡。李先念是伟大的无产阶级革命家、政治家、军事家，坚定的马克思主义者，党和国家的卓越领导人，他毕生为了社会主义事业而奋斗，其生平事迹具有重要的教育意义；陈锡联则在几十年的革命生涯中，对党对人民无限忠诚，把自己的毕生精力献给了祖国的解放事业、社会主义建设事业和军队现代化建设事业，其生平事迹也具有重要的教育意义。上述两位伟人是长丰村重要的红色旅游资源，在长丰村留下了故居、纪念馆等旅游资源，他们使得长丰村的红色文化在红安县独具魅力。

第二，生态环境质优，山水特点突出。长丰村地处红安县西南，毗邻黄陂区，村内山地、坡地、平地均有，地势变化多样，村内树木繁盛，生态环境较好。长丰村内虽然山势不高、水面不大，但是山水结合得恰到好处。红马寨作为长丰村内海拔最高点，可俯瞰周围方圆几十平方千米，尤其是将长丰村和黄陂木兰湖景区风光尽收眼底。刘家田水库作为灌溉水库，水域面积虽不大，但是水库内有一个面积约 20 亩的小岛，岛上森林覆盖，水库两侧则为山，地形与水面结合的景观视线较好。

第三，乡村风貌良好，民俗文化丰富。长丰村位于鄂东，保留了较多的鄂东地区传统民居，这些民居大多数功能较为完善，还有村民居住，仅有部分传统民居由于年久失修丧失居住功能。同时，长丰村还保留有传统的农事工具，如石碾子、吃水井、榨油器具等。此外，鄂东地区民俗文化向来较为丰富，婚丧嫁娶等礼仪较多，可将其作为非物质文化进行展示。

（二）旅游市场分析

1. 客源市场地域结构

1）客源市场现状

（1）红安县旅游客源市场现状。从 2005 年至 2013 年，红安县旅游接待人数保持稳步增长，尤其是从 2010 年至 2013 年，旅游人次数由 100 万增加到 330 万，旅游收入也由不足 5 亿元增加到 18.85 亿元。

（2）长丰村旅游客源市场现状。从 2005 年至 2013 年，长丰村主要依托李先念故居纪念园接待游客，总体上来看，基本保持了稳步增长的趋势，游客接待量由 2005 年的不足 10 万人次增长到 2013 年的超过 35 万人次；旅游收入则由几乎没有增长到 50 万元左右，主要由于该景区免门票，因而旅游收入较少。

游客到达长丰村主要有两种形式：一是单位组织的革命传统教育；二是武汉及红安县周边地区的散客自驾休闲游。从游客游览目的来看，李先念故居纪念园是核心吸引物，游览完该景区后，游客就会离开长丰村，基本没有人留宿。留宿长丰村的主要以湖北红安革命传统教育学院的学员为主。

2）客源市场定位

从长丰村的交通区位、地理区位及接待游客现状来看，长丰村未来的目标客源市场主要立足于武汉城市圈基础市场、省内其他地区及皖赣豫重点市场，积极发展中部地区其他区域市场，拓展全国市场。

（1）基础市场：武汉城市圈。

（2）重点市场：湖北省内其他地区及皖赣豫区域市场。

（3）拓展市场：中部地区其他区域市场，全国市场。

3）客源市场开发时序

客源市场的开发时序与长丰村旅游项目建设进程紧密相关，当长丰村旅游业发展较为成熟时，旅游客源市场就可以往湖北以外的其他区域进行拓展，否则就会造成游客来了无处可游的境地，进而对长丰村产生负面印象。从长丰村旅游规划的阶段来看，近期主要以武汉城市圈基础市场开发为主，通过李先念的个人影响力，吸引武汉城市圈的游客。中期主要以湖北省其他地区以及邻近的皖赣豫区域市场为主，通过近期的建设，长丰村已经具备除李先念故居纪念园外其他的旅游吸引物，并具有一定的特色性，故而可以将市场开发的重心转向重点市场。远期主要以中部地区其他区域市场和全国市场拓展为主，通过近期与中期的建设，长丰村的旅游项目已基本建成，旅游项目体系丰富、旅游功能完善，因而有条件向更大的区域进行拓展，故此时市场开发的重心在于中部地区其他区域市场和全国市场。

2. 专项市场结构及开发策略

1）红色旅游市场

2004 年我国红色旅游年接待人数为 1.4 亿人次，2014 年为 9.7 亿人次。十年间，我国红色旅游迎来机遇，年接待人数实现飞跃式增长。红色旅游现在已经成为专项旅游市场中重要的一个分支。对于长丰村来说，目前其核心吸引物李先念故居纪念园是红色文化的典型代表。在对该市场进行开发时，除了进一步借助湖北红安革命传统教育学院长丰教学点的优势外，还可进一步通过与省内外地方政府进行联络，扩大红色旅游市场份额，尤其是对各地方政府需要进行革命传统教育的公务员，重点发展该细分市场。

2）生态旅游市场

近年来，我国生态旅游发展势头强劲。据国家林业局（现为国家林业和草原局）的统计数据，2014 年全国森林旅游游客量达 9.1 亿人次，创造社会综合产值 6 500 多亿元。促进生态旅游发展的主要因素有两个方面：一方面是拉力作用，生态旅游景区等生态旅游产品供给的增多及产品的提升；另一方面是推力作用，旅游者对绿色、健康的需求。对于生态旅游市场的开发，主要有两类客源：一是以企业客户为主，主要发展其来长丰村进行拓展训练；二是散客人群，主要针对红安县及武汉城市圈的游客进行营销推广。

3）休闲度假市场

2013 年 2 月国务院颁布《国民旅游休闲纲要（2013—2020 年）》，鼓励国民休闲旅游消费，实施“旅游惠民”重要战略，倡导绿色休闲消费方式，践行休闲旅游，休闲旅游消费市场异常活跃，休闲旅游成为我国旅游经济新的增长极。由于我国拥有 13 亿以上的人口，目前的人均 GDP 已经超过 7 000 美元，有专家指出目前国内休闲旅游市场规模已经跃居世界第一。针对休闲度假市场的开发主要根据休闲类型的差异实施精准的营销策略，如对乡村休闲度假的游客，营销的重点在于突出长丰村的乡土性；对于生态度假的游客，营销的重点在于突出长丰村良好的生态环境；而对于文化休闲的游客，营销的重点在于突出长丰村的红色文化以及乡村民俗文化等。

4）自驾车旅游市场

2013 年 10 月开始实施《中华人民共和国旅游法》，旅游市场逐渐分化，团队游比例逐渐下降，自由行成关注焦点。随着旅游消费逐步理性化和个性化，传统的组团旅游由于存在着缺乏灵活性等不利因素，游客更倾向于具有充分灵活自主权的自助游或者自驾游。从目前长丰村游客交通方式来看，散客自驾游具有很高的比例。对于该旅游市场的开发，首先，继续保持传统营销渠道的广告宣传；其次，通过新媒体营销渠道向自驾游游客推介长丰村；最后，可通过与自驾游论坛合作，在长丰村组织相关自驾车活动，从而推介长丰村。

3. 旅游客源市场消费结构

从目前长丰村游客消费结构来看，游客目前在长丰村人均消费不足 2 元，几乎没有，这主要是由于李先念故居纪念园免门票，以及游客停留时间过短。从一般景区的发展经验来看，游客在饮食、门票方面消费较多，而娱乐、购物、住宿及交通在旅游者消费中占的比例过小。随着长丰村旅游资源的开发、旅游项目的建设以及旅游功能的完善，游客在门票、饮食、娱乐、交通、购物及住宿方面花费将有较大的提高。可以预计，今后旅游者在长丰村的消费结构将日趋合理化、体验化，在住宿、娱乐、购物等方面的消费比重将占其旅游支出的主要部分，门票、交通费用占比将占较少部分。

4. 旅游客源市场总量预测

根据李先念故居纪念园旅游客源市场的增长趋势，综合考虑红安县2010~2013年的增长率并与红安县旅游总体规划相衔接，在旅游客源市场的预测中，采取人工调控的预测方法（表5-3）。即根据长丰村旅游发展的布局和发展阶段，把长丰村客源市场的预测分为三个阶段，即2016~2018年、2019~2022年、2023~2025年，预测中考虑到了每个阶段建设内容和市场促销力度的不同以及客源市场发育等客观因素。

表5-3　长丰村旅游客源市场预测

年份	旅游人次数/万人	增长率	过夜旅游人次数/万人	增长率
2015	40.00	—	1	—
2016	44.00	10%	1.2	20%
2017	49.28	12%	1.44	20%
2018	56.67	15%	2.16	50%
2019	65.17	15%	3.24	50%
2020	74.94	15%	4.86	50%
2021	89.93	20%	6.804	40%
2022	107.93	20%	8.845	30%
2023	124.12	15%	10.614	20%
2024	139.01	12%	12.737	20%
2025	152.91	10%	14.647	15%

对于过夜旅游者人数的预测，由于目前长丰村年均过夜游客接待量不足万人，从高桥镇及红安县旅游总体发展着眼，长丰村的旅游接待设施将只是满足部分旅游者住宿需要；对于不能满足的部分，将分流到高桥镇及红安县城。从长远来看，至2025年长丰村接待过夜人数的能力约为14.6万人，日接待能力400人，约占到全部过夜游客的31.82%，其余68.18%的过夜游客则分流至其他地区。

（三）旅游发展条件

1. 长丰村旅游发展概况

长丰村目前的旅游发展主要以李先念故居纪念园为核心，围绕李先念故居纪念园逐步向村内扩散发展。李先念故居纪念园占地面积 100 多亩，由李先念故居、李先念故居纪念馆、李先念图书馆等主体建筑和牌坊式门楼、停车场、围墙、综合服务房等附属设施组成。

依托李先念故居纪念园，长丰村乡村旅游呈现较快的发展态势，每年接待游客量约 40 万人次，并且成为湖北红安革命传统教育学院的教学联系点之一，在学院学习的厅、处级干部，都要到长丰村住一天，与村民同吃、同住、同劳动。长丰村农户亦积极参与到乡村旅游发展中来，目前参与接待湖北红安革命传统教育学院学员及游客的农户，人均增加收入 3 万余元。但是受制于长丰村旅游产品的单一性，大量的游客在长丰村停留时间较短，因而获益的农户范围还不够大。在下一步乡村旅游发展中，规划着手丰富长丰村旅游产品，形成红绿结合的产品体系，进而留住游客、增加消费，提升乡村旅游的综合收益。

2. 旅游发展有利及不利因素

1）有资源，缺品牌

长丰村拥有丰富的旅游资源和深厚的文化底蕴，被称为“伟人村”，这里走出了一位国家主席（李先念）和一位国务院副总理（陈锡联）。现有的旅游资源李先念故居纪念园、陈锡联将军纪念馆、红马寨景区等，传承多、创新少，表象多、体验少，缺少品牌形象，没有办法给游客留下深刻的印象，很难吸引游客再次前来。同时，长丰村对外的品牌宣传不够，未树立起鲜明的旅游形象以及耳熟能详的旅游口号。

2）有基础，缺提升

现有旅游景点中只有李先念故居纪念园是 4A 级旅游景区，景区已经有了一定的发展基础，并且在不断的扩建提升当中。但是，景区在旅游标准化、规模化、互联化、创新化等方面还较为欠缺，景区发展还停留在初级阶段，仅依靠现有的红色文化吸引游客，参与体验性项目较少。此外，除李先念故居纪念园外，长丰村缺乏其他的旅游吸引物，因而很难将游客导流至全村，乡村旅游综合效益发挥程度有限。

3）有景区，缺配套

旅游的六要素为“食住行游购娱”，现在去长丰村的游客，停留两天及以上的几乎没有，基本上都是当天往返。其最主要的原因在于旅游业态单一，仅有旅游景区业态，而旅游民宿、庄园、采摘、垂钓、营地等业态均还没有，旅游的发展停留在最基本的观光层面，缺乏深度利用，旅游业态较为初级，餐厅、酒店、交通、游玩、购物、娱乐设施缺乏，对游客吸引力较低。

4）有商品，缺特色

长丰村拥有深厚的红色历史文化底蕴，在现有的旅游商品中，很难发现特色的、成系列的、有内涵的旅游商品，多为邮票、文化衫等，没有特点，旅游商品同质化现象严重。此外，也可以看出商品设计简单、零散，并没有在旅游商品设计包装方面突出红色旅游文化，在这种情况下，游客也不会购买旅游商品。在下一步旅游发展中，要重点包装当地的土特产品，开发出特色旅游商品。

根据长丰村旅游发展现状，在下一阶段旅游开发过程中应从四个方面着力解决长丰村旅游发展的瓶颈：第一，树立鲜明的旅游品牌，将目前的李先念故居纪念园品牌转化为长丰村的旅游品牌，突出长丰村的整体形象；第二，提升景区发展质量，全面升级李先念故居纪念园，并围绕多元化的旅游功能建设一批旅游项目，如休闲旅游项目、度假旅游项目，实现全域旅游项目布局；第三，开发多元旅游业态，改变目前单一的旅游业态，引进旅游新业态，从而延长游客停留时间、增加消费水平；第四，创新旅游商品类型，围绕核心景区以及长丰村的乡土人文开发特色旅游商品，提升旅游商品附加值。

四、旅游扶贫潜力

（一）旅游扶贫优势

1. 资源较为丰富

长丰村被称为“伟人村”，这里走出了前国家主席李先念和国务院前副总理陈锡联。近年来，长丰村以凸显“主席故里”品牌效应为目标，已建设以红色旅游功能为主的旅游核心区，主要吸引物为李先念故居纪念园这一 4A 级旅游景点。纪念园占地面积 100 多亩，建筑面积 3 900 平方米，颇具规模。同时还拥有陈锡联故居、红马寨景区等旅游景点，资源禀赋良好。

2. 乡土气息浓厚

长丰村位于鄂东，保留了较多的鄂东地区传统民居，这些民居大多数功能较为完善，还有村民居住，仅有部分传统民居由于年久失修丧失居住功能。此外，长丰村新农村民居集中在李家大屋，民居漂亮整洁，均为白墙、灰色房檐样式，两层三开间。同时，长丰村还保留有传统的农事工具，如石碾子、吃水井、榨油器具等。不仅如此，由于长丰村的主要经济作物为水稻、花生、棉花等，成片的农田形成良好的乡村风貌，极具审美价值，成为长丰村的又一大旅游特色。

3. 相关政策扶持

国务院扶贫办和国家旅游局启动2015年贫困村旅游扶贫试点工作，在全国选取了560个建档立卡贫困村，高桥镇长丰村成功入围。旅游扶贫是我国确定的新时期扶贫开发十项重点工作之一，对于入选的试点村，2015年国家重点做好规划引导、资金投入、金融支持、开展培训等6项工作，各地旅游管理部门负责具体协调规划设计单位与试点村进行对口帮扶。2015年8月底，《湖北省旅游局关于开展旅游规划扶贫公益行动的函》确定了省内长丰村的旅游规划设计单位，这为长丰村开展旅游精准扶贫提供了良好的智力支撑。

4. 区位条件良好

长丰村位于高桥镇西南6千米处，与武汉市黄陂区木兰乡接壤。高桥镇位于红安县西南，红安县位于黄冈市的西北角，处于鄂豫皖三省交界位置，是大别山经济区的重要组成部分，同时它背靠华中第一大城市武汉，具有承接武汉产业转移的区位优势。距离武汉约86千米，距离合肥市约300千米，距离郑州市约600千米，旅游潜在客源市场广阔。

（二）扶贫空间

长丰村旅游扶贫空间较大，依托旅游扶贫的四大优势，长丰村旅游业将有较大的发展。规划充分发挥旅游业的带动关联作用，从而引导贫困户脱贫。目前长丰村共有44户建档立卡贫困户，其中大部分都占有一定的耕地资源，基本生活有一定的保障。旅游业的发展将促进长丰村相关产业的壮大、就业岗位的增加以及基础设施的完善，为贫困户脱贫创造良好的客观条件。

规划对贫困户进行分类指导扶贫：将贫困户的劳动力组织起来参与到旅游项目建设、运营及管理当中，具备一定文化水平的贫困户参与到旅游项目的简单管理中；不具备文化水平的则参与到旅游项目建设以及卫生、安保等工作中。

根据2011年国家贫困线的标准来看，即年人均纯收入低于2 300元为贫困，长丰村44户建档立卡贫困户共96人，根据其人均纯收入的情况，其年纯收入共183 965元，年人均纯收入1 810元，若实现全部脱贫，则人均年纯收入需要增加490元。长丰村的旅游业发展将帮助现有贫困户完成脱贫工作。

旅游扶贫使贫困户增收的渠道有三个：第一，对于不具备独立开展旅游经营的贫困户，可通过参加旅游业发展带来的就业机会完成脱贫；第二，对于具备独立开展旅游经营的贫困户，可利用自家的房屋、农产品直接参与到旅游经营当中；第三，对于涉及土地征用而无劳动力的贫困户，则可以通过土地流转完成资金的积累，从而具备从事旅游经营的部分资本。

第三节　长丰村旅游扶贫发展思路

一、发展定位与目标

（一）规划指导思想

本次长丰村规划要全面坚持以国家“精准扶贫”的思想为指导，以贯彻国家旅游局关于开展旅游规划扶贫公益行动的总体要求为战略支点，以实现长丰村全面脱贫为总体目标，坚持以生态为基础、文化为灵魂、特色为根本和市场为导向，坚持旅游发展差异化与合作、旅游项目建设与创新、乡村文化传承与借鉴，坚持将旅游业建设成为长丰村的富民产业，通过实施“农业+旅游”战略，打响长丰村的旅游品牌，最终实现长丰村社会经济的全面发展。

（二）规划战略定位

1. 总体发展定位

根据长丰村旅游发展现状与资源基础，以及长丰村旅游发展的总体要求，本次对长丰村旅游规划的总体发展定位为：通过旅游发展全面带动全村社会经济发展，着力提升第三产业在全村的比重；着力提升第一产业的旅游附加值；着力延伸旅游产业链。通过旅游项目建设、旅游产品创新和旅游品牌打造，推进长丰村旅游业全面富民，最终实现长丰村贫困户脱贫的总体目标。

2. 产业发展定位

长丰村目前旅游业的发展在全村的经济总量中占比还不太高，全村的经济仍以第一产业为主。长丰村旅游业对全村的影响主要集中在李家大屋及其附近，村内其他村民仍主要以种植水稻、花生等作物为生。因此着眼于长丰村社会经济发展的现状，应将旅游业定位为其支柱性产业，通过旅游项目建设实现旅游业对全村的带动，从而达到旅游脱贫的目的。

3. 旅游功能定位

长丰村目前以红色旅游为核心，旅游功能主要为红色旅游观光与体验。结合未来旅游发展和旅游市场竞争的趋势，长丰村旅游功能应着眼于向多元化方向转变，由红色旅游向“生态旅游、休闲度假与红色文化体验并重”转变，通过旅游功能的多元化转变实现旅游项目的全村布局，从而完成旅游业对全村带动的目标。

4. 旅游产品定位

长丰村在旅游发展过程中要改变以往单一的红色文化旅游产品的现状，通过旅游项目建设、旅游环境营造实现旅游产品体系的创新。因此本次规划对其产品定位为“红色文化传承体验系列”与“乐活乡村休闲漫游系列”。其中红色文化传承体验系列包括红色文化观光、红色文化体验与红色旅游教育三大旅游产品；乐活乡村休闲漫游系列主要包括漫游乡村、休闲度假和生态旅游三大旅游产品。

5. 旅游形象定位

长丰村目前已有一个国家 4A 级旅游景区，即李先念故居纪念园，但是外界对于长丰村的旅游形象感知却不强。长丰村内最有吸引力的资源就是李先念的相关文化，要充分挖掘李先念的相关文化并将其树立为长丰村的旅游形象，同时考虑到旅游发展多元化的需要，在对其旅游形象定位时还需突出长丰村其他资源的特色。综合考虑来看，长丰村旅游形象为：主席故里，乐活长丰。

（三）规划发展目标

1. 总体目标

本次旅游规划的总体目标是在以国家“精准扶贫”思想和国家旅游局关于开展旅游规划扶贫公益行动的总体要求的基础上，通过旅游项目建设、旅游产品创新、旅游品牌打造，将长丰村建设成为一个“红色文化醇厚、乡土气息浓重、乡村风貌良好”的美丽乡村，最终实现长丰村旅游富民、全面脱贫的总体目标。

2. 阶段性目标

近期（2016~2018 年）：长丰村红色旅游资源丰富，又地处大别山，是大别山红色旅游区的重要组成部分，李先念、陈锡联作为原国家领导人在红色旅游中具有重要的价值，因而在近期的目标中将主要以挖掘红色文化为主，通过相关旅游项目建设将长丰村打造成为红色旅游精品示范村，初步实现长丰村脱贫目标。

中期（2019~2022 年）：长丰村红色旅游发展与乡村旅游是互相融合、互相依托的，红色旅游的发展将带动乡村旅游，乡村旅游的壮大反过来会促进红色旅游的提升，因此中期的发展目标主要依托乡村旅游发展与美丽乡村建设，将长丰村建设成为全国特色景观旅游名村，初步实现旅游富民的目标。

远期（2023~2025 年）：基于近期和中期发展取得的成果，长丰村旅游业的发展已经较为成熟，旅游发展目标主要依托旅游业、休闲农业的发展，将长丰村建设成为全国美丽乡村示范村，最终实现长丰村的全面富裕。

3. 具体目标

打造一个 5A 级旅游景区：在李先念故居纪念园 4A 级旅游景区的基础上，将红马寨、李家大屋水库与刘家田水库整合起来，建设一个国家 5A 级旅游景区。该 5A 级旅游景区中，李先念故居纪念园以红色文化观光、红色教育为主导功能；红马寨景区以红色文化体验、生态旅游为主导功能；李家大屋水库和刘家田水库则以休闲养生、度假为主导功能。

实现长丰村 44 户贫困户脱贫目标：通过长丰村旅游的发展，至 2018 年初步实现脱贫目标；至 2022 年实现贫困户人均年纯收入达到 5 000 元；至 2025 年实现贫困户人均年纯收入达到 10 000 元的目标。

产业结构调整目标：通过长丰村旅游业的全面发展，至 2025 年实现第三产业产值占比达到全村 70%以上。

二、发展方向与路径

依据长丰村旅游业不同阶段的发展特点，其发展方向也有所差异：在近期（2015~2018 年），长丰村旅游发展方向主要为景区带动型，主要依靠李先念故居纪念园、红马寨两个景区的发展带动长丰村旅游的“二次创业”；在中期（2019~2022 年），此时长丰村的旅游业已具备较好的基础，长丰村的旅游发展方向将由景区带动型转向度假康养型，主要依靠休闲项目、度假项目的建设来达到长丰村旅游发展转型；在远期（2023~2025 年），此时长丰村着力培养其独特的旅游品牌，突出乡土特色，长丰村的旅游发展方向将由度假康养型转向特色村寨型（图 5-2）。

长丰村的旅游发展路径主要依据其旅游发展方向进行设计。由于长丰村目前已有一个国家 4A 级旅游景区，该景区是长丰村最大的旅游吸引物，具备较强的市场吸引力。因此，在规划的近期，长丰村主要以景区带动为主，通过核心景区的提档升级、配套设施的逐步完备与完善、部分旅游项目的建设初步构建出食住行游购娱六要素齐全的旅游产业体系。在近期依托于长丰村的核心景区带动，游憩方式依然以传统观光体验为主，但是通过近期的发展为中远期的转型升级奠定

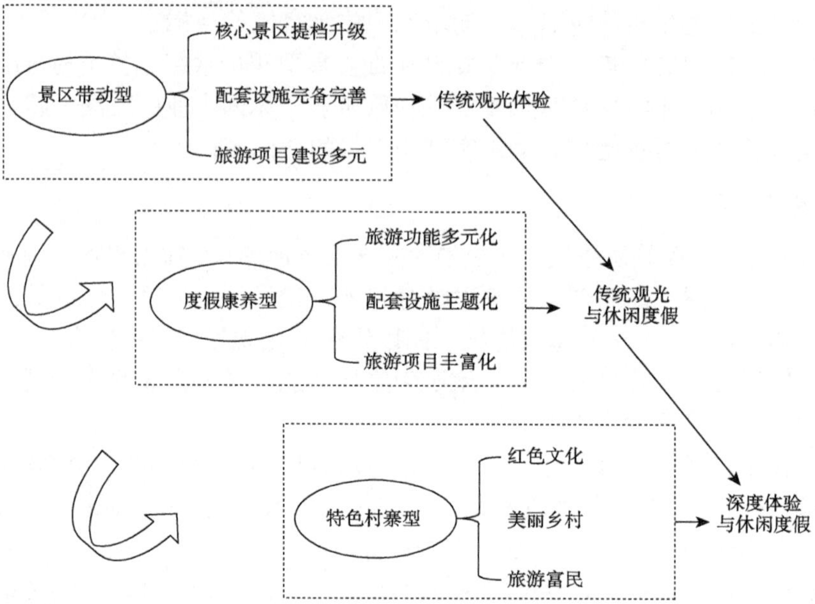

图 5-2　长丰村旅游发展路径

了良好的基础。

在规划中期，长丰村的旅游发展方向由景区带动型逐步向度假康养型转变。通过新建休闲度假类旅游项目，逐步形成丰富多元的项目体系；通过对配套交通、住宿、餐饮、购物等设施的提升，逐步形成主题化的配套设施；通过对旅游功能的拓展，逐步形成涵盖红色旅游、生态旅游与休闲旅游在内的多元化旅游功能。通过中期的建设，此时长丰村的旅游产品也将由传统观光体验产品向传统观光与休闲度假产品转变，初步具备休闲度假旅游功能。

在规划远期，长丰村的旅游发展方向将转型为特色村寨型，形成自己的特色，建设成为一个“红色文化醇厚、乡土气息浓重、乡村风貌良好”的美丽乡村。在该阶段，长丰村通过近中期的项目建设与乡村环境的整治提升已在市场上具备一定的影响力，红色文化、乡村民俗文化的传承展示与体验逐步形成特色，旅游景观建筑、乡村建筑、乡村环境营造逐步形成特色。该阶段旅游产品的开发也更加注重深度体验与休闲度假。通过“景区带动型—度假康养型—特色村寨型”的发展路径，长丰村旅游业的发展最终将实现旅游脱贫的总体目标，并促进长丰村社会经济的全面发展。

三、主导产品与配套项目

（一）主导产品

根据长丰村旅游定位与发展目标，拟安排建设两大系列旅游产品，分别为“红色文化传承体验”旅游产品和“乐活乡村休闲漫游”旅游产品（表 5-4）。

表5-4　长丰村主导旅游产品

主导产品	项目类型	支撑项目	项目性质	主要资金来源
“红色文化传承体验”旅游产品	红色旅游综合提升项目群	李先念故居纪念园、陈锡联故居纪念馆、红马寨景区	存量项目提档升级	国家、地方专项资金
“乐活乡村休闲漫游”旅游产品	休闲旅游乐活体验项目群	生态酒店类、营地类、民宿类、农庄类	新建项目	社会资本
	乡村风貌传承展示项目群	乡村非物质文化遗产类、乡村建筑风貌提升类、乡村环境整治类	提档升级项目与新建项目	社会资本

围绕“红色文化传承体验”旅游产品，主要依托长丰村存量项目的提档升级打造该旅游产品。通过对李先念故居纪念园、红马寨和陈锡联故居的提档升级打造主题特色突出、参与性强、具有独特市场吸引力的旅游产品。围绕“乐活乡村休闲漫游”旅游产品，主要依托休闲度假旅游项目建设、乡村环境提升整治进行打造，规划引进旅游新业态，如民宿项目、农庄项目、营地项目和会馆项目等，实现长丰村旅游产品功能升级。

（二）配套项目

围绕两大主导旅游产品建设配套项目，配套项目主要分四类：第一，旅游服务设施类，包括游客中心、旅游服务点、医务室等；第二，旅游基础设施类，包括配套的停车场、道路、步行道、标识牌和公厕；第三，公共基础设施类，包括给排水、供电、环卫、能源、防灾等项目建设；第四，公共服务设施类，包括教育服务、商业服务和各项文体器材及场所等设施。

四、功能分区与空间组织

（一）总体布局原则

1. 突出主题形象

主题形象是规划区的灵魂，塑造的形象是否鲜明将直接影响规划区的客源吸引力，从而关联到旅游开发的综合收益。在总体布局及功能分区规划中必须通过各种旅游项目与产品来突出主题形象的独特之处，通过自然景观、建筑风格、规划设计等的有机组合来塑造与强化主题的形象，游客形成一种一目了然的视觉印象，让游客来到长丰村就能感知到“主席故里，乐活长丰”的旅游主题。

2. 强化旅游功能

不同类型的资源由于开发利用方式的差异会有不同的主导功能，长丰村的旅游发展应努力发掘各种红色文化资源、名人文化资源和民俗文化资源，在规划开发时应尽可能考虑集中功能单元，从而使得整个区域的布局较为合理，实现对资源的综合和持续利用。通过对旅游资源综合属性及其组合条件的分析得出，长丰村比较适宜以红色文化观光体验为主导功能，以乡村生态旅游、乡村休闲度假为支撑。

3. 合理功能分区

对不同类型的旅游功能设施，如度假、休闲、娱乐、餐饮、购物等功能单元采取相对集中布局，并在其间布设快捷方便的道路系统，使各类旅游服务综合体在空间上形成规模集聚效应：一方面，集中布局带来的景观类型多样性可以吸引游客停留更长时间以增加规划区的经济收入；另一方面，它还有利于环境保护，对污染物进行集中处理和连续控制，使敏感区域得到有效的保护。

4. 规划动线视线

规划区内交通线的规划应充分考虑游客旅游过程中的心理特性，以实现符合人体工程学的有效动线规划，设计必须依照顺序推进，以建立理想的空间布局关系；空间分区布局还应体现出层次性，在区内布置有效的眺望点系统和视线走廊，如规划区内的游览动线应包括村内循环绿道、机动车道，观赏视线应包括红马寨向四周的辐射线、刘家田水库向四周的景观视线以及各个山体制高点的立体全景俯视线等，形成明朗的景观轴线。

（二）旅游空间组织

根据以上旅游总体布局的原则、长丰村旅游资源类型和特征，长丰村旅游总体布局在空间组织上表现为一心、两轴、三片区、八功能组团。

一心是指红色旅游体验中心；两轴主要是指美丽乡村景观轴和旅游休闲景观轴；三片区分别为红色生态体验片区、乡村旅游度假片区和乡村风貌展示片区；八功能组团分别为红色生态组团、旅游服务组团、乡村度假组团、乡野民宿组团、农耕文化组团、诗画田园组团、汽车营地组团、乡村休闲组团。

（三）功能分区规划

1. 美丽乡村景观轴

（1）区域位置：美丽乡村景观轴呈南北走向穿过长丰村境内，主要为长丰村沿詹李公路沿线区域，一直延伸至刘家河，轴线全长约 2.5 千米。

（2）主导功能：乡村风貌展示、旅游观光。

（3）规划思路：规划借助美丽乡村景观轴的打造，突出长丰村的旅游主题形象。由于该轴线串联长丰村两个重要的三岔路口，一个是李家大屋三岔路口，另一个是洪家湾三岔路口。从詹李公路至李家大屋三岔路口，主要展示红色文化，凸显主席故里的旅游形象；从李家大屋三岔路口至洪家湾三岔路口主要展示长丰村美丽田园风貌；从洪家湾三岔路口至刘家河则主要以农耕文化体验展示为主。通过美丽乡村景观轴的打造带动全村旅游发展，凸显“主席故里，乐活长丰”的主题形象。

（4）规划策略：①对该景观轴线公路两侧路基进行拓宽，并对道路两侧的树木进行景观改造；②在詹李公路至李家大屋三岔路口设置红色文化景观小品；③对李家大屋三岔路口至洪家湾三岔路口东侧的田园进行艺术造景，可将其改造成花卉，形成彩色花田景观；④对洪家湾三岔路口至刘家河段设置农用器具；⑤完善景观轴线的旅游标识体系及旅游服务设施，如旅游厕所、旅游景观亭等。

2. 旅游休闲景观轴

（1）区域位置：旅游休闲景观轴呈东西走向穿过长丰村境内，沿轴线两侧分布着长丰村八个旅游组团当中的六个，轴线以北为休闲度假区域，以南为观光体验区域，轴线全长约 3.2 千米。

（2）主导功能：旅游休闲、度假。

（3）规划思路：规划借助旅游休闲景观轴的打造，突出长丰村的旅游功能分区。该轴线以南为长丰村的主要交通干道，游客主要从这里进出，因而将轴线南侧规划建设成为以观光体验为主导功能的区域；该轴线北侧为刘家田水库，景观条件较好，旅游开发价值较大，同时轴线北侧有较多的传统民居，因而规划将北侧区域建设成为以休闲度假为主导功能的区域。

（4）规划策略：①对该景观轴线公路两侧进行景观改造；②配合绿道建设增设旅游休闲驿站等设施；③在景观轴两侧布置农耕文化景观小品。

3. 红色生态体验片区

（1）区域位置：红色生态体验片区位于长丰村西南位置，包括李家大屋、卓家田、刘家田三个村湾，是本次规划面积最大也是最为重要的一个片区。

（2）主导功能：红色文化体验、生态旅游、营地旅游。

（3）规划思路：该片区是长丰村旅游发展的核心，规划通过该片区的发展带动长丰村旅游的全面发展。由于该片区集中了长丰村最为优质的旅游资源，如李先念故居纪念园、红马寨、李家大屋水库、格伦·本尼达墓等，故规划在原有红色旅游为核心功能的基础上，逐步向"红色旅游、生态旅游和休闲旅游"并重转变。并且由于该片区旅游资源紧密相连，规划通过以李先念故居纪念园 4A 级旅游景区为基础，整合红马寨，将其建设提升为集红色文化观光与体验、生态旅游与野外拓展于一体的国家 5A 级旅游景区。

（4）规划策略：①对李先念故居纪念园按照 5A 级景区标准进行提升，尤其是对旅游标识体系、综合服务设施等进行整改提升；②持续建设红马寨景区，挖掘红马寨的红色文化，进一步释放红马寨的生态旅游价值，并建设部分生态性旅游项目，如野外拓展营地、观景平台、登山栈道、太平军城寨修复等；③规划在片区东南部建设汽车营地，大力发展营地新业态，主要包括自驾车露营区、房车露营区等；④建设李家大屋水库至刘家田水库的游览道路，打通李先念故居纪念园、红马寨和刘家田水库的旅游交通。

4. 乡村旅游度假片区

（1）区域位置：乡村旅游度假片区位于长丰村西北位置，包括龚家田、耿家冲、刘家河三个村湾，是长丰村内传统民居保留较多的区域，同时也是长丰村居民最为集中的区域。

（2）主导功能：旅游住宿、农耕文化体验。

（3）规划思路：截至 2015 年，该片区内的龚家田是长丰村最大的自然村湾，有 32 户，149 人，保留有传统民居 13 座，部分民居保存完好，还有人居住；刘家河有 11 户，46 人，保留有传统民居 8 座，全部保存较好。由于该区域内传统民居较多，故可以将长丰村的部分旅游接待功能转移至该片区，让村民参与到乡村旅游发展中来，同时也能拉动全村的旅游发展。此外，片区内还保留有乡村的一些日常生活生产用具，如大石碾子、吃水井、压水井等，也可将其作为展示农耕文化的重要载体。

（4）规划策略：①重点推进刘家田水库的建设，打造九龙半岛项目，主要包括精品酒店、湿地保育园、长丰文博苑、环水库木栈道、露营地等；②引进露营地，在水库附近建设休闲露营地项目；③引入农庄类新业态，建设一个以稻米文化为主题的庄园；④对龚家田的传统民居进行修缮提升，对其他民居则统一进行风貌改造，将龚家田改造成为长丰村最大的乡村传统风貌区，同时在该区域建设“石来运转”主题民宿；⑤对耿家冲的民居进行风貌改造、环境改造，营造干净整洁的游览氛围；⑥对龚家田至耿家冲的连接道路进行提升，修建成特色步行绿道；⑦在龚家田东部，建设一个乡野剧场，放映露天电影及表演鄂东民俗；⑧对刘家河的民居进行修缮提升，对片区内的环境进行整治，尤其是对景观视线内的电线进行整理，并利用刘家河传统民居开展民宿接待，建设“小桥流水”主题民宿。

5. 乡村风貌展示片区

（1）区域位置：“洪家湾–陡山彭”乡村风貌展示片区包括长丰村的东北、东南，主要包括陈永太、陡山彭、乔木湾、洪家湾、童家湾五个村湾。

（2）主导功能：乡村旅游休闲、传统风貌展示、旅游综合服务。

（3）规划思路：该区域为旅游者进入长丰村的必经区域，规划建设一个旅游综合服务中心。片区内最有吸引力的资源是陈锡联故居和陈锡联将军纪念馆，规划进一步挖掘陈锡联相关的旅游资源，并将陈锡联故居、陈锡联将军纪念馆和陡山彭村湾作为该区域内核心吸引物，同时对乔木湾、陈永太进行风貌改造与展示。此外，在该片区内引入微农场、主题农庄概念，创造新的吸引物。

（4）规划策略：①建设东西走向的旅游休闲街区，并在街区附近建设游客服务中心、生态停车场；②规划通过“旅游+花卉”，建设具备旅游观光功能的花语主题农庄，具体项目包括大棚花卉基地、户外鲜花基地、花语楼等；③规划对长丰村村部进行风貌改造，使得其与整个片区风格一致；④规划在村部的新农村民居附近预留建设用地，对旅游项目建设中涉及的农户土地流转、搬迁等进行宅基地补偿，并对新建设民居统一风貌；⑤修缮陈锡联故居，并完善部分公共设施，保持对外开放；⑥提升陈锡联将军纪念馆，充实纪念馆内布展内容；⑦对陡山彭、陈永太和乔木湾的建筑风貌进行改造，对乡村环境进行整治，引入微农场概念，以香草为主题，将这三个村湾建设成为“香草佳苑”；⑧以“旅游+茶叶”为主题，在片区内建设长丰茶园项目；⑨引入民宿业态，在洪家湾建设一个以“与子偕乐”为主题的亲子民宿客栈。

第六章　长丰村旅游扶贫试点村规划（中）

旅游项目是一个规划当中最为重要的部分，规划思路、规划目标的实现主要依托旅游项目的建设。在规划的第二部分，主要对长丰村拟规划建设的旅游项目与配套项目进行详细介绍。在旅游项目中，主要对其建设的总体布局、项目内容、投资估算及时序安排做出规划，同时考虑到规划区的特点，将美丽乡村建设亦作为重要的旅游项目进行规划。在配套项目中，主要围绕旅游基础设施、公共基础设施与公共服务设施的总体布局、建设内容、投资估算和时序安排进行规划。

第一节　长丰村旅游项目

一、项目布局

根据长丰村旅游发展思路，拟安排建设四大旅游项目群：①以红色旅游体验为主导功能的红色旅游综合提升项目群，以存量项目提升为主，集中布局在李家大屋、卓家田、陡山彭，主要着眼于近期建设，通过该项目群提升初步释放旅游业带动作用。②以乡村休闲度假为主导功能的休闲旅游乐活体验项目群，以新建旅游项目为主，集中布局在刘家田、童家湾，主要着眼于中远期，通过该项目群建设丰富长丰村旅游功能，实现景区带动型向度假康养型转变（图 6-1）。③以乡村风情、风物、风貌展示为主的乡村风貌传承展示项目群，以村庄提升整治与新建旅游项目并重为主，集中布局在龚家田、刘家河、陈永太、乔木湾、童家湾、洪家湾，主要着眼于整个规划期，通过该项目群建设逐步形成长丰村的旅游特色。④以旅游公共服务为主导功能的旅游综合配套服务项目群，以新建旅游项目为主，集中布局在童家湾，主要着眼于近期，通过该项目群建设形成完备的旅游公共服务供给能力（图 6-2）。

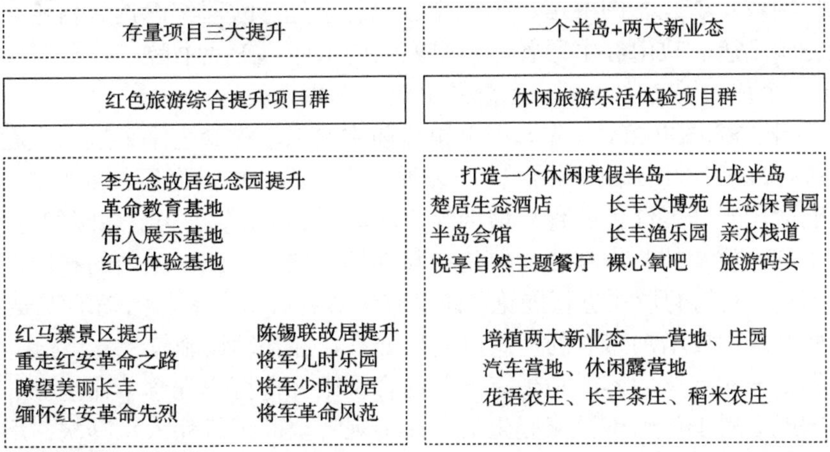

图 6-1　红色旅游综合提升项目群与休闲旅游乐活体验项目群规划思路

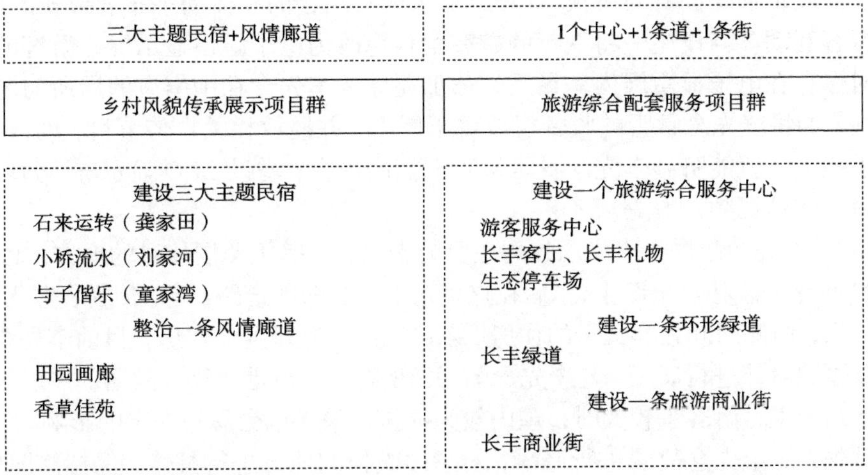

图 6-2　乡村风貌传承展示项目群与旅游综合配套服务项目群规划思路

二、项目建设

（一）红色旅游综合提升项目群

1. 李先念故居纪念园

项目类型：存量提升项目。

项目功能：红色教育、红色文化体验、旅游培训。

项目构成：李先念图书馆、李先念故居、李先念故居纪念馆、格伦·本尼达墓、桂花园酒店、映山红主题餐厅、李家大屋水库、玉兰书院。

1）一个伟人展示中心：李先念图书馆、李先念故居

（1）李先念图书馆。李先念图书馆目前主要以李先念生平事迹为主题对其一生经历进行展示，图书馆内除了 1∶1 复原了李先念在中南海居住的房屋外，还设有多功能厅用于开展红色教育与培训等活动。作为李先念故居纪念园的主体建筑，其满足了红色旅游的基本功能，但是参与性较为缺乏。图书馆内的布展形式主要以静态图片、实物的形式进行展览，而没有考虑到旅游者参与活动的需要。因而，在其提档升级中要增加布展的形式以及部分参与性互动设施。

首先，充实展览内容，在现有展览内容基础上挖掘李先念革命生涯、中华人民共和国成立后工作轶事及家庭生活，让参观者全面了解伟人。其次，增加布展形式的多样性，采用动态、静态结合的布展形式，如将图书馆内以文字、图片为主的平面展现形式提升为展板、LED①显示屏相结合的立体动态布展形式。再次，增设游客互动参与设施，将现行的游客留言簿改为电子触摸显示屏，游客的签名可实时保存在电子显示屏内。最后，增加还原的李先念在中南海的居所与游客的互动性，如将李先念常听的收音机放置于屋内，并播放相关宣传节目；增设电话，游客手提电话就能听到李先念日常接听电话的声音；增设 LED 显示屏，循环播放李先念工作的视频；等等。

（2）李先念故居。李先念故居主要为李先念及其祖辈居住过的地方，1909 年 6 月 23 日李先念在这里诞生，尔后在这里走上了革命的道路。李先念故居坐北朝南，一进三间，西侧两间为其父母的住房，东侧三间为其哥嫂的住房。目前李先念故居主要以原貌对外进行展示，与李先念图书馆所存在的问题类似，故居的展示主要以静态陈列为主，游客量较大时，屋内较为拥挤，采光也会受到一定的影响。

首先，对李先念故居进行修缮，对屋内破损的地方进行翻修，保持修旧如旧，增加屋内的采光与照明，保持游览环境的明亮；其次，对李先念故居内进行布展设计，故居目前主要以农具、家具的陈列为主，缺少李先念的相关展品，规划在墙面上布置图片展板；最后，在故居门口增设专门管理人员进行引导，以防游客大量涌入故居造成拥挤与破坏。

2）一个革命教育基地：李先念故居纪念馆

李先念故居纪念馆由 20 世纪 70 年代红安县高桥地区革命传统教育展览馆发

---

① LED：light emitting diode，发光二极管。

展而来。纪念馆占地 360 平方米，这里既展示了高桥地区参加革命的先烈的英雄事迹，又展示了李先念一生为革命奋斗、为社会主义事业建设的事迹，还展示了李先念一家的家事与家风。与李先念图书馆、李先念故居相比，李先念故居纪念馆的布展形式虽然还是以静态陈列为主，但是展览内容丰富，并配置了较多的实物展品。

首先，进一步丰富李先念故居纪念馆的布展形式，将纪念馆内的主题展改为图片文字与 LED 显示屏相结合的方式，如“血战河西走廊”等，既有传统的图片展示，又有多媒体播放，便于旅游者直观地感受李先念为革命奋斗的精神。其次，在纪念馆内布置雕塑，通过雕塑来展示高桥地区的革命先烈事迹。最后，在布展时注意将革命用具与展览内容有机结合起来。此外，规划在现有布展内容的基础上增加高桥地区在社会主义事业中所取得的成就，通过对比进一步凸显革命先烈的大无畏精神。

3）一个红色体验基地：桂花园酒店、映山红主题餐厅

（1）桂花园酒店。桂花园酒店是李先念故居纪念园外围重要的旅游住宿设施，也是长丰村目前唯一的旅游住宿点。该酒店在硬件设施、园林绿化及管理上都比较良好，但是未营造出红色文化主题。规划对桂花园酒店主题进行再造，在酒店内部营造出红色文化的主题。首先，在客房的装饰上，以李先念及高桥地区走出的革命先烈的重要事迹为主题对客房进行布置，如客房内摆置的用品尽量突出年代风格，房间内的书籍尽量摆置 20 世纪 30~70 年代的作品等；其次，在酒店大堂内，可布置一尊主题雕塑，反映革命先烈的事迹，如黄麻起义；最后，对酒店前台的装修风格进行改造，突出红色文化主题。另外，酒店也可采用红军军装作为工作人员的服饰。

（2）映山红主题餐厅。映山红主题餐厅将在原有餐厅的基础上进行升级，主要突出红色主题文化，与桂花园酒店相呼应。首先，餐厅内部氛围营造上可以通过对四周墙体的装饰突出红色文化，如写上“共产党万岁”“抗日战争”的标语，绘上红安革命先烈参加战斗的图画等。其次，在餐厅外部可制作一个红色五角星置于入口的门檐处，突出红色文化。再次，服务人员统一着红军军装为消费者服务。最后，点菜单、餐饮用具等消费者经常接触到的东西上也可考虑突出红色文化，如使用木牌形式的点菜单、使用印有毛主席语录的餐具。

4）格伦·本尼达墓

1944 年，美国飞行员格伦·本尼达驾驶 P-51 型野马式战斗机在武汉执行轰炸任务返航途中遭到日军飞机攻击。战机坠落在湖北省监利县周老嘴镇的下凤湖，跳伞逃生的格伦·本尼达被当地村民救治，而后被护送至新四军五师。格伦·本

尼达墓安放的就是格伦·本尼达的部分骨灰。目前格伦·本尼达墓区主要由主墓、台阶以及周边的绿化组成，由于位于道路北侧，且地势相对较高，旅游者容易忽略此景点。规划突出格伦·本尼达墓的旅游引导标识，同时对格伦·本尼达驾驶的 P-51 野马式战斗机迎敌的场景通过画作的形式描绘于主墓四周的墙壁上。此外，可考虑在台阶与道路交汇处增设一个 P-51 野马式战斗机的航模。

5）李家大屋水库

李家大屋水库位于李先念故居纪念馆西部，与刘家田水库仅一山之隔。李家大屋水库目前已建好环水库的栈道，由于缺乏明确的旅游标识牌引导，水库与李先念故居纪念馆隔着挡土坝，有的旅游者游玩李先念故居纪念馆后直接返回了停车场。对于李家大屋水库，规划在环库四周布置红色文化的景观小品雕塑，每个雕塑都表现一个故事，所有的雕塑串联成一个完整的故事，如以李先念的革命事迹为主线，对其不同年代的事迹用主题雕塑进行展示。

2. 红马寨生态旅游区

项目类型：存量提升项目。

项目功能：红色文化体验、生态旅游。

项目构成：红安魂、极限挑战、丛林战场、野营地、九龙观景平台、景区环形游路、红色旅游景观小品。

1）红安革命之路：红马寨绿道、红色主题雕塑、红色将军林、丛林战场

红安革命之路主要围绕红马寨绿道建设展开，通过绿道的建设将红马寨的生态旅游资源进行开发利用，并通过红色主题雕塑、红色将军林项目的设置将红色文化融入绿色生态资源当中，形成红绿结合的特点。旅游者骑着自行车漫游红马寨，两边的将军林与红色主题雕塑将为旅游者营造一个良好的红色文化氛围，让其在骑行过程中逐步感受红色文化。

（1）红马寨绿道。在红马寨景区既有道路的基础上修建一条环山绿道。从红马寨山脚至半山腰平台目前为公路，对其进行改建，刷上彩色沥青即可作为绿道使用。绿道其余部分则为新建路段。

（2）红色主题雕塑。在红马寨绿道两侧布置红色主题雕塑，主要展示红安的革命先烈，通过雕塑反映其革命事迹，雕塑下设置铭牌，刻上相关事迹的简述。

（3）红色将军林。在红马寨绿道两侧建设生态林带，可按照红安地区 223 位将军的名字对生态林带各部分进行命名。

（4）丛林战场。该项目主要模仿红军长征过程中遇到的艰难险阻，游客换上装备后即可在场地内进行野战，通过丛林对战来感受革命先烈的奋斗精神。该项

目可与极限挑战项目合作，面向参与拓展的人群针对性地开展丛林对战。项目场地内根据地形布置路障，并设有城楼、碉堡、瞭望塔、环形工事、假山、城墙等设施，为突出红色文化，可布置一些具有时代特征的标语及军用器械模型。

2）瞭望美丽长丰：九龙观景平台、卧龙洞、红马将军雕塑、太平军城寨遗址、景区步行道

瞭望美丽长丰主要围绕景区生态旅游资源的开发展开。红马寨是5千米范围内最高的山峰，从这里既可以瞭望长丰村全景，又可以将黄陂的木兰湖风光尽收眼底。由于红马寨属于九龙冲的一部分，规划在红马寨最高点建设九龙观景平台，修建红安魂至该观景平台的生态游步道，并进一步从该观景平台建设游步道至卧龙洞从而形成景区游览环线。

（1）九龙观景平台。规划在红马寨景区的最高点设置一座观景平台，与红安魂相呼应。九龙观景平台因红马寨位于九龙冲而命名，从该处可鸟瞰长丰村全境以及黄陂的木兰湖，景色极佳，具备较好的景观价值。该观景平台大约占地100平方米，平台四周设木质栏杆，并于平台内部设置一处玻璃栈道，面积约20平方米，双层夹胶钢化玻璃。

（2）卧龙洞。卧龙洞位于红马寨悬崖绝壁之上，而且洞前树高林密，挡住了视线，洞上瀑布飞帘，罩住了洞口。李先念在黄麻起义失败后曾在该洞隐蔽三月之久。由于红马寨的传说，规划在卧龙洞附近设置一龙马雕塑或图画（马高八尺①即为龙），既表现出李先念隐蔽卧龙洞有天助，又与毛泽东对李先念“将军不下马”的赞誉相暗合。

（3）红马将军雕塑。传说红马寨原名青狮岭，明世宗皇帝巡游至此见此山有龙脉之像，便命人斩掉龙脉。后遇天气不佳，青狮岭周围的农民颗粒无收。此时有一仙人身骑红马现身，指点农民回填龙脉，来年光景便好了起来，后人便将青狮岭改名红马寨。基于此传说，规划在九龙观景平台设置红马将军雕塑。该雕塑按照传说中“鹤发童颜、气宇轩昂、铁甲戎衣、腰佩宝剑”的形象进行雕塑。

（4）太平军城寨遗址。据记载，太平军城寨修得坚固气派，长约一百八十余丈②，高三丈，墙厚五尺，城墙均用山上岩石打制成的方条石块干砌而成。城寨分东西南北四门，每门各建一座五丈见方的城堡，城堡高出城墙两丈多高。规划对太平军城寨遗址进行保护，并修复部分城墙、城门，城寨内设置旅游标识牌对相关历史进行解说。

（5）景区步行道。目前红马寨景区仅有从山脚通向红安魂的步行游道，还未

---

① 1尺≈0.33米。

② 1丈≈3.33米。

形成游览环线，规划从红安魂至九龙观景平台（红马寨最高点）修建步行游路，采用石板路；规划由九龙观景平台至卧龙洞步行游路部分采用石板路，部分采用木栈道。形成环线后，游客由山脚上山至红安魂，由红安魂至九龙观景平台，从观景平台步行至卧龙洞，而后步行下山。

3）缅怀红安革命先烈：红安魂、先烈英雄墙、“红安精神”极限挑战、野营地

（1）红安魂。红安魂位于红马寨山顶第二制高点，在此可以鸟瞰长丰村及木兰湖的美景。红安魂是一个旗帜形状的主题雕塑墙，墙面上分别有董必武、李先念和徐向前的题字。红安魂主要反映红安革命先烈浴血奋斗的革命精神，是红安县红色旅游的重要象征。规划扩大红安魂观景平台，并通过玻璃栈道的形式向四周延伸：①增加红安魂观景平台的面积；②将红色文化与生态旅游结合起来；③玻璃栈道本身就是一个独特的吸引物，将会吸引李先念故居纪念馆的游客向西南方向游览，延长游客的游线。

（2）先烈英雄墙。在红安魂东侧设置一面先烈英雄墙，与红安魂相呼应。先烈英雄墙与红安魂相对的一面铭刻红安走出去的 223 位将军的姓名以及高桥地区的革命烈士；另一面则采用浮雕的形式表现黄麻起义的场景。

（3）“红安精神”极限挑战。规划在红马寨景区山脚下建设“红安精神”极限挑战项目，其主要功能为红色旅游拓展训练。主要针对两类人群，一是到湖北红安革命传统教育学院长丰村教学点参加培训的学员，通过极限挑战来感悟红军的长征精神，缅怀革命先烈；二是参加拓展训练的企业员工，通过极限挑战来体验革命先烈的奋斗精神。极限挑战的主要项目包括毕业墙、高空断桥、过桥抽板、时速极限、钻电网、背摔、无敌风火轮等。

（4）野营地。规划在红马寨卧龙洞附近设置野营地，野营地占地面积 30 平方米，营地内布置红色文化景观小品与垃圾处理设施，尽量保持周围环境原貌，主要模仿红军在野外扎营的场景。野营地在运营时主要针对参与拓展训练的人员，一般不对大众旅游者开放。

3. 陈锡联将军纪念馆

项目类型：存量提升项目。

项目功能：红色文化展示、红色教育。

项目构成：陈锡联故居、陈锡联将军纪念馆。

1）将军儿时乐园：将军井、古树、河塘及周围的环境整治

主要通过对陈锡联故居外围的环境整治再现将军儿时的乐园。对陈锡联故居旁的将军井进行修复，对古树进行保护，在将军井及古树旁设置铭牌，简述它们

与陈锡联将军的故事；对陈锡联故居前面的两口水塘进行环境整治，将目前满是水生藻类的水塘变成一塘清水；在陈锡联故居纪念馆处设置五个停车位，以便临时停车；对陡山彭的其他民居外立面进行改造，以使其风格与陈锡联故居及纪念馆风格一致。

2）将军少时故居：陈锡联故居

陈锡联故居为二进四重砖瓦结构的平房，建于清末民初，原屋十分破旧。1948年陈锡联南下时，交给母亲一些钱，由母亲和弟弟在原址历时三年建成，至今保存较为完好。故居门楼及窗户为石条所砌，门楼为传统的内缩斗拱式，四周方框为石条立柱。故居内陈设如旧，墙壁上挂有各个时期的照片并加以说明。规划对陈锡联故居进行提升：首先，对故居整体进行修缮、清理，对故居内的设施进行完善，以达到对外开放的标准；其次，对故居内的家具重新上色，墙壁上的照片进行修复；最后，对故居内的环境进行整治，在墙面上增加展品。

3）将军革命风范：陈锡联将军纪念馆

陈锡联将军纪念馆目前已修建完成，但内部还未进行布展。首先，对纪念馆周边进行环境整治，形成干净整洁的游览氛围；其次，对纪念馆内进行布展，围绕陈锡联在抗日战争、解放战争以及中华人民共和国成立后的工作布展主题展览，展现将军的革命风范。纪念馆内布展形式应多样化，图片文字布展与多媒体布展相结合。

（二）休闲旅游乐活体验项目群

1. 九龙半岛：刘家田水库半岛

项目类型：新建旅游项目。

项目功能：生态旅游、乡村休闲、养生度假。

项目构成：楚居生态酒店、悦享自然主题餐厅、半岛别墅、休闲露营地、旅游码头、亲水栈道、观景亭。

1）非物质文化基地：长丰文博苑、长丰渔乐园

（1）长丰文博苑。以长丰村及鄂东地区的非物质文化遗产为依托，集中展示区域乡村民俗风情。该项目位于九龙半岛东部，主要为游客设置一个深入了解鄂东地区历史文化民俗的场景。该项目在建设时注意与周边环境的协调，使建筑与生态环境融为一体，内部的布展及陈列上突出故事性、互动性、参与性和亲子性。

（2）长丰渔乐园。依托九龙半岛良好的自然生态和刘家田水库水质特点，建设一个以乡村“渔文化”和小面积水体景观为主题的长丰渔乐园。该项目位于九龙半岛西南侧，主要为游客提供特色餐饮、观光游览、休闲娱乐等服务，主要建

设渔家餐厅、垂钓园、渔文化长廊等项目。此外，渔乐园的建筑景观、游乐设施及特色菜品要充分凸显生态与渔文化特色。

2）乡村度假基地：楚居生态酒店、半岛餐厅、裸心氧吧、半岛会馆

（1）楚居生态酒店。楚居生态酒店位于九龙半岛东部临水处，酒店整体定位为精品度假酒店，主要为游客营造一种温暖质朴的乡村休闲环境，让游客有“悦身·醉美景”的感受。规划建设的酒店占地面积 3 000 平方米，建筑密度 60%，容积率 2，总共约 60 间客房，主体为三层建筑。整个酒店在建筑风格与装饰上突出乡村田园风，每间客房内部均围绕某个主题进行布置。酒店配有花园，花园内布置充满乡村元素的各种物件，如斗笠、石磨、扬叉等。

（2）半岛餐厅。该餐厅以自然为主题，为生态餐厅，为游客营造一种在自然环境中用餐的氛围，其主题为“悦味·享自然”。餐厅为一层建筑，占地 667 平方米，建筑密度 67%，容积率 0.67。餐厅位于楚居生态酒店旁边，整体上呈“回”字形，回字形中央为生态自然景观，种植草坪、树木、鲜花以及散养部分动物，就餐区与生态景观区通过落地玻璃窗进行隔离。“回”字形外围亦通过落地玻璃进行装饰，其中一面向水，食客可在就餐时直接观赏水景。此外，在菜品上，餐厅要保证食材主要取自乡村，主打自然、生态。

（3）裸心氧吧。针对城市游客的生活特点，建设一个裸心氧吧。该项目位于九龙半岛中部，将充分利用九龙半岛的生态资源优势，为游客营造一个“悦心·净世界”的氛围。裸心氧吧依托圆形木制平台与木屋，平台为游客提供充分接触自然生态的机会，木屋则为游客提供休憩冥想的场所。

（4）半岛会馆。以“悦情·谋天下”为主题建设半岛会馆，主要面向企业市场。它由五个单体建筑组成，位于九龙半岛西北临水位置，每个建筑均为一层建筑，占地面积均为 800 平方米。建筑整体上呈现新中式风格，但内部装修上则风格各异。规划五个建筑营造五个主题：都市田园、文化漫步、民国风情、铁血红安及最美乡愁。都市田园主题主要表现都市生活与乡村生活的融合，该建筑在内部装饰上选材自然，但是在设施上则突出现代都市的风格；文化漫步主题主要表现明清时代鄂东地区的居住风格，内部装修古朴；民国风情主题则以民国时期的装修风格为主，并在内部配置一些民国时期的物件；铁血红安主题主要反映革命先烈的奋斗精神，内部装修突出红色文化；最美乡愁主题则主要展现乡村风情，勾起住客的乡愁。

3）生态教育基地：湿地保育园、亲水栈道、旅游码头

（1）湿地保育园。以生态教育、亲子游乐为主要目的建设一个湿地保育园。该项目位于九龙半岛东侧临水位置，通过水系的构造、土地的整治以及水生植物

的种植形成一个湿地生态园。园内主要建设三大功能区：第一个是湿地观赏区，展示水生植物、湿地景观，游憩方式主要为步行游览参观；第二个是亲子游乐区，通过植物配置与亲子设施建设一个亲子小游园，让随父母游玩的青少年接受生态教育；第三个是公共服务区，主要建设部分公共服务设施，如旅游厕所、旅游服务点及旅游商店等。

（2）亲水栈道。规划沿着刘家田水库四周建设景观木栈道，栈道全长约 2 000 米，宽 1.5 米，设计观景平台 3 处，观景亭 2 处。其中观景平台面积约 24 平方米，由栈道向水面凸出，木结构，规格为 4 米×6 米；观景亭面积约 25 平方米，四角攒尖顶，高约 4.2 米，内设座椅。

（3）旅游码头。旅游码头主要用于停泊往返刘家田水库与九龙半岛之间的船只。旅游码头共设计两处：一处位于刘家田水库，规划占地面积 60 平方米，停靠泊位 6 个；另一处位于九龙半岛，规划占地面积 60 平方米，停靠泊位 6 个。所有停靠船只均采用 8 人座的电动游艇或摇橹船。

2. 新业态——营地类项目

随着自驾车旅游与背包客自助游的兴起，旅游营地这一业态逐渐受到旅游者的青睐。由于长丰村良好的交通区位，可进入性条件较好，武汉城市圈强劲的自驾车旅游市场为旅游营地建设提供了良好的客源条件。针对自驾车旅游者与背包客，规划建设汽车营地与休闲露营地，其中汽车营地位于长丰村入口处，以“汽车”、“家庭”与“休闲”为主题，将建设成为长丰村自驾车基地；休闲露营地位于刘家田水库北侧，主要突出“野趣、自然、生态、浪漫、情怀、乡村”元素，将建设成为背包客基地。

项目类型：新建旅游项目。

项目功能：汽车文化、营地文化。

项目构成：汽车营地、休闲露营地。

1）自驾车基地：汽车营地

汽车营地规划占地约 160 亩，位于长丰村入口处，S334 省道南侧，主要由自驾车露营区、房车露营区、休闲娱乐区、公共服务区及营地内的交通道路等配套设施组成。

（1）自驾车露营区。自驾车露营区位于营地西侧，规划设计自驾车营位 80 个，每个营位由自驾车营位与帐篷营位组成，每个营位面积为 50 平方米。自驾车露营区主要针对自驾车游客市场，游客可使用自备帐篷或租用帐篷在营位内宿营，每个营位同时配备电源接口、水源接口。

（2）房车露营区。房车露营区主要分为两部分：一部分为主题房车区；另一部分为自驾房车区。主题房车区由各式各样的主题房车及一个精品房车酒店组成，各主题房车的主题按照不同国家房车营地风格进行选择，房车酒店则主要从房间设计、装饰、文化彰显等方面凸显房车文化。自驾房车区规划设计营位 40 个，其中自行式房车营位和拖挂式房车营位均为 20 个，每个营位由停泊位及附属的休闲区组成，每个营位占地面积 80 平方米。

（3）休闲娱乐区。休闲娱乐区位于营地南部，主要为丘陵地形。规划建设汽车影院、ATV[①]四轮越野摩托营地、定向越野营地和乡村俱乐部四大项目。

汽车影院通过为游客提供主题各异的汽车，让游客感受不同的汽车文化；同时将声音通过调频信号引入汽车内，游客可以坐在车内观看电影。

ATV 四轮越野摩托营地依托项目区域内的丘陵地形，开展越野运动，让游客体验颠簸在崎岖的道路上，一边欣赏着触手可及的乡村风光，一边享受亲自操控的快感。

定向越野营地主要用于开展定向越野赛，主要工具为指北针，营地内通过设置路障、布置场景增加参与人员的完成难度。

乡村俱乐部以配备亲子游乐设施为主，如射箭、骑马、飞盘、飞镖、卡丁车、蹦床、秋千、跷跷板、滑滑梯、篮球机、网球场、羽毛球场等，同时辅以茶室、景观亭等。

（4）公共服务区。公共服务区主要为营地内的游客提供餐饮、商品售卖、租赁、信息咨询、医疗等服务，主要由汽车美食街、汽车文化长廊、汽车商店、小型超市和旅游服务点组成。

2）背包客基地：休闲露营地

休闲露营地位于刘家田水库北侧，占地约 5 亩，主要针对背包客旅游市场、大学生市场以及对露营感兴趣的旅游者。休闲露营地主要由四大功能区组成，分别为帐篷营地区、主题房车区、滨水景观区和公共服务区，在规划设计上充分凸显“野趣、自然、生态、浪漫、情怀、乡村”六大元素。

（1）帐篷营地区。帐篷营地区建设帐篷营位与篝火广场项目。规划设置帐篷营位 60 个，每个面积 10 平方米。帐篷营地内设置篝火广场，便于开展各种主题活动。

（2）主题房车区。主题房车区由各种主题的 RV[②]露营车及帐篷客栈组成，主要面向对露营有兴趣的旅游者。RV 露营车的主题营造可以从外观、内部装修及装

---

① ATV：all terrain vehicle，沙滩车。

② RV：recreational vehicle，休闲车。

饰三个角度着手，设置中式、日式、美式及欧式四大主题。帐篷客栈则依托小木屋进行布置，由帐篷木屋与帐篷餐厅构成。

（3）滨水景观区。滨水景观区规划建设漫画乡村项目用于展示乡村生活、体验营地活动，主要有漫画墙、亲水景观广场和户外烧烤区。漫画墙主要展示与乡村生活、民俗和文化相关的各类漫画，漫画墙上将留有空白，供游客自由发挥。亲水景观广场为公共活动空间，主要供游客亲水观赏九龙半岛及刘家田水库景观，广场地面为乡村漫画。户外烧烤区为游客提供烧烤场所，烧烤场地内同时设置各种乡村漫画。

（4）公共服务区。公共服务区主要建设各类服务设施，包括餐饮店、商店、乡村工艺店和旅游服务点。餐饮店只提供轻食餐饮，如面包、蔬菜沙拉、三明治等；商店主要售卖各种零食饮料、日常用品以及租赁帐篷、烧烤架等设施；乡村工艺店主要出售各种手工艺品以及村民亲手编织的生活用具；旅游服务点则为游客提供信息咨询服务。

3. 新业态——农庄类项目

农业现代化是农业产业附加值提高的关键，转变农业发展方式是长丰村农业现代化的重要路径。农庄作为“农业+旅游”的重要载体，传统的农业资源在这里变成了景观资源，传统的农产品在这里变成了特色商品，游客也在这里获得了亲近自然、亲近乡村、享受生活的乐趣。规划在长丰村建设三个主题农庄：第一个是以花卉种植为主题的花语农庄，支撑产业为鲜花种植、大棚花卉、桩景等；第二个是以茶文化为主题的茶园农庄，支撑产业为茶叶种植、加工；第三个是以乡村休闲为主题的森林农庄。

项目类型：新建旅游项目。

项目功能：休闲农业、乡村度假。

项目构成：花语农庄、长丰茶园、稻米农庄。

1）旅游+花卉：花语农庄

花语农庄位于长丰村入口处，S334 省道北侧，占地面积约 180 亩。该农庄主打花卉经济，以花为媒、以花促农，依托花卉的生产加工发展花卉观光、花卉休闲、花卉膳食及花卉商品等。花语农庄在功能设计上主要分为三大板块，分别是花卉生产板块、旅游休闲板块与景观湿地板块，项目的设计分别围绕这三个板块展开。

（1）户外鲜花基地。户外鲜花基地主要种植花期长的香草类植物，如蓝花鼠尾草、柳叶马鞭草，花期一般为六月到十月，大面积种植景观效果较好，尤其是蓝花鼠尾草开花时蓝紫色的花海与薰衣草比较像，但花期却比薰衣草长三个月。

（2）大棚花卉培植基地。大棚花卉培植基地主要以培植温室花卉为主，如秋海棠、天南星、香石竹、非洲菊、仙人掌类与多浆植物、食虫植物、观赏蕨类、兰花、松柏类和棕榈类植物等。大棚花卉培植基地里面还将设置一个用于生态教育的“大别山花卉教室”，主要展示大别山地区的花卉标本。

（3）桩景培育基地。桩景培育基地以桩景培育、桩景观赏为主导功能，以生产经济价值较高的植物桩景、花卉盆景为主。由于部分桩景从生产到成型时间较长，故桩景的生产培育可以采取“公司+农户”的模式，农户培育桩景，公司回收并对桩景进行加工销售。

（4）花语楼。花语楼为农庄内最大的主体建筑，建筑面积 4 000 平方米，具备行政办公、商务会议与游客住宿的功能。花语楼为七层建筑，其中一层为办公用房，二层至七层为客房与会议室。花语楼外部涂装主色调以蓝紫色、玫红色和明黄色为主。

（5）时间花廊。时间花廊位于户外鲜花基地中，主要由一连串的藤架辅以花卉构成，时间花廊长约 30 米，宽 3 米，占地面积 90 平方米。花廊的藤架上可专门设置挂许愿牌的位置。

（6）荷兰风车、花艺坊。荷兰风车位于户外鲜花基地中，占地约为 30 平方米，高 4.2 米，风车外层涂装的主色调为蓝紫色，其主要功能为拍照所用，不允许游客进入风车内部。荷兰风车旁设置一个花卉坊，游客可在此自行制作纪念品或其他物品。花艺坊占地面积约为 80 平方米，为一层建筑。

（7）花语木屋。花语木屋依树傍花而建，共设置 10 座，每座面积 40 平方米。木屋全部采用木料打造而成，内部配备卫生间、沙发、电视等基本设施。木屋外面的墙面装饰各种香草植物，以营造鸟语花香的意境。

（8）花膳坊。花膳坊是一个以花膳、药膳为主题的生态餐厅，占地面积 300 平方米。花膳主打玫瑰、鲜菊、百合、桂花、槐花等花卉；药膳则将常用的食补药材与长丰村本地的美食结合起来，如青橄榄猪骨汤、白果牛蒡排骨汤等。此外，餐厅在装修风格上也要突出花卉的主题，用餐区布置鲜花、墙面上布置花卉的绘画作品或餐桌上布置小型的插花作品。

（9）生态湿地、景观水坝、水生花卉园、浪漫花道。对场地内的水系、桑基鱼塘进行景观整治，并建设景观水坝，形成农耕湿地景观。围绕农耕湿地种植水生花卉植物，并对各植物的生长习性、花期等进行说明；围绕农耕湿地建设浪漫花道，主要采用盆栽花卉与自然种植花卉相结合的方式进行布景。

（10）花亭水榭、花仙子雕塑。在农耕湿地中央通过土地整理形成一个小岛，岛上建设花亭水榭与花仙子雕塑。花亭水榭主要依托凉亭与亲水平台进行建设；花仙子雕塑位于花亭水榭旁，雕塑下部设置基座。

2）“茶叶+旅游”：长丰茶园

长丰茶园位于长丰村东北部，占地面积约 270 亩，规划围绕“观山水、知天地、品好茶”的主题进行项目设计，最终将打造一个“茶叶+旅游”“文化+体验”的全产业链茶园。规划依托茶园内的山地与人工建造的水塘营造“观山水”意境；依托茶文化的挖掘，将茶与自然、生命联系起来，突出“知天地”的感悟；依托茶室、茶艺坊等项目彰显“品好茶”。

（1）南山茶园、北山茶园。以自然道路为分割，将茶园地块划分为南北两块，分别命名为南山茶园与北山茶园。两片茶园种植茶叶，位于茶产业链的最底层，是长丰茶园产业链延伸的基础。在种植茶叶时将步道进行景观化建设，并在茶园视线较好的位置布置景观平台与休憩设施。南北山茶园各建设一个瞭望台，可进行南北对望，亦可进行生态观鸟。

（2）禅意茶室。在南山茶园与北山茶园之间建设禅意茶室，建筑面积约 800 平方米，主打“茶文化+禅意”。该项目的建设将充分利用树影、阳光、波光、茶田等周围环境里的自然元素以及茶室内文化氛围的营造凸显禅意。禅意茶室主要具备两个功能，一是品茶，二是禅修，主要面向白领市场。

（3）观自茶餐厅。茶餐厅提供中式餐饮服务，以茶入餐，通过开发创意菜品，将茶的特性与美食的滋味结合起来，如茶叶炒蛋、茶叶鸡、茶叶鸭等，建筑面积约 300 平方米。

（4）文化茶廊。在禅意茶室与茶餐厅之间建设文化茶廊，通过茶廊将两者自然地结合起来。茶廊蜿蜒曲折，墙面上用各种茶文化诗词、器具进行装点，墙面上部分进行镂空，通过空隙观赏茶园。

（5）茶艺坊。在茶园内建设一个以茶艺展示、品茶用具制作和茶叶销售为主的茶艺坊项目，建筑面积 300 平方米。茶艺展示包括各种茶具、喝茶技艺的展示，通过多媒体的形式呈现；为制作品茶用具，专业设置一个工作坊，由专业人员指导游客自主制作；茶叶销售主要以茶园自身种植的茶叶为主。

（6）东篱茶园。在北山茶园东部设置部分区域供游客自由采摘茶叶，并将其命名为东篱茶园。茶园内除采茶活动外，还规划建设部分景观，如茶寮、茶文化景观小品。

（7）曲水流觞。在禅意茶室附近建设人工水景，水景的建设以江南园林建筑风格为主，假山、碎石、流水与小桥等相结合，同时考虑水景与茶叶、茶室、茶餐厅等建筑的关系，保证从建筑内部能欣赏到水景。

3）“水稻+旅游”：稻米农庄

水稻乃中国饮食之根本，规划以稻米为主题建设一个稻米农庄，该农庄位于刘家田水库北侧，占地面积约 20 亩，主要围绕稻米文化、稻米饮食、稻米体验与稻米产品进行设计，旨在打造一个全方位展示稻米文化、体验稻米文化的基地。规划围绕稻米文化建设稻米展览馆；围绕稻米饮食建设稻香私房料理；围绕稻米体验建设稻子民宿、稻米工作坊、稻香家园；围绕稻米产品开发稻米、糯米、米雕、稻香酒等特色商品。

（1）稻米展览馆。稻米展览馆是一个专门展示稻米种类、生长习性、特点，稻米种植器具，稻米生产工艺的场所，建筑面积 1 000 平方米。规划在稻米展览馆内设置四间展览室：第一间以展示稻米历史文化为主；第二间以展示稻米的生物知识为主，包括稻米的生长范围分布、生长特点及口感等；第三间以展示稻米种植的各种器具为主，反映稻米种植器具变化的历史；第四间展示不同年代的稻米生产工艺。

（2）稻香私房料理。稻香私房料理主要突出稻香米饭的特色，如锅巴饭、竹筒饭、糯米饭、稻米汤等，建筑面积 300 平方米。

（3）稻子民宿。以稻米文化为主题建设稻子民宿，建筑面积 2 000 平方米，内部设置不同主题风格的客房，如以稻米为主要装饰元素的客房通过稻米的墙面画、摆件、装饰品反映出各式稻米；以稻田为主要装饰元素的客房通过稻田景观、稻草人等反映出稻田生产的意向。在外部风格上主要突出原木色调，并辅以各式稻田生产器具的挂件进行墙面装饰。

（4）稻米工作坊。稻米工作坊建筑面积 200 平方米，主要有两大功能：一是展示乡村传统的舂米技艺，通过把谷子放在舂米桶内用舂米杵砸出壳的过程让游客感受传统的稻米生产技艺；二是供游客自主制作各类以稻米、稻草或其他稻田植物等为材质的工艺品。

（5）稻香家园。稻香家园内主要有供游客自行插秧收割的稻田。规划由游客自行认领稻田，由其亲自播种、插秧、收割，平时的维护则由农庄内的人员进行，等到田内产出稻米后，由农庄进行包装并铭刻上游客的名字，让游客吃上自己亲手种植的稻米。

（6）特色商品。以稻米为核心，配套开发出多种特色旅游商品，如精装稻米、糯米、杂粮、稻香酒和米雕等。稻米的主要来源为长丰村村民自己种植的水稻，在农庄内进行再加工与包装，并赋予其文化内涵以提高其附加值。

（三）乡村风貌传承展示项目群

1. 三大主题民宿

民宿作为目前最为火爆的新业态之一受到广大旅游者的青睐。民宿既具备住宿功能，还具有文化展示、文化体验等功能，因此独具特色的民宿本身也是一个非常好的旅游吸引物。规划以“原味乡村生活”为主题，基于传统民居利用、乡村关系再现和文化特色导入的原则建设三大主题民宿，分别为龚家田的“石来运转”、刘家河的“小桥流水”和洪家湾的“与子偕乐”。

项目类型：存量改造项目。

项目功能：乡村民俗文化展示与体验、旅游住宿。

项目构成：石来运转主题民宿、小桥流水主题民宿、与子偕乐主题民宿。

1）龚家田的石来运转主题民宿

石来运转主题民宿位于龚家田，由于龚家田区域地形变化较为多样，四面环山，故该民宿主要突出“山野乡居”，同时由于此区域传统民居较多，共有 13 户传统民居保存较好，并且民居的墙体下部多用石材，故而规划对这些民居进行整体租用后改造成石来运转主题民宿。民居的改造整体遵循以下原则：第一，外部依然质朴，内部功能完善；第二，一户一策，每户内部改造效果均有差异；第三，整体情调凸显石材特色。

具体来说，对于民居的外部整体修缮，突出石头墙面，并在每户民居的入口处设置抱鼓石；在主题民宿的接待用房内布置“石来运转”石；民居内部按照酒店的配置对其功能进行完善；民居的外立面上可装饰充满乡村元素的用具，如斗笠、玉米棒子、蓑衣、皮影等；连接每户民居之间的乡村道路铺装成石板或碎石路。

同时，对位于龚家田的大石磨子及其周边区域进行环境氛围营造。首先，对于大石磨子进行景观打造，采用支架向外延伸扩大现有公共空间，并将其建设成为龚家田的文化广场。其次，对于大石磨子东侧的台地建设石质栈道，并在栈道上设置凉亭与景观小品。最后，通过石板路或碎石路将龚家田的民居进行连接，并对未进行民宿开发的民居进行立面改造，外立面风格与民宿保持一致。

2）刘家河的小桥流水主题民宿

小桥流水主题民宿位于刘家河，由于该区域有桑基鱼塘、石板桥、水井、榨油厂以及保存较好的传统民居聚落，故规划在此处建设的民宿突出“小桥流水”的主题，主打“农耕生活”体验。目前刘家河的民居基本以传统民居为主，具有典型的鄂东民居特色，规划对民居进行改造时主要突出以下原则：第一，民居整体上保留原有建筑风格；第二，民居外部环境营造增加农耕生活元素，如墙上挂簸箕、渔具、稻谷、扬叉等；第三，区域整体造景突出江南园林特色。

具体来说，首先，在外立面改造上，统一刘家河所有房屋的外立面风格，并对不同房屋的房檐进行彩绘，色调淡雅，各民居外增设农耕元素的物件；其次，完善房屋内部功能，铺装地面，增加采光，内部布置充满江南水乡元素；再次，对刘家河的鱼塘进行园林造景，通过假山、碎石、亭台、水榭、拱桥的搭配营造一个小桥流水的意境；最后，在休闲体验上既可以依托鱼塘开发出休闲垂钓的游乐项目，又可以依托榨油厂建设一个乡村工艺坊以展示传统榨油技艺。

3）洪家湾的与子偕乐主题民宿

与子偕乐主题民宿位于洪家湾，该区域背靠山林，面向田园，传统民居保留较多，具备开展亲子体验的场地条件，因而在此处规划建设一个以“亲子游客”为主题的民宿客栈。在民居外立面的改造上突出童话元素，每户民居以不同的童话故事为主题进行外立面涂装。在内部的装饰上，选择史努比、加菲猫、熊猫、米老鼠、愤怒小鸟、维尼熊、机器猫、HelloKitty、龙猫、泰迪熊、灌篮高手等“80后”“90后”“00后”较为熟悉的卡通人物，既能吸引成年人回味童年，又能吸引小朋友入住。在户外活动体验上，依托稻田开展乡间漫步、自行车骑行等亲子活动；依托山林开展生态观鸟、森林探奇等体验活动。在室内活动体验上，引入烘焙、研磨咖啡、陶瓷上色等小朋友与家长可一起参与的活动。

2. 香草佳苑

项目类型：存量改造项目。

项目功能：乡村风貌展示。

项目构成：仙梦奇缘、绿野仙踪、一米阳光。

香草佳苑是一个以“美丽乡村建设”“乡村文化展现”“人居环境提升”为主要目标的项目，旨在通过民居外观整修美景、居住环境提升怡景、植物绿化造景、动物散养添景和乡村物件布景的形式建设一个呈现乡村风貌、充满乡村风情、展示乡村风物的美丽乡村居住示范区。首先，对陈永太、乔木湾和陡山彭的村湾环境进行整治，并适当种植香草类植物；其次，对三个村湾现有民居的建筑外立面进行整体改造，形成较为突出各自主题的建筑风貌；再次，在村湾民居的墙面上及通行道路两侧种植香草植物；最后，鼓励引导农民开展民宿经营活动。由于该项目中有三个村湾的村民居住，故村民可通过散养的猫狗鸡鸭等小动物与种植的香草营造微农场的氛围。

1）仙梦奇缘：陈永太

陈永太位于长丰村东北部，在附近三个村湾中离村村通公路最远，交通相对较为不便。规划以仙梦奇缘为主题对陈永太村落进行环境提升。在建筑外立面上，通过对墙面的涂装凸显仙梦奇缘的主题，如选择鲜花盛开、奇异梦境的画面；在村庄内部通过种植五颜六色的香草营造仙梦奇缘的意境；在农户房前屋后的自留地上，鼓励村民进行充分利用，在兼顾生产的同时凸显微田园景观，如自留地篱笆的景观化。

2）绿野仙踪：乔木湾

乔木湾位于陈永太东侧，紧邻村村通公路。由于乔木湾与公路之间的视线内有较多的树木、鱼塘，犹如绿野仙踪的意境，故规划以绿野仙踪为主题对乔木湾的民居进行提升。首先，对民居外立面进行风貌统一，传统民居与现代民居的过渡要相得益彰；其次，对民居前面的空地进行利用，种植葡萄、丝瓜等需要藤架类的植物；最后，对乔木湾民居的鱼塘进行景观改造，设置汀步、太湖石等景观小品。

3）一米阳光：陡山彭

陡山彭位于陈永太南侧，村村通公路南侧。将对陡山彭的民居提升与陈锡联将军纪念馆的建设结合起来。由于陡山彭采光较好，民居朝阳的方向较为开敞，遮挡物较少，故规划以"一米阳光"为主题对该区域民居进行提升。首先，对该区域的民居外立面风格进行统一，并突出阳光元素；其次，整理各民居前面的空地，并将其建设成公共庭院空间，享受阳光；最后，对陡山彭民居内的鱼塘、田埂等进行充分利用，共同营造出"一米阳光"的意境。

3. 田园画廊

项目类型：存量改造项目。

项目功能：乡村景观风貌展示。

项目构成：景观农田、农耕文化雕塑、乡村趣味休闲项目。

田园画廊设计的主要目的在于吸引游客从长丰村南部向北部游览，从而实现旅游业对长丰村全村的带动。田园画廊项目规划利用长丰村现有的农田、树木、田埂、水塘等乡村元素进行景观再造，进而为游客呈现一个集田园景观、农耕文化和趣味休闲于一体的乡村风情廊道。该项目从李家大屋东侧的农田开始经过长丰小学后向东延伸至乔木湾，全长约 1 800 米。项目具体建设上，以农田造景为核心，即通过对农田进行艺术加工让其呈现不同的图案；以树木衬景、农耕小品添景为特色，即通过树木、农耕文化小品的装点形成层次不同的景观风格，同时农耕小品也能提升游客的参与性；以文化融景为灵魂，即通过乡村文化元素的注入，田园画廊充满文化气息，充分反映地域乡村文化特点。另外，在田园画廊设置部分趣味休闲项目，如水车、跷跷板、踩高跷、花轿等。

（四）旅游综合配套服务项目群

1. 一个中心——旅游综合服务中心

项目类型：新建旅游项目。

项目功能：旅游综合服务、信息咨询、车辆停泊。

项目构成：游客服务中心、长丰客厅、社区医务室、生态停车场。

旅游综合服务中心位于李先念故居纪念园三岔路口东侧，规划占地面积约30亩，为新中式建筑风格，主要由游客服务中心、长丰客厅、社区医务室与生态停车场组成，按照国家5A级景区标准进行建设。

1）游客服务中心

游客服务中心占地约3亩，建筑面积1 200平方米，主要为游客提供信息咨询、导游导览等服务，同时为游客提供长丰村旅游地图、红安县旅游地图以及各景点的介绍。游客服务中心内部设置游客服务大厅、影视大厅、休息厅和综合管理用房等。

2）长丰客厅

长丰客厅位于游客服务中心旁，占地1亩，建筑面积600平方米，主要分为三个部分，分别为“长丰文化”、“长丰家园”与“长丰礼物”。“长丰文化”主要展示长丰村的历史文化，包括民俗文化与传说；“长丰家园”主要展示中华人民共和国成立后长丰村在社会经济发展中所取得的成绩；“长丰礼物”为长丰村本地生产的各种特色旅游商品、农特产品及伴手礼等。

3）社区医务室

社区医务室位于游客中心旁，占地1亩，建筑面积300平方米，规划将其建设成为长丰村唯一的综合性医务室，并具备相应的急救能力。它除了为游客提供医疗服务外，还向全村的村民提供各种医疗服务。

4）生态停车场

生态停车场占地25亩，主要由大车停车区、小车停车区、管理用房、闸口等部分组成。规划设计大车停车位50个，每个停车位面积40平方米；小车停车位500个，每个停车位面积12.5平方米；管理用房占地面积100平方米；进出闸口两个，且进出闸口分开。停车场车位全部采用生态化地桩，道路采用刷黑路面，并在停车场内部进行园林造景。

2. 一条道——长丰绿道

项目类型：新建旅游项目。

项目功能：生态旅游、乡村休闲。

项目构成：一环三纵四横。

长丰绿道项目的建设在于构建一个连通全村各主要景点及居民点的景观交通网络体系。长丰绿道在建设过程中主要突出“一个网络”、“两个体验”和“三个展示”，即一个交通网络，两个体验是指生态旅游体系与康体健身体验，三个展示是指乡村文化展示、乡村风貌展示与乡村景观展示。规划建设的绿道主要由“一环三纵四横”组成，总长度约 10 400 米，其中一环为长丰绿道的核心组成部分，即长丰环线绿道，长约 4 000 米，走向为“李家大屋—长丰小学—乔木湾—旅游综合服务中心—李家大屋”；三纵分别为“刘家河—长丰小学”，长约 500 米，“汽车营地—卓家田”，长约 500 米，“陈永太—长丰茶园”，长约 1 000 米；四横分别为“红马寨半山腰—李家大屋三岔路口”，长约 1 200 米，“刘家田水库—长丰小学三岔路口”，长约 700 米，“龚家田—耿家冲—刘家河”，长约 1 200 米，“龚家田—刘家河”长约 1 300 米。除以上绿道外，旅游项目内部、居民点内部同时预留绿道，长丰村较为宽敞的田埂预留绿道。

3. 一条街——长丰商业街

项目类型：新建旅游项目。

项目功能：旅游休闲、购物观光、文化体验。

项目构成：主题餐饮、客栈、旅游商店等。

长丰商业街占地约 25 亩，建筑面积 20 000 平方米，主体为两层建筑，局部为三层建筑。规划引入四大业态，分别为餐饮业态、住宿业态、购物业态和民生业态。其中前三者主要面向旅游者，后者主要面向长丰村居民。餐饮业态主要由主题餐饮、小吃餐饮、咖啡店、面包店、饮品店等构成。规划建设两大主力店，一个为以江湖文化为主的“长丰大侠”主题餐厅；另一个为以“大跃进”时代为主题的“人民公社”主题餐厅。住宿业态主要由精品客栈与经济酒店组成，规划建设一个主力店，即引入国内知名连锁型经济酒店品牌。购物业态由传统手工艺品、农特产品和特色旅游商品组成，规划引入“长丰绣坊”这一主力店，主要展示长丰村的传统刺绣技艺。民生业态则包含超市、自动取款机、照相馆及公共服务机构，规划引入主力店为综合性超市，以解决长丰村村民日常生活的购物问题。餐饮、住宿、购物与民生业态在面积上的配比大致为 30%、20%、15%、35%。

三、项目投资与建设时序

（一）分期建设规划

1. 近期建设规划：2016~2018 年

近期建设项目主要以存量项目提升为主。近期建设目的是夯实长丰村旅游发展的基础，形成以李先念故居纪念园为核心、以红马寨为重点、以陈锡联将军纪念馆为支撑的“一园一山一馆”的红色旅游项目群。其中李先念故居纪念园主要完成园区的提升改造，提档升级标准对照国家 5A 级旅游景区进行。红马寨近期完成红马寨绿道、红色主题雕塑、红色将军林、先烈英雄墙、景区步行道建设；启动丛林战场、极限挑战和九龙观景平台的建设。陈锡联将军纪念馆完成整改提升，并对外开放。在乡村民宿方面，完成龚家田石来运转主题民宿建设。

同时，完成九龙半岛、汽车营地、休闲露营地等的招商引资工作，并启动旅游综合服务中心、长丰绿道项目的前期规划工作，为中期休闲旅游项目建设及旅游综合服务项目建设奠定良好基础。

2. 中期建设规划：2019~2022 年

中期建设项目主要以新建旅游项目为主，中期建设目的是进一步丰富和完善长丰村的旅游功能。中期建设项目主要包括完成刘家田水库的九龙半岛、汽车营地、休闲露营地、小桥流水主题民宿、与子偕乐主题民宿、香草佳苑、旅游综合服务中心、长丰绿道的建设；部分完成花语农庄、长丰茶园、田园画廊、长丰商业街的建设；启动稻米农庄、热气球的前期规划工作。

3. 远期建设规划：2023~2025 年

远期建设项目主要以村庄整体提升与市场营销为主，旨在将长丰村建设成为一个功能齐全的旅游目的地。分别完成热气球项目、稻米农庄的建设，并在村庄内每个村湾均营造出良好的游览环境。在市场营销方面，由以武汉城市圈市场为主向湖北、湖南、安徽、河南、江西五省市场上集中营销，实现年接待过夜游客 10 万人次，接待游客 100 万人次。

（二）投资估算

长丰村旅游项目投资总额达到 23 395 万元，其中国家专项资金 258 万元，地方专项资金 2 735 万元。长丰村旅游项目投资估算主要参考：①建筑工程、园林工程的投资，参照湖北省建筑工程预算部分定额，并结合现行的材料单价和红安地区的造价指标进行估算；②交通、道路工程的投资，根据交通部门提供的造价标准，并结合项目的工程量进行估算；③其他相关费用（如勘测设计费、建设单位管理费、不可预见费等）已包括在项目的各项投资之中，不再单独进行估算。长丰村旅游项目投资估算表见表6-1。

表6-1　长丰村旅游项目投资估算表

编号	名称		建设内容与规模	用地面积	投资估算/万元	资金来源	经营管理方案	建设年限	备注
1	李先念故居纪念园	李先念图书馆	增设多媒体布展设施，增设电子触摸显示屏，增加藏书等	100 亩	10	国家专项资金	免费开放	2016 年	藏书可通过捐赠方式获得
		李先念故居	丰富布展形式，房屋翻新		5	国家专项资金	免费开放	2016 年	—
		李先念故居纪念馆	丰富布展形式，增设多媒体、互动电子显示屏、雕塑等		30	国家专项资金	免费开放	2017 年	可将雕塑的设计工作交由与李先念故居纪念园合作的院校完成，减少设计费用支出
		映山红主题餐厅	餐厅主题改造		20	社会资本	收费经营	2017 年	鼓励村集体经济经营管理
		桂花园酒店	房间主题改造		50	社会资本	收费经营	2017 年	—
		格伦·本尼达墓	增设标识牌，增设飞机航模，绘制画作		2	国家专项资金	免费开放	2016 年	相关绘画可由院校学生完成
		李家大屋水库	景观小品雕塑		6	国家专项资金	免费开放	2017 年	设置 12 个景观小品
2	红马寨生态旅游区	红马寨绿道	规划在红马寨景区既有道路的基础上修建一条环山绿道，全长约 4 000 米	10 亩	120	国家专项资金	免费开放	2017~2018 年	绿道规划设计宽度 1.5 米
		红色主题雕塑	在红马寨绿道两侧布置红色主题雕塑，雕塑下设置铭牌，刻上相关事迹的简述	—	10	国家专项资金	免费开放	2017~2018 年	在道路两侧设置雕塑，不占用面积
		红色将军林	在红马寨绿道两侧建设生态林带，可按照参与革命中红安地区 223 位将军的名字对生态林带各部分进行命名	—	10	国家专项资金	免费开放	2017~2018 年	对原有林地进行造景，不占用面积

续表

编号	名称		建设内容与规模	用地面积	投资估算/万元	资金来源	经营管理方案	建设年限	备注
2	红马寨生态旅游区	丛林战场	项目场地内根据地形布置路障，并设有城楼、碉堡、瞭望塔、环形工事、假山、城墙等设施	5 亩	50	社会资本	收费经营	2018~2019 年	涉及占用村民土地的，可进行补偿或以土地入股分红
		九龙观景平台	规划在红马寨景区的最高点设置一座观景平台，四周设木质栏杆，并于平台内部设置一处玻璃栈道	100 平方米	15	地方专项资金	免费开放	2018~2019 年	—
		卧龙洞	卧龙洞位于红马寨悬崖绝壁之上，规划在卧龙洞附近设置一龙马雕塑或图画	—	5	国家专项资金	免费开放	2017 年	—
		红马将军雕塑	规划在九龙观景平台设置红马将军雕塑，该雕塑按照传说中“鹤发童颜、气宇轩昂、铁甲戎衣、腰佩宝剑”的形象进行雕塑	—	10	地方专项资金	免费开放	2019~2020 年	—
		太平军城寨遗址	规划对太平军城寨遗址进行保护，并修复部分城墙、城门	—	50	地方专项资金	免费开放	2021~2022 年	—
		景区步行道	规划建设从红安魂至九龙观景平台的步行游路和九龙观景平台至卧龙洞的步行游路	—	60	地方专项资金	免费开放	2018~2019 年	—
		红安魂	规划扩大红安魂观景平台，并通过玻璃栈道的形式向四周延伸	—	10	国家专项资金	免费开放	2017 年	—
		先烈英雄墙	在红安魂东侧设置一面先烈英雄墙，与红安魂相呼应	—	10	国家专项资金	免费开放	2017 年	—

续表

编号	名称		建设内容与规模	用地面积	投资估算/万元	资金来源	经营管理方案	建设年限	备注
2	红马寨生态旅游区	“红安精神”极限挑战	规划在红马寨景区山脚下建设“红安精神”极限挑战项目，包括毕业墙、高空断桥、过桥抽板、时速极限、钻电网、背摔、无敌风火轮等	5 亩	50	社会资本	收费经营	2018~2019 年	涉及占用村民土地的，可进行补偿或以土地入股分红
		野营地	规划在红马寨卧龙洞附近设置野营地，主要面向拓展训练人员	—	2	社会资本	收费经营	2019 年	—
3	陈锡联将军纪念馆	陈锡联将军故居	规划对陈锡联故居进行提升，首先，对故居整体进行修缮、清理，对故居内的设施进行完善，以达到对外开放的标准；其次，对故居内的家具重新上色，对墙壁上的照片进行修复；最后，对故居内的环境进行整治，在墙面上增加展品	300 平方米	15	国家专项资金	免费开放	2017 年	—
		陈锡联将军纪念馆	规划对纪念馆周边进行环境整治，对纪念馆内进行布展	300 平方米	15	国家专项资金	免费开放	2017 年	—
		将军井、古树、河塘及周围的环境整治	规划对陈锡联故居旁的将军井进行修复，对古树进行保护，对水塘进行环境整治	—	10	国家专项资金	免费开放	2017 年	—
4	九龙半岛	长丰文博苑	该项目位于九龙半岛东部，主要为游客设置一个深入了解鄂东地区历史文化民俗的场景	2 亩	200	地方专项资金	免费开放	2019~2020 年	—
		长丰渔乐园	该项目位于九龙半岛西南侧，主要为游客提供特色餐饮、观光游览、休闲娱乐等服务，主要建设渔家餐厅、垂钓园、渔文化长廊等项目	20 亩	500	社会资本	收费经营	2020~2021 年	—

续表

编号	名称		建设内容与规模	用地面积	投资估算/万元	资金来源	经营管理方案	建设年限	备注
4	九龙半岛	楚居生态酒店	楚居生态酒店位于九龙半岛东部临水处，酒店整体定位为精品度假酒店，主要为游客营造一种温暖质朴的乡村休闲环境，让游客有“悦身·醉美景”的感受	4.50 亩	1 800	社会资本	收费经营	2020~2022 年	—
		半岛餐厅	该餐厅以自然为主题，为生态餐厅，为游客营造一种在自然环境中用餐的氛围，其主题为“悦味·享自然”	1 亩	200	社会资本	收费经营	2021~2022 年	—
		裸心氧吧	该项目位于九龙半岛中部，将充分利用九龙半岛的生态资源优势，为游客营造一个“悦心·净世界”的氛围	—	10	社会资本	免费开放	2022 年	为生态性项目，不占用面积
		半岛会馆	以“悦情·谋天下”为主题建设半岛会馆，主要面向企业市场，它由五个单体建筑组成，位于九龙半岛西北临水位置，每个建筑均为一层建筑	6 亩	600	社会资本	收费经营	2022~2023 年	—
		湿地保育园	该项目位于九龙半岛东侧临水位置，通过水系的构造、土地的整治及水生植物的种植形成一个湿地生态园	27 亩	500	社会资本、地方专项资金	免费开放、收费经营	2021~2023 年	湿地保育园中部分项目免费，部分项目收费
		亲水栈道	规划沿着刘家田水库四周建设景观木栈道，栈道全长约 2 000 米，宽 1.5 米，设计观景平台 3 处，观景亭 2 处	6 亩	100	社会资本、地方专项资金	免费开放	2019~2020 年	由地方招商引资后经与企业商议后共同出资建设

续表

编号	名称		建设内容与规模	用地面积	投资估算/万元	资金来源	经营管理方案	建设年限	备注
4	九龙半岛	旅游码头	旅游码头共设计两处，一处位于刘家田水库，另一处位于九龙半岛	120平方米	20	社会资本	收费经营	2020年	不含购买船只费用
5	汽车营地	自驾车露营区	自驾车露营区位于营地西侧，规划设计自驾车营位80个，每个营位由自驾车营位与帐篷营位组成，每个营位面积为50平方米	160亩	5 000	社会资本	收费经营	2020~2022年	—
		房车露营区	房车露营区主要分为两部分，一部分为主题房车区；另一部分为自驾房车区			社会资本	收费经营	2020~2022年	—
		休闲娱乐区	休闲娱乐区位于营地南部，主要为丘陵地形。规划建设汽车影院、ATV四轮越野摩托营地、定向越野营地和乡村俱乐部四大项目			社会资本	收费经营	2020~2022年	—
		公共服务区	主要由汽车美食街、汽车文化长廊、汽车商店、小型超市和旅游服务点组成			社会资本	免费开放	2020~2022年	—
6	休闲露营地	帐篷营地区	帐篷营地区建设帐篷营位与篝火广场项目。规划设置帐篷营位60个	5亩	600	社会资本	收费经营	2019~2020年	—
		主题房车区	主题房车区由各种主题的RV露营车及帐篷客栈组成，主要面向对露营有兴趣的旅游者			社会资本	收费经营	2019~2020年	—
		滨水景观区	滨水景观区规划建设漫画乡村项目用于展示乡村生活、体验营地活动，主要有漫画墙、亲水景观广场和户外烧烤区			社会资本	免费开放	2019~2020年	—

续表

编号	名称		建设内容与规模	用地面积	投资估算/万元	资金来源	经营管理方案	建设年限	备注
6	休闲露营地	公共服务区	公共服务区主要建设各类服务设施，包括餐饮店、商店、乡村工艺店和旅游服务点	5 亩	600	社会资本	免费开放	2019~2020 年	—
7	花语农庄	户外鲜花基地	户外的鲜花基地主要种植花期长的香草类植物，如蓝花鼠尾草、柳叶马鞭草，花期一般从六月到十月	180 亩	3 000	社会资本	免费开放	2021~2023 年	—
		大棚花卉培植基地	大棚花卉培植基地主要以培植温室花卉为主，内设大别山生态教室			社会资本	收费经营	2021~2023 年	—
		桩景培育基地	以桩景培育、桩景观赏为主导功能，以生产经济价值较高的植物桩景、花卉盆景为主			社会资本	收费经营	2021~2023 年	—
		花语楼	花语楼为七层建筑，建筑面积 4 000 平方米，其中一层为办公用房，二层至七层为客房与会议室。花语楼外部涂装主色调以蓝紫色、玫红色和明黄色为主			社会资本	收费经营	2021~2023 年	—
		时间花廊	时间花廊位于户外鲜花基地当中，主要由一连串的藤架辅以花卉构成，时间花廊长约 30 米，宽 3 米，占地面积 90 平方米			社会资本	免费开放	2021~2023 年	—
		荷兰风车	荷兰风车位于户外鲜花基地当中，占地约为 30 平方米，高 4.2 米			社会资本	免费开放	2021~2023 年	—

续表

编号	名称		建设内容与规模	用地面积	投资估算/万元	资金来源	经营管理方案	建设年限	备注
7	花语农庄	花艺坊	花艺坊占地面积约为 80 平方米，一层建筑	180 亩	3 000	社会资本	收费经营	2021~2023 年	—
		花语木屋	花语木屋依树傍花而建，共设置 10 座，每座面积 40 平方米			社会资本	收费经营	2021~2023 年	—
		花膳坊	花膳坊主题餐厅是一个以花膳、药膳为主题的生态餐厅，占地面积 300 平方米			社会资本	收费经营	2021~2023 年	—
		生态湿地、景观水坝、水生花卉园、浪漫花道	对场地内的水系、桑基鱼塘进行景观整治，并建设景观水坝，形成农耕湿地景观			社会资本、地方专项资金	收费经营	2023~2024 年	—
		花亭水榭、花仙子雕塑	在农耕湿地中央通过土地整理形成一个小岛，岛上建设花亭水榭与花仙子雕塑			社会资本	收费经营	2023~2024 年	—
8	长丰茶园	南山茶园、北山茶园	以自然道路为分割，将茶园地块划分为南北两块，分别命名为南山茶园与北山茶园，种植茶叶	270 亩	3 000	社会资本	免费开放	2021~2023 年	—
		禅意茶室	规划在南山茶园与北山茶园之间建设禅意茶室，建筑面积 800 平方米，主打"茶文化+禅意"			社会资本	收费经营	2021~2023 年	—
		观自茶餐厅	茶餐厅提供中式餐饮服务，以茶入餐，通过开发创意菜品，将茶的特性与美食的滋味结合起来，建筑面积约 300 平方米			社会资本	收费经营	2021~2023 年	—
		文化茶廊	茶廊蜿蜒曲折，墙面上用各种茶文化诗词、器具进行装点，墙面上部分进行镂空，通过空隙观赏茶园			社会资本	免费开放	2021~2023 年	—

续表

<table>
<tr><th>编号</th><th colspan="2">名称</th><th>建设内容与规模</th><th>用地面积</th><th>投资估算/万元</th><th>资金来源</th><th>经营管理方案</th><th>建设年限</th><th>备注</th></tr>
<tr><td rowspan="3">8</td><td rowspan="3">长丰茶园</td><td>茶艺坊</td><td>在茶园内建设一个以茶艺展示、品茶用具制作和茶叶销售为主的茶艺坊项目，建筑面积300平方米</td><td rowspan="3">270亩</td><td rowspan="3">3 000</td><td>社会资本</td><td>收费经营</td><td>2021~2023年</td><td>—</td></tr>
<tr><td>东篱茶园</td><td>茶园内除采茶活动外，还规划建设部分景观，如茶寮、茶文化景观小品</td><td>社会资本</td><td>收费经营</td><td>2021~2023年</td><td>—</td></tr>
<tr><td>曲水流觞</td><td>在禅意茶室附近建设人工水景，水景的建设以江南园林建筑风格为主</td><td>社会资本</td><td>免费开放</td><td>2021~2023年</td><td>—</td></tr>
<tr><td rowspan="5">9</td><td rowspan="5">稻米农庄</td><td>稻米展览馆</td><td>稻米展览馆是一个专门展示稻米种类、生长习性、特点，稻米种植器具，稻米生产工艺的场所，建筑面积1 000平方米</td><td rowspan="5">20亩</td><td rowspan="5">2 000</td><td>社会资本</td><td>免费开放</td><td>2022~2024年</td><td>—</td></tr>
<tr><td>稻香私房料理</td><td>稻香私房料理主要突出稻香米饭的特色，如锅巴饭、竹筒饭、糯米饭、稻米汤等，建筑面积300平方米</td><td>社会资本</td><td>收费经营</td><td>2022~2024年</td><td>—</td></tr>
<tr><td>稻子民宿</td><td>以稻米文化为主题建设稻子民宿，内部设置不同主题风格的客房，建筑面积2 000平方米</td><td>社会资本</td><td>收费经营</td><td>2022~2024年</td><td>—</td></tr>
<tr><td>稻米工作坊</td><td>稻米工作坊主要有两大功能：一是展示乡村传统的舂米技艺；二是供游客制作工艺品，建筑面积200平方米</td><td>社会资本</td><td>收费经营</td><td>2022~2024年</td><td>—</td></tr>
<tr><td>稻香家园</td><td>稻香家园内主要有供游客自行插秧收割的稻田</td><td>社会资本</td><td>收费经营</td><td>2022~2024年</td><td>—</td></tr>
</table>

续表

编号	名称	建设内容与规模	用地面积	投资估算/万元	资金来源	经营管理方案	建设年限	备注
10	石来运转主题民宿	石来运转主题民宿位于龚家田，该民宿主要突出“山野乡居”，利用传统民居面积约 1 500 平方米	—	300	社会资本	收费经营	2017~2018 年	对传统民居进行提升改造，无新增建设用地；农户民居可直接作为资产入股
11	小桥流水主题民宿	小桥流水主题民宿位于刘家河，规划在此处建设的民宿突出“小桥流水”的主题，主打“农耕生活”体验，利用传统民居面积约 1 800 平方米	—	300	社会资本	收费经营	2019~2020 年	对传统民居进行提升改造，无新增建设用地；农户民居可直接作为资产入股
12	与子偕乐主题民宿	与子偕乐主题民宿位于洪家湾，规划以“亲子游客”为主题，利用民居面积约 1 500 平方米	—	300	社会资本	收费经营	2020~2021 年	对民居进行提升改造，无新增建设用地；农户民居可直接作为资产入股
13	香草佳苑	香草佳苑是一个以“美丽乡村建设”“乡村文化展现”“人居环境提升”为主要目标的项目，旨在通过民居外观整修美景、居住环境提升怡景、植物绿化造景、动物散养添景和乡村物件布景的形式建设一个呈现乡村风貌、充满乡村风情、展示乡村风物的美丽乡村居住示范区，主要由仙梦奇缘陈永太、绿野仙踪乔木湾和一米阳光陡山彭组成	—	300	地方专项资金	免费开放	2021~2022 年	无新增建设用地

续表

<table>
<tr><th>编号</th><th colspan="2">名称</th><th>建设内容与规模</th><th>用地面积</th><th>投资估算/万元</th><th>资金来源</th><th>经营管理方案</th><th>建设年限</th><th>备注</th></tr>
<tr><td>14</td><td colspan="2">田园画廊</td><td>田园画廊项目规划利用长丰村现有的农田、树木、田埂、水塘等乡村元素进行景观再造，进而为游客呈现一个集田园景观、农耕文化和趣味休闲于一体的乡村风情廊道，全长约 1 800 米</td><td>—</td><td>100</td><td>地方专项资金</td><td>免费开放</td><td>2022~2023 年</td><td>利用现有农田景观进行改造，无新增用地类型</td></tr>
<tr><td>15</td><td>旅游综合服务中心</td><td>游客服务中心、长丰客厅、社区医务室、生态停车场</td><td>旅游综合服务中心位于李先念故居纪念园三岔路口东侧，为新中式建筑风格，主要由游客服务中心、长丰客厅、社区医务室与生态停车场组成，按照国家 5A 级景区标准进行建设</td><td>30 亩</td><td>1 500</td><td>地方专项资金</td><td>免费开放</td><td>2019~2020 年</td><td>—</td></tr>
<tr><td>16</td><td colspan="2">长丰绿道</td><td>规划建设的绿道主要由“一环三纵四横”组成，总长度约 10 400 米</td><td>—</td><td>500</td><td>地方专项资金</td><td>免费开放</td><td>2019~2022 年</td><td>—</td></tr>
<tr><td>17</td><td colspan="2">长丰商业街</td><td>长丰商业街全长约 300 米，建筑面积 20 000 平方米，主体为两层建筑，局部为三层建筑。规划引入四大业态，分别为餐饮业态、住宿业态、购物业态和民生业态</td><td>25 亩</td><td>2 000</td><td>社会资本</td><td>免费开放</td><td>2022~2023 年</td><td>—</td></tr>
<tr><td colspan="10">总投资额：23 395 万元</td></tr>
</table>

第二节　配 套 项 目

一、设施布局

基础设施建设主要包括旅游基础设施与公共服务设施。旅游基础设施布局围绕旅游项目建设展开，由游客服务系统、旅游交通系统、旅游公厕系统、旅游标识系统及智慧旅游系统组成；公共服务设施主要结合长丰村农户生活需要进行规划，由给排水设施、供电设施、燃气设施、电信设施、环卫设施及综合防灾设施组成。

二、设施建设

（一）旅游基础设施

旅游基础设施的建设主要包括游客中心、停车场、旅游厕所、游步道、旅游标识系统及旅游信息化系统等。规划中长丰村旅游基础设施主要由五大体系组成，分别为游客服务系统、旅游交通系统、旅游公厕系统、旅游标识系统及智慧旅游系统。

1. *游客服务系统*

游客服务系统主要由各级游客服务中心组成。长丰村规划建设主游客中心 1 处，游客服务点 9 处，分别位于李先念故居纪念园、汽车营地、花语农庄、长丰茶园、稻米农庄、九龙半岛、龚家田、刘家河及热气球基地。主游客中心占地 3 亩，建设面积 1 500 平方米；各游客服务点建筑面积 30 平方米。

2. *旅游交通系统*

旅游交通系统主要包括旅游道路与停车场。长丰村规划建设的旅游道路有以下五条：①长丰村绿道，主要包括长丰村环线绿道以及到各个村湾的绿道，规划在原有道路基础上进行建设，对原有路面进行黑化，并将其两侧各拓宽 0.5 米，铺设彩色沥青，总长度约 10 400 米；②刘家田水库环形栈道，总长度约 2 000 米；③红马寨景区环线游步道，修建红安魂至九龙观景平台、九龙观景平台步行至卧龙洞的步行游线，全长约 3 000 米；④耿家冲至龚家田的游步道，全长约 800 米；⑤李先念故居纪念园至刘家田水库的游步道，全长约 700 米。

长丰村规划建设的小车及大巴停车场主要有以下五处：①大型生态停车场，占地面积 25 亩，停车位 550 个，其中大车车位 50 个；②李先念故居纪念园停车场，占地面积 1 100 平方米，停车位 40 个，其中大车停车位 10 个；③汽车营地停车场，占地面积 800 平方米，停车位 40 个，均为小车停车位；④花语农庄停车场，占地面积 800 平方米，停车位 40 个，均为小车停车位；⑤陈锡联故居停车场，占地面积 200 平方米，停车位 10 个，其中陈锡联将军纪念馆 5 个，陈锡联故居 5 个。

规划建设电瓶车停车点 9 处，分别位于游客中心、李先念故居纪念园、红马寨、九龙半岛、稻米农庄、长丰茶园、龚家田、刘家河和陡山彭，其中红马寨停靠点位于红马寨半山腰，游客中心及李先念故居纪念园停靠点位于其停车场处，停靠点占地面积均为 30 平方米。

3. 旅游公厕系统

游客如厕主要有两个渠道：一是旅游公厕；二是居民点公厕。旅游公厕系统主要为旅游景点内旅游厕所，主要供旅游者及景点内工作人员使用。规划建设五星级旅游厕所 3 座，分别位于新建设的游客中心、汽车营地及九龙半岛。规划建设三星级标准旅游厕所 7 座，分别位于休闲露营地、花语农庄、红马寨、旅游商业街、长丰茶园、稻米农庄、热气球基地，其中旅游商业街内旅游厕所为建筑内附属设施；规划改建旅游厕所 1 座，位于李先念故居纪念园。另外，居民点公厕全部按照旅游厕所标准进行改建。

4. 旅游标识系统

旅游标识系统建设主要包括各种引导标识（如导游全景图、导览图、标识牌、景物介绍牌等），标识牌造型特色突出，艺术感和文化气息浓厚，能烘托总体环境，此外标识牌和景物介绍牌设置要合理。规划在长丰村设置导游全景图 14 处，分别位于汽车营地、花语农庄、游客中心、旅游商业街、李先念故居纪念园、红马寨、九龙半岛、休闲露营地、陈锡联故居纪念馆、龚家田、刘家河、稻米农庄、长丰茶园、热气球基地；局部导览图、景物介绍牌根据实际情况设置，确保每一个旅游景点均有局部导览图，每一个景观建筑及小品均有介绍牌；导引标识牌根据实际情况设置，在各路口均保证有导引标识牌。

5. 智慧旅游系统

建立覆盖全村的智慧旅游服务体系，旨在为游客提供一个便利的出行环境。该系统着重建设数据服务中心与四大数字平台：①旅游应用平台建设，主要依托旅游网站的建设，并将其传到客户终端；②旅游目的地营销平台建设，主要通过热门的网络应用，如微博、微信等进行口碑营销；③电子商务平台建设，植入应用程序使网站具备双向交互的交易功能，方便游客自助订票、订酒店等服务；

④旅游客户终端平台建设，客户终端通过开发“长丰旅游”的应用程序方便游客随时获取旅游信息，并具备导览功能。

（二）公共基础设施

1. 给排水规划

根据长丰村的游客量与村民人数，依据规范标准配套建设给水管网和附属设施，给水规划要保证满足村民、旅游者的生活用水需求，考虑近远期结合，要超前规划并做好分期建设。

1）给水规划

（1）用水量预测。用水量主要分为村民用水与旅游者用水，其中村民日用水量标准取 150~200 升；旅游者用水中不过夜游客日用水量取 10~15 升；过夜游客日用水量取 200~250 升。根据长丰村的村民总数以及日接待游客量人数的规划，长丰村各阶段日最高用水量需求如下：

2015~2018 年：Q_1=855 × 0.2+1 493 × 0.015+60 × 0.25=208.395（吨）。

2019~2022 年：Q_2=855 × 0.2+2 715 × 0.015+243 × 0.25=272.475（吨）。

2023~2025 年：Q_3=855 × 0.2+3 788 × 0.015+400 × 0.25=327.82（吨）。

（2）供水水源。规划对长丰村采取集中供水，接入高桥镇镇区供水管网，水源来自高桥镇水厂。

（3）供水管线。规划在长丰村建供水管线接高桥镇区供水系统，村内给水管网设计成树状，即围绕主水管线往两侧分散，采用 DN200 输水管，同时在耿家冲、陡山彭建设加压泵站一处，以满足用水需求。

2）排水规划

规划采用雨污分流的排水体制（图 6-3）。

（1）雨水规划。长丰村内雨水排放要因地制宜，修筑少量明沟、明渠，充分利用地形就近排入河道或收集后排入蓄水池。管网布置要考虑到与乡村景观结合，采取分散布置，尽量避免设置雨水泵站，以免对景观构成破坏。

雨水流量计算采用黄冈市暴雨强度公式，具体如下：

$$q=\frac{2\,417\left(1+0.971\lg p\right)}{\left(t+7\right)^{0.765\,5}}\left(L/S\cdot ha\right)$$

其中，重现期 p=2.0 年；$t=t_1+Mt_2$，其中 t_1 为地面集水时间，t_2 为管内雨水流行时间，M 为延缓系数，其中 M=2（设计暗管），M=1.2（设计明渠）。

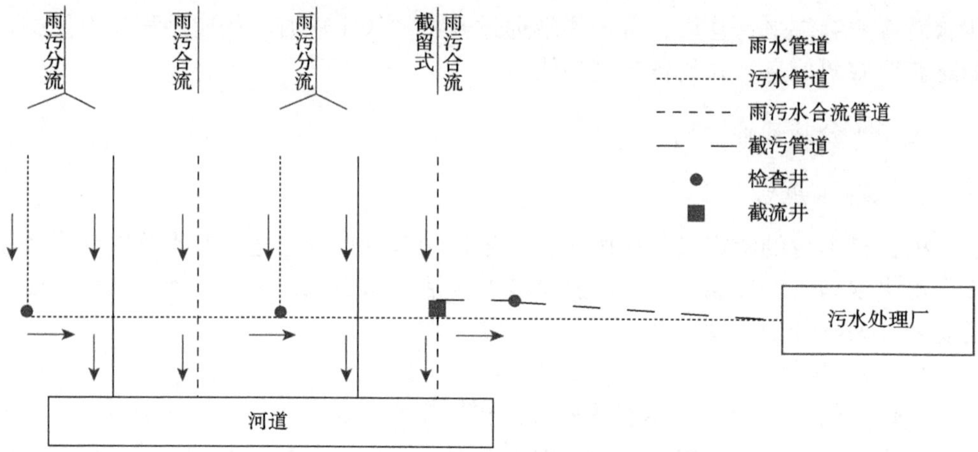

图 6-3　排水体制示意图

（2）污水规划。水量预测：按给水量的 90%标准计算最高日污水量，本次规划的日污水量近期为 187.55 吨；中期为 245.23 吨；远期为 295.04 吨。

排放标准：各区域收集的污水接入长丰村污水排放的主管网，随后接入高桥镇区污水处理系统，统一汇入污水处理厂进行处理，规划处理程度为二级处理。对于其他无法收集的少量零星的生活污水，分别经厌氧处理的小型生活污水处理设备或化粪池处理经加氯消毒后排放。

管网布置：根据地形布置污水管网，必要处加污水提升泵站，污水管网尺寸采用 DN300。

2. 供电规划

1）规划目标

供电规划以满足村民日常生活生产需要及旅游用电需要为主要目标。

2）供电工程

长丰村供电电源为高桥镇的 35 千伏变电站，各主要居民点及旅游项目区域分别设置 10 千伏配电所一处。具体来说，在李家大屋、龚家田、刘家河、童家湾、陡山彭、刘家田分别设置 10 千伏配电所。

3）管线铺设

电线铺设方式主要遵循地埋（地下）的原则，对地下的线路要做好必要的防腐保护措施。对于不适宜进行地埋的区域，以不破坏乡村景观为管线铺设原则。

3. 燃气规划

发展清洁能源，规划主要使用的能源为沼气，辅助使用液化天然气、煤、柴等。对于李家大屋、卓家田及村部附近这一区域可建设大型沼气池，发展集中供气。对于其他分散居住的村湾，鼓励村民自建沼气池，并给予一定的补贴。

4. 电信规划

电信规划应满足信息服务的快速、高效、广域。规划长丰村每户均实现有线电视网络覆盖，接入高桥镇有线电视网络；规划长丰村全域均实现 4G 通信信号覆盖，保证全域良好的通信环境；规划长丰村建设邮政代办点 1 处，位于新建设的游客中心；规划长丰村的有线电话网络主要覆盖各旅游项目，如李先念故居纪念园、刘家田九龙半岛、新建设的游客中心等，居民点有线电话网络的建设主要覆盖居民集中区。

5. 环卫设施规划

1）生活垃圾收运处理规划

（1）生活垃圾收运规划。长丰村生活垃圾实际情况，确定以上门收集—压缩站转运和压缩车直接转运的收运方案。

上门收集—压缩站转运方式：由环卫工人上门至每个村湾垃圾收集点收集各类垃圾，由人力车或小型机动车桶装收运至垃圾压缩站，再由垃圾压缩站垃圾终处理设施进行处理。其组成环节如图 6-4 所示。

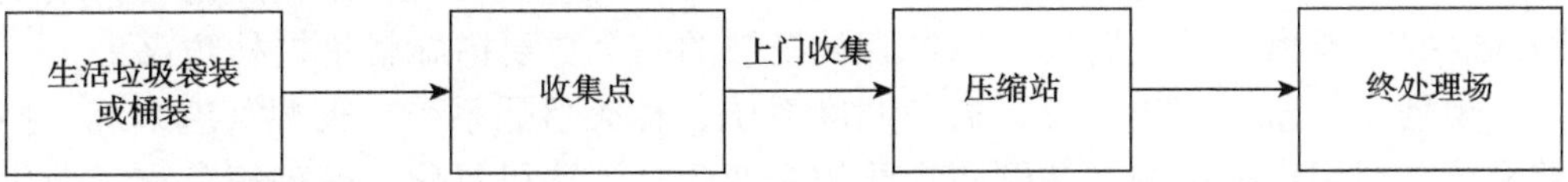

图 6-4 上门收集—压缩站转运方式

压缩车直接转运方式：是由垃圾压缩车到垃圾收集点直接装运到垃圾终处理场进行处理。其组成环节如图 6-5 所示。

图 6-5 压缩车直接转运方式

压缩车直接转运的收运方式，主要是在规划初期用于收集生活垃圾。随着长丰村建设的不断发展和完善，生活垃圾收运应以上门收集—压缩站转运为主；垃圾上门混合收集应逐渐向上门分类收集过渡，制定切实可行的垃圾分类方法，实现垃圾源头减量，并为资源化创造条件。

（2）生活垃圾处理规划。垃圾在收集过程中应进行分类收集；对于分类后的无机垃圾，尽量回收利用；对于有机垃圾，近期以卫生填埋为主，远期以焚烧为主。长丰村生活垃圾处理纳入高桥镇区垃圾处理系统统一处理。

（3）垃圾收集点规划。规划在长丰村 11 个村民小组各设置一个垃圾收集点，即建设 11 个垃圾收集房，每个占地 25 平方米；同时在规划建设的主要旅游项目内分别建设垃圾收集房，规划建设 9 个，分别位于游客中心、花语农庄、稻米农庄、长丰茶园、李先念故居纪念园、汽车营地、刘家田水库、九龙半岛和休闲露营地。

2）公厕规划

对长丰村现有的居民点公厕进行整体提升改造，由目前的旱厕统一改为冲水式厕所，建设标准按照三星级旅游厕所建设，总共建设 10 座，旅游景点内的旅游公厕作为旅游项目建设的配套设施，不纳入居民点公厕规划。

3）其他环卫设施规划

规划环卫车停车场 1 处，位于新建设游客中心附近；在露天流动作业的环卫工人工作区域内，设置环卫工人作业休息室，便于工人作息、更衣和放置工具等。

6. 综合防灾规划

1）森林防火规划

森林植被是长丰村的本底和生命线，保护好森林资源是长丰村旅游可持续发展的需要，能惠及子孙后代。保护森林植被的一个重要措施就是护林防火。

规划完善监测瞭望系统、通信调度系统、林火阻隔系统、火源管理系统、扑救系统、组织指挥系统，达到防火队伍专业化、消防机具化、管理规范化，强化责任制教育。具体如下。

（1）长丰村内配备一名专职护林防火人员，接受长丰村和高桥镇消防队双重管理。

（2）根据长丰村自然条件和火灾发生规律，在森林防火期内出现高温、干旱、大风等高火险天气时，划定森林防火戒严区，规定森林防火戒严期。

（3）监测瞭望塔：共 1 处，布置在红马寨。

（4）防火林带建设：长丰村的森林防火带建设主要集中在九龙冲，防火林带的设立充分结合规划的步道、沟谷、山脊线进行。在登山步道两侧规划防火林带，选取的防火树种为：上层以木荷树为主，中下层以珊瑚树为主。

2）病虫害防治规划

严格进行种苗检疫，防止病虫害发生和蔓延；以生物防治为主，化学和物理防治为辅，防护区域内的林木资源，防治松毛虫、松蚜等病虫害；设立、健全林木病虫害防治与研究机构，开展科研项目、引进最新防治方法。禁止对鸟类的捕杀。

3）地质灾害防治规划

（1）与红安县地质灾害防灾机构建立联系，定期对防治地段进行监测，做到灾害早预防、早预报。

（2）针对长丰村内将发生或已发生的地质灾害，采取不同的处理措施。

（3）禁止人为破坏山体的行为（如采石、挖沙等）。

（4）保护植被，绿化裸地；道路塌方后及时修护；加强长丰村内现有砂石基地护坡绿化，防止滑坡、泥石流等发生。

4）游客安全保障系统与设施规划

（1）定期巡视长丰村内部各景点，每天配备专门人员巡视区内主要道路。

（2）设立紧急救护机构：在游客中心设置一处紧急医疗救护点，以应对突发事件（如落水、悬崖跌落、交通事故等）的发生，使得游客在事发后能得到及时有效的救助。

（3）在长丰村的悬崖、陡坡、悬索、公路急转弯处、深水体、密林等危险特殊区域，完善好护栏、防跌、防滑、危险警示牌、导向牌等安全设施的建设。

（4）在宣传册中介绍安全常识、常见疾病医治常识。

（5）定期组织工作人员学习防灾知识，提高防灾意识。

（三）公共服务设施

目前长丰村的公共服务设施主要为村委会办公楼、医务室，公共服务设施缺乏严重。规划在长丰村建设文化设施、体育设施、商业服务设施及医疗设施。长丰村文化设施的建设主要包括长丰客厅、生态教室、长丰文博苑。其中长丰客厅位于规划建设的旅游综合服务中心，建筑面积 600 平方米；生态教室位于规划建设的花语农庄；长丰文博苑则位于九龙半岛。长丰村体育设施的建设主要包括便民体育健身器械与体育场地。规划在李家大屋以及村委会附近的新农村居民点建设 2 处便民体育健身器械，在村委会附近建设 1 个标准篮球场与 1 个标准羽毛球场，并在村委会办公楼内开辟一个乒乓球活动室，设置 2 张乒乓球桌。长丰村商业服务设施主要位于长丰小学三岔路口，规划对该处商业服务环境进行整治，对店铺统一安装招牌并统一外立面风格；另外，规划建设一处服务游客和村民的商业设施，即位于旅游综合服务中心旁的旅游商业街，建筑面积 5 000 平方米。规划在长丰村内建设 1 个社区医务室，位于新建设的旅游综合服务中心。

三、设施投资与建设时序

（一）旅游基础设施投资估算

长丰村旅游基础设施部分已纳入旅游项目建设投资中，如旅游综合服务中心、长丰绿道、旅游公厕、生态停车场等，长丰村旅游基础设施投资主要包括 6 项，总投资为 510 万元，见表 6-2。

表6-2　长丰村旅游基础设施投资估算

编号	名称	建设内容与规模	用地面积	投资估算/万元	资金来源	经营管理方案	建设年限	备注
1	长丰村公路刷黑	对长丰村内已有车行道进行刷黑，长约 8 000 米	—	350	地方专项资金	免费开放	2019~2021 年	厚度按 6 厘米计算，每平方米造价按 100 元计算
2	耿家冲至龚家田的游步道	全长约 600 米，宽 1.5 米	1 600 平方米	30	地方专项资金	免费开放	2019 年	—
3	李先念故居纪念园至刘家田水库的游步道	全长约 400 米，宽 1.5 米	1 400 平方米	20	地方专项资金	免费开放	2018 年	—
4	电瓶车停车点	共建设 9 处，分别位于新建设游客中心、李先念故居纪念园、红马寨、九龙半岛、稻米农庄、长丰茶园、龚家田、刘家河和陡山彭	270 平方米	10	地方专项资金	收费经营	2018~2023 年	—
5	智慧旅游系统	完成长丰村智慧旅游体系建设	—	70	地方专项资金	免费开放	2018~2022 年	
6	旅游标识体系	完成长丰村公共空间旅游标识牌的布置	—	30	地方专项资金	免费开放	2017~2025 年	各景区及旅游项目的旅游标识体系不包含在内
总投资：510 万元								

（二）公共基础设施投资估算

长丰村公共基础设施投资总额为 1 370 万元，于 2020 年完成全村公共基础设施的建设，资金来源主要以国家专项资金、地方专项资金为主，部分项目村民参与自筹，见表 6-3。

表6-3　长丰村公共基础设施投资估算

编号	名称	建设内容与规模	用地面积	投资估算/万元	资金来源	经营管理方案	建设年限	备注
1	给水工程	完成长丰村集中供水目标，接入高桥镇区水厂	—	600	地方专项资金、村民自筹	收费经营	2017~2020年	—
2	排水工程	完成长丰村污水管网的铺设，接入镇区污水处理管网	—	500	地方专项资金	免费开放	2018~2020年	雨水排放主要以现有排放渠道为主
3	燃气工程	完成长丰村大部分村民沼气池建设；实施新农村居民点集中供沼气	—	60	国家专项资金、地方专项资金、村民自筹	免费开放	2017~2020年	农户沼气池建设规模为 6~8 立方米；集中供气沼气池规模为 300 立方米
4	电信电讯工程	完成长丰村全域 4G 信号覆盖、有线电视网络覆盖、宽带覆盖	—	150	部门专项资金、村民自筹	收费经营	2016~2020年	向相关部门申请建设信号基站、铺设有线电视网络及电信网络
5	环卫工程	完成 10 座公厕改建、11 个垃圾收集房建设和环卫工管理用房建设	—	40	国家专项资金、地方专项资金	收费经营	2016~2020年	成立长丰村物业公司，专门对全村环卫工程进行管理
6	综合防灾工程	建设相应的防火设施与设备	—	20	地方专项资金	免费开放	2017~2020年	—
总投资：1 370 万元								

（三）公共服务设施投资估算

公共服务设施中，长丰文博苑、生态教室、长丰客厅、社区医务室已经纳入旅游项目建设当中，不再计入公共服务设施投资，因而公共服务设施总投资为 40 万元（表 6-4）。

表6-4　长丰村公共服务设施投资估算

编号	名称	建设内容与规模	用地面积	投资估算/万元	资金来源	经营管理方案	建设年限	备注
1	便民体育健身器械	共两处，位于李家大屋与村委会附近的新农村居民点	100 平方米	3	向体育部门免费申请	免费开放	2017 年	相关体育部门可免费提供器械
2	标准篮球场	用地规模 608 平方米，其中球场尺寸为 28 米 × 15 米	608 平方米	30	地方专项资金	免费开放	2018 年	含场地整理、硬化、铺塑胶、篮球架等器材以及人工费用

续表

编号	名称	建设内容与规模	用地面积	投资估算/万元	资金来源	经营管理方案	建设年限	备注
3	标准羽毛球场	用地规模 112 平方米，其中球场尺寸为 13.4 米 × 6.1 米	112 平方米	5	地方专项资金	免费开放	2019 年	含场地整理、硬化、铺塑胶、器材以及人工费用
4	乒乓球活动室	活动室规模 60 平方米	60 平方米	2	地方专项资金	免费开放	2018 年	仅包含器材以及安装费用
总投资：40 万元								

第三节　美丽乡村建设工程

美丽乡村提升整治着眼于整个长丰村村容村貌、人居环境和出行环境的改善，主要围绕“展示山水田园风光、突显地域文化特色、便利村民生产生活”三个目标进行整体提升。首先，在建筑风貌的改善上，力求形成风貌统一、文化彰显、主题突出的建筑景观；其次，在村庄公共空间的整治上，着重广泛利用乡村元素，如蔬菜瓜果、牲畜家禽，同时对房前屋后的空间进行景观利用；最后，在道路景观及绿化的提升上，着重利用田园田埂、河沟水塘及绿化造景打造村庄景观道、步行风景道与田园风情道。美丽乡村提升整治思路见图 6-6。

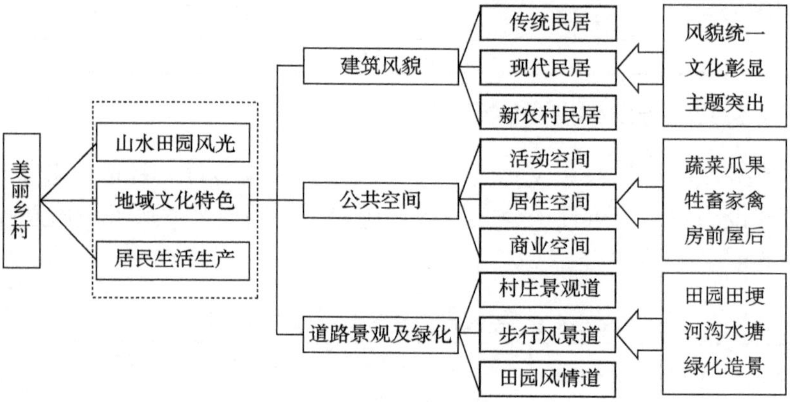

图 6-6　美丽乡村提升整治思路

一、建筑风貌提升整治

目前长丰村内的民居大体上可以分为三大类：第一类为传统民居类，这一类民居大多建设于20世纪80年代，至今已有30余年的历史，绝大多数为一层建筑，是长丰村历史文化的重要载体，具有重要的景观价值；第二类为现代民居类，这一类建筑大多建设于2000年之后，两层、三层建筑为主，与传统民居相比特点不突出，景观价值较低；第三类为新农村建设的民居，这一类建筑多产生于国家推进新农村建设时期，由于集体建设、集体居住，房屋具有一定的造型，因而具有一定的景观价值。

（一）传统民居类提升

该类民居主要为土砖、青砖混建，其建筑的景观价值主要表现在外墙、屋顶、门窗、檐口等方面。对于传统民居类建筑，由于都具有一定的历史，故首先需要对其进行修缮，对民居外墙及内部结构进行翻修，以保证房屋的安全；其次，对该类建筑的外立面进行风格统一，其风格主要根据民居所在村落的整体风貌进行确定，主要建筑表现手法为高台基、抱石鼓、门套、木鱼；最后，对传统民居类建筑积极引导开展墙面美化、坡屋顶改造，对于旁边有空地的民居可建设景观小院。此外，传统民居是“乡愁”的重要载体，在对其进行改造提升时要注重融入乡愁的元素。

图6-7为龚家田传统民居改造示意图，该方案对于长丰村传统民居的建筑符号进行了较好的保留，如木窗、土坯砖、石材门套、门额等；同时为了进一步突出湖北地方民居特色，增设了抱石鼓，略微进行台基提升，此外还新建了景观小院。

（a）

（b）

图6-7　传统民居改造示意

（二）现代民居类提升

现代民居类建筑目前是长丰村民居建筑的主流，该类建筑的特点主要为白墙、灰瓦或红瓦、简易砖混结构，千篇一律，缺乏地方识别性。长丰村的新建民居除了在建筑材料、白墙上比较一致外，门、窗、墙面装饰等样式各异，建筑风貌较为混乱。有的为木门，有的为防盗门；窗户一楼基本为铝合金防盗窗，二楼有的配置防盗网，有的未配置；在墙面装饰上，大部分正立面涂装瓷砖，而侧面与背面则未进行装饰；屋顶则多为坡屋顶与红瓦，少部分为青瓦。

对于新建民居类的建筑风貌提升主要在于地域文化与主题氛围的营造。首先，对于坡屋顶的建筑，全部采用青瓦；对于侧面的墙体，翻新并刷白色墙面；对于建筑的正立面，一层主要采用青砖墙纸进行装饰，二层以上则采用白色墙面。其次，在门窗上，对现有的铝合金窗户外延进行装饰，使其外表看起来与木质门窗类似。最后，对于民居的附属建筑的建筑风格与主体建筑风格保持一致。此外，对于新建民居铝合金窗户的使用统一规范，防盗网以不超出外墙面为宜。

（三）新农村民居类提升

新农村民居是目前长丰村正在着力推进建设的民居类型，目前主要分布在李家大屋与村委会周边。李家大屋由于李先念故居纪念园的建设，目前整个村湾的居民已经全部搬进新农村民居中。而位于村湾的新农村民居部分已经建设完成，部分正在施工。从目前建设的情况来看，长丰村李家大屋新农村民居的建筑风格主要以徽派建筑风格为主，民居外部基本都呈现青砖灰瓦马头墙的特点，另外此类民居重视墙体的层次感，通过屋檐、门檐深处构造立体感。而位于村委会的新农村民居建筑风格与李家大屋略有差异，外立面主要呈现白墙青瓦的样式，并辅以灰色条纹进行装饰，屋檐门檐凸出墙面较少。

李家大屋民居建筑已经拥有一定的风格，因而对于李家大屋的新农村民居建筑风格的改造主要以外立面的环境整治为主，对民居的外墙面进行统一翻新；对于房顶的热水器安装位置统一指定；对于民居的防盗网统一以不超过外墙面为标准。对于村委会附近的五排新农村民居的建筑风貌提升主要从以下三点进行：第一，对于所有民居门窗的防盗网位置、热水器的装设位置以及墙面上的其他设施进行统一；第二，对外立面进行翻新，并引导村民自觉维护墙面整洁；第三，对于民居周围的场地进行硬化，并布置景观小品、绿化、康体设施，营造良好的人居环境。

（四）居民点主题氛围营造

在民居风貌统一的基础上，凸显各民居聚居点的主题特色。龚家田、刘家河和洪家湾规划建设三个主题民宿，乔木湾、陈永太与陡山彭规划建设香草佳苑，因而这六个居民聚居点的主民居主题分别与其旅游项目建设相一致。对于李家大屋，由于其建筑在风格上具有徽派建筑的特点，规划以“宣笔徽墨”为主题对其氛围进行营造；对于刘家田，由于九龙半岛项目的建设，规划以“避世桃源”为主题对其氛围进行营造；对于童家湾，由于新农村民居点位于此处，且新农村民居点还将持续扩大规模，规划以“城镇风情”为主题对其氛围进行营造；对于卓家田，由于其位于长丰村至黄陂公路旁，规划以“时光漫步”为主题展示长丰村不同时代的特点；对于耿家冲，规划以“长丰物语”为主题，旨在展现乡村田园的特色。长丰村各居民点主题氛围营造见表 6-5。

表6-5　长丰村各居民点主题氛围营造

居民点	主题	建设示意
李家大屋	宣笔徽墨	
童家湾	城镇风情	

续表

居民点	主题	建设示意
卓家田	时光漫步	   
耿家冲	长丰物语	   
刘家田	避世桃源	   

续表

居民点	主题	建设示意
龚家田	石来运转	   
刘家河	小桥流水	   
洪家湾	与子偕乐	   

续表

居民点	主题	建设示意
陈永太	仙梦奇缘	   
陡山彭	一米阳光	   
乔木湾	绿野仙踪	   

二、村庄公共空间提升整治

根据村庄公共空间的特点，村庄公共空间的提升整治主要包括三个方面：第一，公共活动空间，主要包含村庄内公共活动的广场以及村庄的村部；第二，公共商业空间，主要包含村内的商业集聚区；第三，公共居住空间，主要指村民的居住环境。在进行公共空间提升整治时，公共活动空间及公共商业空间的治理主要由村委会主导，公共居住空间则由村委会引导，村民主动参与。由于规划建设项目中也存在公共空间，但是其规划建设标准已满足美丽乡村的建设标准，故不再纳入本章中的提升整治。

（一）公共活动空间

长丰村公共活动空间主要包括李先念故居纪念园游客中心的广场、村委会（村部）。目前来看，李先念故居纪念园前广场卫生环境较为整洁，场地硬化较好，作为长丰村内最大的公共活动空间，村内一些活动也常在此地举办。但是，该广场目前特色不够明显，广场较为空旷，既无红色文化内涵，又无乡村意象。由于该广场位于长丰村的村口，是长丰村的形象展示区，故规划通过以下措施进行提升：第一，在该广场中央布置农耕元素的景观小品，如在广场中央布置石磨；第二，在广场靠近公路边树立竹杠，并挂上标识牌；第三，对广场的地面进行重新铺装，铺装材料的选择注意突出乡村元素；第四，广场上可设置临时舞台，用于举办各种活动；第五，广场上可设置文化景墙，墙上内容以长丰村的历史文化为主。

对于村委会的改造提升，主要有以下三个方面：第一，对于村委会院落内围墙进行拆除，从长远来看，村委会将与规划建设的游客中心、商业街、李先念故居纪念园以及村委会旁的新农村融合为一个整体，而村委会本身作为具有公共服务职能的建筑应对其围墙予以拆除；第二，从建筑风貌上来看，目前其外立面装饰主要以墨绿色为主、以白色为辅，应对其立面进行改造，以符合长丰村新农村建筑的立面风格；第三，建设文化景墙，并将原有围墙上的各种信息公示栏搬到景墙上。

（二）公共商业空间

目前长丰村的公共商业空间主要集中在长丰小学的三岔路口，有 19 栋建筑，主要以二层、三层建筑为主，部分建筑仅有一层。由于该区域是长丰村内唯一的商业活动空间，村民日常购物、活动较多集中于该区域，即便随着旅游的发展，该区域亦主要服务于村民的日常生活需要。对该区域的改造主要有以下四点：第一，对于经营的商铺，统一制作商店名称的标识牌；第二，对于经营的商店，内部售货环境进行统一整治，保证卫生整洁；第三，对于长丰村内商铺的售卖货品，保证其来源渠道的正规合法；第四，对该区域的建筑外立面风格进行统一，以徽派建筑风格为主。

同时，长丰小学位于此处，其外立面改造以及校园环境的营造亦比较重要。对于校园环境，应根据学生的需要增设文体活动设施、景观小品；对校园围墙进行翻修，学校大门进行重新设计；建筑立面改造上，以新中式风格为主。

（三）公共居住空间

目前长丰村的公共居住空间由 11 个自然村湾组成，分别是李家大屋、卓家田、童家湾、洪家湾、刘家田、耿家冲、龚家田、刘家河、陈永太、乔木湾和陡山彭。11 个自然村湾中，除李家大屋按照新农村建设而人居环境较好以外，其余 10 个村湾的人居环境均存在问题。

第一，在人居环境上，实施责任制，确保每家每户门前环境的整洁，同时引导村民进行个人居家环境的改善，利用房前屋后的空间种植植物，利用家禽牲畜营造微田园的景观。第二，在公共卫生环境营造上，绝大部分村湾均为旱厕，垃圾回收箱均为水泥建设的，没有密封，周边环境较差。规划对长丰村各村湾的公厕、垃圾回收箱进行重新建设，所有旱厕改为冲水式厕所，垃圾回收箱外表进行装饰，并进行密封。第三，在公共污水处理上，所有村湾没有污水处理设施，产生的生活生产污水直接进行排放，规划建设排污渠，将所有污水收集后进行集中统一处理，其中排污渠的建设采用暗渠。第四，在燃气设施上，相当部分的村民依然采用秸秆或木材焚烧产生的热量用于烧火做饭，规划普及提升村民的环保意识，推广新型燃气设施的使用，减少对大气的碳排放。

三、道路景观及绿化提升整治

长丰村道路景观及绿化提升整治主要从三个方面进行：首先，对村庄内的主要道路进行景观的建设及绿化造景，形成村庄景观道；其次，对村庄内的步行道路进行拓宽提升，并绿化造景，形成步行风景道；最后，对村庄田园田埂进行利用，并适当造景，形成田园风情道。

（一）村庄景观道

长丰村的村庄景观道主要由以下车行道路组成：①S334 省道高桥镇至李先念故居纪念园三岔路口；②李先念故居纪念园三岔路口至长丰小学三岔路口；③长

丰小学三岔路口至乔木湾；④乔木湾至经规划建设的新游客中心至李先念故居纪念园；⑤李先念故居纪念园三岔路口至卓家田。上述道路中第二条至第四条为长丰村的环形道路，也是其主干道的核心体系。

规划对该环形道路按照景观路进行建设：首先，对环形道路两侧的植物进行造景，形成统一的行道树或者灌木类植物造景。其次，在道路两侧合适位置设置休闲景观平台，李先念故居纪念园三岔路口至长丰小学的主干道休闲景观平台建设两处，与规划建设的田园画廊项目相结合；环线道路其余位置分别于陈永太与陡山彭的路口、乔木湾、环线道路东侧、环线道路南侧设置四处休闲景观平台。最后，对环线道路西侧、北侧和东侧适度进行拓宽。此外，对于第一条、第五条道路的改造提升主要以树立长丰村的旅游形象宣传口号为主，由于这两条道路分别为武汉黄陂、红安县进入长丰村的主干道，故需树立长丰村的旅游主题形象。规划在上述道路两侧树立旅游广告宣传牌，以及长丰村内主要景点的宣传画。

除以上五条道路外，长丰村内还有七条非主要车行道将建设成村庄景观道：①李先念故居纪念园三岔路口至红马寨景区山脚；②长丰小学三岔路口至刘家田水库；③刘家河至耿家冲；④刘家河至龚家田；⑤陈永太至陡山彭；⑥童家湾至长丰环形路的支路；⑦洪家湾至长丰环形路的支路。以上七条道路围绕长丰村环线路发散开来，主要用于连接村内各村湾。规划对村庄次干道进行提升，部分道路进行路面硬化，部分道路建设休闲景观平台。刘家河至耿家冲、长丰小学三岔路口至刘家田水库这两条道路两侧主要为农田，分别设置一处休闲景观平台；对陈永太至陡山彭道路的北侧进行路面硬化，道路两侧进行灌木造景；对李先念故居纪念园三岔路口至红马寨景区山脚的道路布置道路景观小品，主要与红色文化相结合；对刘家河至龚家田道路进行适当拓宽，尤其是在车行道进入龚家田居民区处设置一个较大的会车平台，以方便双向会车时一方避让，一方通过；对童家湾、洪家湾至村庄主十道的支路两侧进行拓宽。

（二）步行风景道

村庄内的步行风景道主要由以下道路体系组成：①连接村湾之间的步行道，如耿家冲与龚家田之间的步行道、刘家田水库与李家大屋水库之间的步行道，由于该道路较为狭窄，只能通行人与非机动车；②各村湾内的步行道，即各村湾聚集区内部形成的步行道，主要为村民日常生活所用。

对于上述步行道，规划对其进行提升，对部分道路进行铺装，布置步行道路景观小品，如对耿家冲与龚家田、刘家田水库与李家大屋水库、刘家河至村庄主干道这三条步行道进行重点提升。

（三）田园风情道

田园风情道主要包括农田之间的便道，村民在进行农业生产时需要在田间行走而形成的便道。对于此类道路进行分类提升：①对于主要用于农业生产的便道以保持干净整洁为主，方便农业机械在道路上的开行；②主要用于农民田间日常管理的便道，可对步行道进行景观建设，如用碎石、青砖、木栈道等进行点缀；③对于有条件的田间便道，可在其基础上建设绿道，延伸长丰村绿道体系。

阅读 6-1　第十届中国（武汉）国际园林博览会成都园景观设计

成都园位于本届园林博览会中部城市展区，占地面积约 3 000 平方米，整个园区的建设以“小中见大”为主题，通过“山、水、花、木、亭、台、楼、阁”的搭配再现了巴蜀古典园林的小巧雅秀、清简古朴和师法自然的特点。整个成都园的总体建筑布局划分为三个功能区和五大景观节点，以园中湖面为中心，沿湖布置八景。

成都园（图 6-8）的景观设计以成都传统古典园林、巴蜀文化为代表的新都桂湖、新繁东湖、杜甫草堂、庵化池等巴蜀古典园林为蓝本，从整体上构筑再现唐风园林的“一池三岛”的园林布局；以荷花、桂花、芙蓉花为植物特色，展示“花重锦官城”之典雅美；以著名人文诗句、蜀锦、古建彰显成都历史文化的厚重和深邃。

图 6-8　成都园实景

根据以上的设计思路，成都园共设计八景，分别为连理古藤、杨柳楼台、交加伊人、天然图画、古城问津、翠屏亭亭、荷塘月色与从桂留人（图 6-9）。连理古藤借用成都桂园湖的千年紫藤树，布置于成都园入口处，并设置影壁。杨柳楼台取自杨升庵的“十里荷花香世界，半城杨柳掩楼台”，并在水面种植了荷花，营造十里荷花香的意境。交加伊人的主体建筑是一座毗八角双亭，因吻接处采取省柱法，两亭有二柱共用，故名交加亭。一亭依岸，一亭跨水，一亭高，一亭低，错落有致，浑然一体。天然图画——升庵祠，它的小青瓦屋顶形式极其生动，景物虚实相称，前有开阔的桂湖，旁有小桥长廊，西邻假山花木，东眺伊人交加，可谓一副天然生动的图画。古城问津，它形如一只浮在水上的游舫，置身其中，两侧水面景色尽收眼底，诗情画意油然而生。翠屏亭亭由翠屏山、亭亭和叠水组合而成。翠屏山以中国山水画的构图方式，由低到高，形成四到五个不同的纵深层次，给人一种崇山峻岭的感觉；亭亭是一座位于成都园水边的草亭，通常见到的草亭顶部结构都是单檐的，而它却是重檐的。荷塘月色与从桂留人则是通过植物造景进行体现。

图 6-9　成都园景观意向

资料来源：根据《中国（武汉）国际园林博览会成都园概念性方案设计》《成都园解说词》等整理

第七章　长丰村旅游扶贫试点村规划（下）

旅游精准扶贫不同于既有旅游扶贫模式的最大亮点在于对贫困户参与旅游业的模式与机制的设计，在于因地制宜地设计适合贫困地区的旅游业态，在于针对性地培训贫困地区旅游业从业者，在于对贫困户的精准指导，确保贫困户的核心利益。同时，旅游精准扶贫规划效果的体现不仅需要良好的模式与机制，同时也需要对旅游业进行良好的运营管理，通过以旅游业为主导的整体推进、强化安全卫生、针对性的市场营销及科学的环境保护等方式来提升贫困地区旅游业运营管理的能力，进而确保旅游精准扶贫规划的实施。

第一节　长丰村扶贫模式

一、引导社会资本投入

（一）资本来源渠道

长丰村旅游扶贫的社会资本来源渠道按组织形式来分主要有企业资本、社会组织资本及个人资本三类。长丰村在旅游业发展及精准扶贫的过程中，通过市场化的运作引进具备一定实力的企业参与到长丰村旅游发展中来，企业通过旅游投资或农业投资项目来带动长丰村相关村民脱贫致富。针对社会组织机构，长丰村可考虑在环境保护、教育等方面引入相关机构参与到精准扶贫中来。针对个人资本，既可以通过参与到旅游经营当中带动相关人员就业脱贫；又可以通过一对一定点帮扶，帮助贫困户脱贫。

（二）建设项目类型

1. 企业资本

在长丰村的扶贫过程中，涉及的建设项目主要有旅游项目、农业项目及基础设施项目。由于财政资金的有限，需要引入企业资本参与到长丰村的建设中来。就旅游项目来说，企业资本的投入主要有两种渠道：一是企业独立投资；二是长丰村以土地承包使用权、宅基地或资金等入股，成立合资公司共同建设旅游项目。就农业项目来说，企业资本的投入主要采取“企业+农户”的形式，由企业统一收购农户种植的农产品。就基础设施项目来说，可通过PPP（public-private partnership，公私合营）的形式参与到基础设施建设中。

2. 社会组织资本

针对社会组织资本的特点，长丰村在以下项目建设中可重点引进社会组织资本：第一，公益林项目，针对长丰村的山体绿化与保护，可引进社会组织种植公益林，既与社会组织为社会服务的宗旨相符合，又节省了总的投资；第二，公益绿道项目，针对长丰村的绿道建设，可在部分绿道路段引进社会组织资本投入，建设完成后的路段用该组织名称对道路命名，并树立援建的铭牌；第三，红色旅游项目，针对长丰村红色旅游项目建设，可选择社会组织援建部分红色旅游景观小品，以及捐赠相关书籍；第四，乡村风貌提升整治，针对长丰村的美丽乡村建设，可引进社会组织参与到民居改造设计、村容整治提升及农业技术普及当中来。

3. 个人资本

个人资本主要参与到长丰村旅游经营中来。对于个人资本的引入，优先考虑长丰村内的个人资本，并对有条件参与到旅游经营中的贫困户给予一定的资金支持。对于外来个人资本，主要引入 “一对一”帮扶过程中，借助个人资本帮助贫困户实现脱贫的目标。

（三）资本引入策略

1. 挖掘红安籍企业家

由于长丰村的贫困现状及产业基础较为薄弱，企业资本在进行投资时会充分考虑资本的回报率，因而会使得招商引资存在一定的困难。规划充分挖掘红安籍企业家参与到长丰村的项目建设中来，由于他们对红安有着深厚的情感，在资本投入时除了考虑收益率，还会重点关注共同致富。同时，对于长丰村引入的企业给予一定的政策支持，如税费减免等。

2. 争取对口社会组织

规划在红安县政府的领导下由长丰村积极争取各对口社会组织机构的支持。通过邀请社会组织前来考察、座谈及项目汇报等形式让社会组织充分了解到长丰村扶贫的紧迫性与必要性，并引导社会组织参与到长丰村公益林、公益绿道、红色旅游教育及乡村人居环境改善的项目中来。

3. 参与大型公益活动

规划在红安县政府的领导下积极参与各类社会公益扶贫活动，将长丰村的贫困现状及贫困成因整理成多媒体文件，并适时在公益活动上进行宣传，从而引导个人资本参与到精准扶贫中来。

二、各级财政资金配套

财政配套资金，是指上级政府拨付给本行政区域社会管理、公共事业发展、社会保障、经济建设及财政补贴等方面具有指定用途的资金。“旅游扶贫”主要是指国家政府部门通过资金供给或政策倾斜的方式，借助于旅游发展实现推动贫困地区脱贫致富的目标。

（一）配套资金来源

长丰村旅游扶贫当中涉及大量的基础设施建设项目与公共服务设施项目，这些项目的资金投入主要依靠财政配套资金。按照财政资金来源的渠道，财政资金主要有国家专项财政资金、省级专项财政资金及市县两级专项财政资金。由于李先念故居纪念园与陈锡联将军纪念馆均位于长丰村，因此在国家专项财政资金的申请上，可重点争取国家级、省级红色旅游专项资金参与到红色旅游项目及配套设施的建设中来；在乡村环境整治、部分基础设施的建设中，可争取美丽乡村建设专项资金；在长丰村教育设施的提升改造方面，可重点争取“国家贫困地区义务教育工程”专项资金；在长丰村农民厕所改造方面，重点争取中央补助地方公共卫生专项资金农村卫生厕所改造项目；在长丰村基础设施建设上则可重点争取湖北省财政专项扶贫资金与黄冈市的相关财政资金。此外，长丰村在文体设施上可向湖北省体育局争取部分免费健身设施。

（二）配套扶持政策

各级政府对于长丰村除了在财政资金上予以支持外，还需要积极争取各项配套政策。对于长丰村现阶段来说，重点争取三类政策：第一，税费减免政策，对于长丰村招商引资的企业，政府给予一定的免税、减税支持；第二，农村大病救助政策，简化大病救助政策程序，确保长丰村相应人员及时获得救助；第三，基础设施投资倾斜政策，对于国家、省级地方相关基础设施的投资建设在保证科学性的条件下，尽量向长丰村倾斜。

三、农户参与机制设计

农户作为旅游扶贫中的一个重要主体，在旅游扶贫帮扶中有着特殊的地位。首先，农户是旅游扶贫活动的最终作用对象。任何与旅游扶贫有关的项目及措施都必须以农户作为设计对象和实施对象。其次，农户是旅游扶贫活动的重要参与者，旅游扶贫项目的选择和实施都不能缺少农户的参与，农户的旅游扶贫参与能力、参与程度及参与方式直接决定着旅游扶贫的成败。最后，农户不仅仅是旅游扶贫资金和项目的接受者与使用者，同时也是旅游扶贫资源的提供者。农户可以通过互助和自筹的方式筹集旅游扶贫资金，并且农户还可以通过参与旅游就业，以劳动力投入的方式获取工资报酬。

（一）“景区+农户”机制

长丰村在旅游发展初期主要为景区依托型，通过核心景区的发展带动长丰村农户脱贫、致富。因此，在长丰村旅游精准扶贫过程中，通过旅游景区建设为农户提供就业机会，进而形成“景区+农户”机制。对于该机制，有以下两种形态：第一，农户通过自身的劳动力获取景区内的工作，从而获得工作报酬，增加收入；第二，农户以土地、宅基地或资金等形式入股，参与到景区的商业经营中，如景区通过流转农户的土地，在景区商业设施中给予农户优先经营权，或者农户直接通过竞价获得景区部分商业经营权。

（二）“协会+农户”机制

长丰村在旅游精准扶贫中规划了一批民宿、农家乐等配套服务设施。对于民宿，大部分均在传统民居的基础上改建而成，而农家乐经营既有依托自有房屋开展经营的，也有外来个人资本或企业投入建设的。规划成立长丰村旅游发展协会统一协调管理长丰村旅游经营者，避免恶性竞争，进而形成“协会+农户”机制。对于该机制，旅游发展协会要充分发挥协调功能，制定统一的管理标准、实施统一的营销策略，执行客源共享计划，确保旅游经营者的共赢。除了旅游发展协会外，长丰村在引进农业项目过程中也可形成“专业协会+农户”机制，由旅游发展协会作为农户代表与公司进行协商谈判，确保农户利益。

（三）“公司+农户”机制

长丰村在旅游扶贫当中将率先引入专业物业管理公司对全村公共空间、景区等的卫生安保进行管理。该物业公司将由长丰村自筹建设，员工主要为长丰村的村民，进而形成“公司+农户”机制。该机制将确保长丰村自有的公司实施物业管理输出，并带动农户增收。此外，“公司+农户”机制还表现在农产品产业上，由外来资本及长丰村村民自筹开办合资的花生油厂，统一回购农户种植的花生，统一加工销售。

四、旅游扶贫业态策划

（一）长丰村旅游业态分析

长丰村目前有一家国家 4A 级旅游景区，即李先念故居纪念园，该景区是长丰村旅游发展的核心，旅游业态主要围绕该景点进行布置。从长丰村现有的业态构成来看，基本涵盖了旅游景区、旅游住宿、旅游餐饮三大业态。

1. 旅游景区业态

（1）业态概述：旅游景区业态以李先念故居纪念园为核心，以红马寨、陈锡联将军纪念馆为支撑，该业态功能较为单一，主要以红色旅游为主。

（2）业态发展：李先念故居纪念园主要由入口牌坊、李先念图书馆、李先念故居和李先念故居纪念馆等组成，旅游功能基本完善，旅游管理基本到位。红马寨紧邻李先念故居纪念园，它是李先念故居纪念园红色旅游功能的延伸，同时由于其是长丰村境内最高点，山顶景观视线良好，初步具备生态旅游功能。陈锡联故居及其纪念馆基本上还未对外开放，纪念馆内还未进行布置。此外，李家大屋水库由于紧邻李先念故居纪念园，游步道等设施建设较好，并已经在接待参观李先念故居纪念园的游客，而刘家田水库现在还暂未开发。

（3）业态问题：总的来说，旅游景区业态的最大问题在于旅游功能单一，旅游发展不够多元化。李先念故居纪念园面积较小，进一步发展的旅游空间受限。红马寨景区在综合配套的建设上面稍显滞后，旅游标识牌不全，游步道暂未形成环线，整个区域缺乏旅游服务点等。陈锡联故居及其纪念馆的发展则更为滞后，除了两座主体建筑，无任何配套设施，同时还缺乏旅游交通引导。

2. 旅游住宿业态

（1）业态概述：旅游住宿业态主要以桂花园酒店为主，同时也有部分农户参与到旅游住宿接待中。

（2）业态发展：桂花园酒店是李先念故居纪念园的接待中心，按照四星级酒店以上的标准设计，集红色旅游教育培训、餐饮、住宿于一体，可接待适量团队游客。该酒店外部花园由钓鱼台国宾馆设计师亲自设计，亭台掩映之间充分彰显皇家气派与江南园林的灵秀之气。除了桂花园酒店以外，李家大屋的村民偶尔也会参与到旅游住宿接待中来，在红安革命传统教育学院长丰教学点，经常组织学员与村民同吃同住同劳动，学员因此住进了村民的家中，农户也因此获得部分收益。

（3）业态问题：长丰村每年的游客接待总量较为可观，保守估计在 40 万人次以上，但由于来访的游客基本以一日游为主，较少有游客在长丰村停留，因而旅游住宿业态发展较为薄弱，除了一家桂花园酒店以外，民宿、客栈、精品酒店、农庄等旅游住宿新业态均较为缺乏。旅游住宿业态的关键还是在于旅游景区业态要留得住游客。

3. 旅游餐饮业态

（1）业态概述：旅游餐饮业态主要以映山红餐厅为主，同时也有部分农户提供餐饮服务。

（2）业态发展：长丰村当地餐饮具有一定地域特色，菜品种类丰富，菜肴可口，旅游餐饮服务主要依托映山红餐厅，该餐厅是长丰村最大的旅游餐饮接待点，可同时容纳近 200 人就餐。除此之外，李家大屋的农户在接待红安革命传统教育学院的学员时也会为其提供餐饮服务，据学员反映农户家的菜品味道较好，价格实惠，物超所值。

（3）业态问题：长丰村旅游餐饮业态的问题在于针对旅游者的餐饮点较少，除映山红外基本没有公开接待游客的餐饮点。映山红虽然能提供餐饮服务，但是其规模较大，旅游者在选择时可能更倾向于一些看起来具有本地特色的餐厅。李家大屋的农户虽然偶尔也提供旅游餐饮服务，但是不为游客所知。旅游餐饮业态的最大问题还是在于旅游景区业态要留得下游客。

4. 业态小结

长丰村旅游业态的发展虽然还存在较大的问题，但是已经具备基本的旅游景区、旅游住宿和旅游餐饮业态。旅游景区业态是核心，旅游住宿、旅游餐饮业态围绕核心景区分布。旅游住宿、旅游餐饮业态的问题在于旅游景区业态要留得住游客，这也是长丰村旅游发展的核心关键。旅游景区业态之所以留不住游客在于目前旅游景区的核心功能较为单一，主要以红色旅游为主，旅游参与性项目缺乏，旅游发展还未连接成片。因此，在下一步发展过程中，着力通过旅游项目建设促进旅游功能多元化，通过旅游片区打造促进全村全域旅游发展，从而延长游客停留时间，丰富旅游业态。

（二）旅游业态发展指引

根据长丰村旅游业态发展的现状、旅游市场的趋势及旅游定位，长丰村将在已有旅游景区、旅游住宿和旅游餐饮业态的基础上重点发展旅游营地、主题农庄（农场）、主题餐饮、休闲度假和运动体验五大旅游新业态。具体发展指引如下。

1. 旅游营地新业态

（1）业态构成：汽车营地、红色野营地、休闲露营地。

（2）业态布局：汽车营地需要布局在交通便捷位置，方便汽车进出，规划将汽车营地布局在 S334 省道以南；红色野营地需要突出一个“野”字，规划将其布局在红马寨景区内；休闲露营地主要布局在刘家田水库以北。

（3）发展措施：①汽车营地主要针对自驾车人群，客源市场主要为武汉城市圈的旅游者，尤其是武汉市内的游客，营地内需合理布置营位及各项配套设施，并设置科学合理的交通组织体系；②红色野营地主要针对两大人群，第一为有一定野外经验的驴友，第二为参加拓展训练的人员，营地内主要配置垃圾处理设施即可，营地周围可设置红色旅游景观小品；③休闲露营地主要针对大学生市场及对露营感兴趣的大众旅游者，露营地内配备自来水、垃圾回收及便利屋等设施。

2. 主题农庄（农场）新业态

（1）业态构成：花卉主题农庄、稻米农庄、长丰茶园。

（2）业态布局：花卉主题农庄规划布局在 S334 省道北侧区域；稻米农庄布局在刘家田水库北侧；长丰茶园布局在旅游综合服务中心北侧。

（3）发展措施：①花卉主题农庄主要以各类花卉为主题，通过花田、花房、花居、花业等的建设为旅游者创造一个集花卉工坊、主题餐饮、休闲旅居于一体的旅游地，主要面向大众旅游者，同时，该农庄还具有培植花卉的生产功能，并进行销售；②稻米农庄主要以稻米为主题，通过对稻米文化的挖掘、稻米饮食的开发、稻米知识的普及建设一个稻米文化主题农庄；③长丰茶园通过“茶叶+旅游”发展模式，赋予茶叶种植旅游功能，在提升茶叶附加值的同时，为长丰村新增旅游点。

3. 主题餐饮新业态

（1）业态构成：生态餐厅、映山红主题餐厅、花膳坊、长丰大侠、人民公社。

（2）业态布局：生态餐厅规划布局在刘家田水库半岛；映山红主题餐厅布局在原映山红餐厅；花膳坊布局在花卉主题农庄；长丰大侠、人民公社规划布局在新建的旅游商业街。

（3）发展措施：①生态餐厅主要以生态为主题，食材上突出生态、农家等概念，在环境氛围营造上注意景观小品、花卉与树木的搭配；②映山红主题餐厅将改变其原有经营模式，转变为一家以红色文化为主题，突出红色记忆的餐厅，餐厅环境上将布置较多的红色文化装饰画，以及有红色印记的餐饮用具；③花膳坊是一家以花为媒的主题餐厅，菜品上突出花膳、药膳等；④长丰大侠以江湖文化为主题，其环境布局及内部风格可借鉴“风波庄”；⑤人民公社主要反映 20 世纪 50~70 年代的乡村文化，餐饮用具上突出大碗、大盆、搪瓷缸等特色。

4. 休闲度假新业态

（1）业态构成：生态酒店、乡村民宿、露营车、木屋、度假别墅。

（2）业态布局：生态酒店规划布局在刘家田水库半岛；乡村民宿规划布局在龚家田、刘家河、洪家湾；露营车规划布局在花卉主题农庄、休闲露营地、汽车营地；木屋规划布局在花卉主题农庄；度假别墅规划布局在刘家田水库半岛。

（3）发展措施：①生态酒店主要针对大众旅游者，建筑风格及内部环境营造上突出楚风楚韵，配备旅游码头；②乡村民宿主要突出田园、乡村等元素，通过对龚家田、刘家河、洪家湾等区域传统民居的改建而成，主要面向对田园生活充满向往的旅游者，如都市白领阶层；③露营车主要针对想体验露营的旅游者，露营车内一般为双人房，配置浴室、卫生间、迷你吧台等设施；④木屋主要面向喜爱大自然的旅游者，木屋依树而建，用原木打造；⑤度假别墅主要面向对隐私有一定要求的高端旅游市场，每个别墅均围绕一个特定的主题进行布置。

5. 运动体验新业态

（1）业态构成：热气球、极限挑战、自行车、皮划艇。

（2）业态布局：热气球项目规划布局在旅游综合服务中心西侧；极限挑战项目规划布局在红马寨景区；自行车依托红马寨与长丰村内绿道开展；皮划艇则规划布局在刘家田水库。

（3）发展措施：①热气球主要针对想体验高空旅行的旅游者，规划依托热气球开展长丰村高空观光、主题婚庆等项目；②极限挑战主要反映红军的长征精神，主要面向参与拓展训练的人员，各项拓展训练设施将与红军长征遇到的困难险阻结合在一起，为参与人员营造“红军不怕远征难”的体验氛围；③自行车项目分为两类：一类为依托长丰村绿道开展的自行车骑行，旨在健康养生；另一类为山地自行车，依托红马寨景区开展，赛道上设置各类路障；④皮划艇主要面向水上运动爱好者，分为单人艇与双人艇，在刘家田水库水面开展。

五、开展旅游人才培训

对于旅游发展来说，旅游发展的专业人才是非常重要的。因为在各个行业中，竞争的核心始终是人才，包括乡村旅游。这就要求处理好培养自身人才与依靠外部人员的关系，这是积聚人才的关键。乡村旅游在不同的发展阶段对人才的需求是不同的。在其发展初期，对于外部旅游专业人才（外脑）非常需要，特别是对乡村旅游的规划。在这一时期，一方面，引进水平高、管理能力强的旅游人才，对乡村旅游地进行合理规划、开发和管理，以促进乡村旅游快速而持续发展；另一方面，企业内部培训人才，对于日常的经营管理人才，一般的导游人员和服务人员主要以自己培养为主，既保证了服务特色的有效发展，也增加了当地的就业机会。与此同时，对农民的培训教育也是不可忽略的，这样能够在很大程度上提高当地农民兴办旅游的能力。对农民的教育可以从以下四个方面来展开：一是要增强农民旅游相关基础知识；二是要加强对农民从业人员职业道德教育；三是系统教育和培训农民开展本地风土人情和民俗文化方面的旅游；四是对农民进行服务技能培训。培训的具体形式可以由具体情况来决定，可组织人员专门去培训中心或相关专业院校去学习培训，也可以聘请专业培训教师开展讲座，分期分批分层次完成培训。

六、对贫困户精准指导

将 44 户贫困户中的有效劳动力集中起来参与到长丰村旅游发展当中。针对规划建设的红马寨、九龙半岛等一系列旅游项目的建设，可从贫困户中选择非技术工种，如建筑小工、厨师、工地看护人员等；针对旅游项目建成后的运营阶段，对于 1980 年以后出生的贫困户，对其进行旅游培训，并鼓励企业录用这些人员，从而实现脱贫的目标。

将 44 户贫困户中的有效劳动力集中起来参与到长丰村村办企业的发展中。根据长丰村旅游发展的需要，在政府的支持下成立长丰村物业管理公司，主要招录长丰村的村民，其中贫困户优先录取。进入物业管理公司的贫困户主要为旅游景点及长丰村公共空间提供各类物业服务，如环境卫生、安保等。

对于贫困户中只具备部分劳动力的人员，规划引进一家蜂蜜生产企业，由该企业为农户提供蜂箱，并由该企业统一回购所生产的蜂蜜，从而保证更多的贫困户从根源上脱贫。

对于长丰村旅游基础设施的投资多争取国家、省级地方财政资金，实施输血式扶贫，为长丰村营造良好的脱贫环境。

第二节　长丰村运营管理

一、整村推进运营机制

（一）指导思想和基本原则

1. 指导思想

以群众脱贫致富、增强自我发展能力为主线，以改善基本生产生活条件、发展特色产业、提高农民素质为重点，以整村推进、产业开发、移民搬迁、技能培训为切入点，按照开发式扶贫思路，积极培育旅游主导产业，不断完善村级基础设施，大力发展社会公益事业，进一步强化村级组织和民主管理，充分把握和利用好国家扶贫开发的方针政策，结合村情，发挥优势，利用资源、挖掘潜力，全民动员、群众参与，实现脱贫致富的总体目标。

2. 基本原则

以促进长丰村经济、社会、生态全面发展为目标，确保实施整村推进贫困村的水、电、路、气、房和村落环境等基本生产生活条件有明显改善，农民人均纯收入增长幅度高于当地平均水平，扶贫对象自我发展能力明显增强，发展差距扩大趋势得到扭转。在扶贫项目选择上，将根据长丰村的经济社会发展现状，依据财政扶贫资金、行业部门整合资金、群众自筹资金等投资来源，在项目实施村农户参与的基础上确定，主要包括特色优势产业培育、基础设施建设、生态建设和环境保护、公共服务和社会事业建设等项目。

（二）整村推进的主要内容

1. 大力发展旅游产业，促进农民增收

按照“新增旅游景点、完善旅游设施、丰富旅游文化、提升旅游品位”的要求，扩建李先念故居纪念园、陈锡联故居等旅游景点，完善长丰村旅游设施，对农家乐经营户进行升级，深入挖掘长丰村旅游文化内涵，突出红色文化、乡村文化，使鄂东民俗文化得到重点展示。同时，根据长丰村的旅游资源优势和背靠武汉的区位优势，通过招商与合作等形式，吸引有实力的企业到长丰村创业，发展集观光、采摘、休闲、娱乐、餐饮于一体的乡村休闲旅游业态，完善食、住、行、游、购、娱产业链，新建游客服务中心，稳定发展旅游特色商品加工、餐饮、服务业，发挥旅游资源优势，提高旅游产品的附加值，从而促进农民增收。

2. 加强基础设施建设，改善生产生活条件

按照统一规划、统一布局、分步实施的原则，重点提升村内水、电、路、信等基础设施建设水平，绿化、美化村内道路。积极实施信息入户工程，推进通信网、计算机网、广播电视网“三网”融合。稳步实施以太阳能、沼气为重点的新型能源建设，加大村内环境污染治理力度。稳妥推进大中型沼气工程建设，推广“果畜沼草”和“种养加沼”等循环利用模式，实现畜禽粪便无害化处理。加强对农药、化肥、薄膜使用的管理，逐步减少农业面源污染；控制污水、废渣等各种污染物排放，逐步实现生活污水和企业废水集中处理，改善生产生活条件。

3. 培养新型农民，提高综合素质

按照用现代科学技术改造传统农业、促进农业增长方式转变的要求，围绕旅游业、农业，针对关键技术环节开展多渠道、多层次、多形式的实用技术培训。通过与农业高等院校、研究所和农业技术推广部门合作，聘请知名专家争取每年举办四期农业技术培训班，每个劳动力至少掌握一门专业技术。同时，拓展农民职业技术培训，对初高中毕业回村青年进行工艺品生产、装饰、家电维修、建筑、餐饮、理发、缝纫等技能培训。开展社会主义新农村建设理论和科学发展观宣传教育活动，积极引导村民分清是非、善恶、美丑界限。开展普法宣传教育活动，提高村民自治能力和水平，做到学法懂法、遵法守法、依法办事。开展以讲文明、讲卫生、讲科学、讲法制和改陋习为主题的“四讲一改”活动。

4. 发展公共事业，提高社会保障水平

加强教育基础设施建设，进一步改善村小学、村幼儿园教学设施，完善多功能教室、图书馆、阅览室，提高语音教学和远程教育水平。建立村级医疗养老保障体系，加大对村级医疗及公共卫生的投入，建立新型农村合作医疗体系。争取政府补一点、集体贴一点、村民拿一点，初步建立村级养老保险制度，鼓励村民办理养老保险。依托集体经济，力争为60岁以上村民按月发放养老金。此外，为活跃村民文化生活，进一步完善农家书屋，增加科技书籍贮藏量。建设设施完备、功能齐全的村民活动中心，提高农民锣鼓队、篮球队、秧歌队、

自乐班等团体水平。

5. 加强民主建设，培育农民专业合作经济组织

健全各项规章制度，完善村党支部、村委会工作制度，议事制度，村务公开制度，村民代表大会和村民会议制度，全面落实村民的知情权、参与权、选择权、监督权。完善“一事一议”制度，健全农民自主筹资筹劳的机制和办法。新农村建设总体规划、村庄改造建设计划、产业发展计划、农业新技术推广等涉及村民利益的事项，都要经过村民讨论，经村民大会（或村民代表大会）通过。逐步形成村民自主决策、自我管理、自我服务的长效机制。同时，加快农业产业化进程，按照“民办、民管、民受益”的原则，由生产或经营大户牵头，村民自愿参加，组建旅游产业协会。依托现有营销人员，培育发展经纪人队伍，组织产品对外销售。培育或吸引龙头企业，提高农业产业化经营水平。

（三）整村推进的运营机制

1. 完善整村推进的群众参与机制

成立专门的扶贫事宜民主决策机构和扶贫项目实施管理小组，要在村民代表会议和村民大会上把各类项目的投资、建设方式、经济效益、时间质量要求等基本情况向广大群众讲清楚，再由群众通过扶贫事宜民主决策机构自主决策，制定项目规划。项目确定后，由扶贫项目实施管理小组召集村民代表对项目资金统筹安排，组织农户参与项目实施管理。从各项措施招标采购、农户协调组织、材料发放到施工组织管理，具体问题都要由农民自我管理实施，使群众主动参与到扶贫项目的选择、实施、管理等各个环节。提高群众对村级规划、项目申报、项目实施等环节的知晓率和参与率，并充分听取他们的意见，尤其是贫困农民的意见，尊重他们的意愿，引导鼓励他们出谋、出资、出力。

2. 创新“整村推进、连片开发”与产业化发展有效衔接机制

“整村推进、连片开发”要把产业化作为核心内容，建立产业带动、连片开发、规模经营、长期效益的扶贫开发新机制，促进整村、整乡、整体推进。首先，结合长丰村的区域特点，按照产业化发展方向，制定连片开发的整体规划。以市场为导向，立足资源优势，培育主导产业继续围绕板栗、花生、棉花、果品、瓜菜等特色优势产业，因地制宜，科学规划，合理布局，连片开发，发挥比较优势，进一步做大做强。在区域连片开发板块，根据区域优势培育一批产业优势强、辐射带动作用突出的区域性主导产业，避免以往特色优势农产品生产基地规模偏小、竞争力不足的问题，打造“多村一品，一乡一品”的区域品牌，形成产业链、产

业群，形成规模效益。其次，推行“整村推进、连片开发”同产业化发展相结合，实行“公司+农户”、“公司+基地+农户”、“公司+合作经济组织+农户”和“合作社+专业协会+农户”等产业化经营组织形式，让农民分享产业发展和市场扩张利益。最后，在农业产业化经营上要有新举措。要通过政策宣传、实用技术培训等方式，提高农民对产业化经营的认识，增强防范各种风险的能力。加大对龙头企业的扶持与规范力度，降低企业旳经营成本，提高企业的市场竞争力和抵御市场风险的能力，保障产业化的健康持续发展。

3. 完善责任追究与项目后续管理机制

整村扶贫项目应采取发展结果与发展过程并重的原则。我国目前的行政体系是对上负责，由于行政体系不透明，下级政府的考核指标由地方政府自己上报，为了达到考核要求，存在隐瞒和虚报的情况。一是设立合理的激励和项目责任追究机制，对于项目实施中出现的问题必须有明确的责任人承担责任，责任追究机制能为项目的顺利实施与项目的质量提供保障。对扶贫项目实施效果的考核要建立在独立的信息和评估基础上，不能单纯依靠地方政府自己上报数据。二是建立扶贫项目后续管理机制。在项目完成并实现项目资产交接后，由专人成立的项目后续管理组对公共基础设施项目进行后续管理并负责。对于能产生经济效益的项目（如产业园）应当杜绝搭便车行为并保证公平。在对待资金管理上，我们应当摒弃传统的资金拨付制，而采用先预付一定比例（如 20%~30%）项目资金启动项目，然后按照工程进度实行报账，整合资金获得渠道，提高扶贫资金的使用效率。

二、加强安全与卫生管理

（一）安全管理

1. 安全保护机构、制度和人员

进一步完善长丰村安全保护制度，编制职责明确、程序清晰的高峰期安全处置预案，争取做到工作人员到岗到位、分流得力、安全措施有效；编制职责明确、程序清晰的特殊情况处置预案，包括恶劣气候、突发灾情、传染病疫情、食物中毒等特殊情况，做到反应迅速、组织得力、替代设施到位、处置效果好；安排人员定时进行安全巡查，保障安全设施设备完善，并有效维护区域内的安全秩序。

2. 安全处置

第一，在游客集中和有安全隐患的地方（尤其是李先念故居纪念馆入口、李家大屋三岔路口等）应当安排专职安全保护人员；第二，根据长丰村接待游客的实时规模，调整流动安全保护人员的数量；第三，在长丰村山地、水库附近部分危险路段增设安全防护栏，并进一步确认长丰村各景点内消防等设备的完好有效；第四，加强对长丰村各景点、旅游接待设施的安全管理，加强对重点区域的实时监控。

3. 安全设备设施

长丰村应做到消防、防盗、救护等设备齐全、完好、有效，交通、游览等设备完好，运行正常，无安全隐患。长丰村各旅游景点内部应设置完备的消防、防盗和救护设施，并设置专门的管理用房。针对红马寨、刘家田水库、李家大屋水库在适当位置设置安全救护点，并在里面配备齐全的消防、救护设备。

4. 安全警告标志、标识

规划在长丰村内部危险地段树立明显的安全标识，如红马寨的游步道、刘家田水库的环形游步道等，并配备齐全的防护设施，特殊地段需有专人看守。

5. 安全宣传

在长丰村内部危险路段的醒目位置增设规范的警告标识；制作中外文对照的安全说明或须知，并使用标准图形进行展示；标识牌的放置要醒目，起到提醒游客的作用；将长丰村的安全宣传内容植入智慧旅游应用软件中，方便游客及时了解相关信息。此外，还可专门印制景区安全宣传手册，放置于旅游综合服务中心及各服务点，方便取阅。

6. 医疗服务

在旅游综合服务中心内独立设置医务室，完善医务室配套设施，配备常用药品、急救箱和急救担架；设立专职医疗救护人员，持证上岗，配齐相关设施，并在长丰村的服务指南中说明医疗服务项目。在各旅游服务点配备常用药品。

7. 救护服务

长丰村应在内部重要节点和景点附近设置专门的救护服务点，并有针对性地配备安全救护设备，以确保游客在遇险时能及时实施救护作业。设置内部专线救援电话，并保障电话畅通有效；与有关单位建立专门运送协议，发现及时，安全运送。

（二）卫生管理

1. 环境卫生

对村内部分年久失修的建筑进行修缮；对正在建设的建筑进行风格控制，防止建筑垃圾、灰尘对游客的影响；同时对一些不合理建筑进行整改和拆除。长丰村的垃圾清理应坚持“一日一清”制度，由长丰村专门的物业公司实施全村公共空间及部分景区的保洁服务。

2. 公共厕所

加大公共厕所改造与建设力度，力争步行 15 分钟范围内就有，并提升旅游厕所档次；部分旅游公共厕所可根据实际情况配置更多服务用品，但注意以实用有效为主；对部分旅游公共厕所外立面涂装具有文化气息的图案，内部布置文化景观小品来营造厕所的文化氛围；加强对公共厕所的管理，定时进行清洁。

3. 垃圾管理

完善垃圾箱布局，设置数量适宜的垃圾箱。垃圾箱的投入口不应过小，色彩应该美观大方，应设置在易于发现、方便投放的地点。同时，垃圾箱还应备有烟灰桶。同时在材质上要选择耐腐蚀、防水的材料，并与周围环境相协调；对于室内垃圾箱的设置，材质和造型都需要与室内环境相协调。在各居民聚居点设置垃圾中转房，对垃圾进行统一收集后中转至镇区垃圾厂一并进行处理。

4. 吸烟区管理

规划在长丰村各旅游景点内部设置专门的吸烟区，并保证吸烟的火种不会影响到防火；同时，对各景点内部非吸烟区进行有效管理；红马寨景区坚决杜绝户外吸烟行为。

5. 餐饮服务

对长丰村内提供餐饮服务的餐馆按照国家有关食品卫生安全的相关规定，配备消毒设施，生熟分开，做好餐饮场所的卫生管理，确保食品安全。

三、强化市场营销推广

（一）旅游主题形象策划

1. 旅游形象本底

旅游形象本底是人们对长丰村旅游形象最原始的认识，是旅游要素在人们心中最直接的反映。在对长丰村进行形象策划时，首先必须以其形象本底为依据。长丰村是位于鄂东地区的一个小山村，由于这里曾经走出了前国家主席李先念与国务院前副总理陈锡联而具有一定的知名度，目前留存有李先念故居、陈锡联故居。另外，长丰村目前还保留有一定数量的传统民居，农民也主要以传统的农业生产方式谋生。此外，长丰村内还有名为九龙冲的自然景观，但知名度较低，与县内的天台山及周边的木兰山等相比资源景观价值一般。

2. 旅游主题形象

首先，从旅游形象本底来看，长丰村最为突出的就是红色文化，而红色文化的代表就是前国家主席李先念、国务院前副总理陈锡联。其次，从长丰村旅游项目的规划来看，长丰村规划建设了一批以乡村旅游、休闲度假旅游和生态旅游为主题的项目，这些项目需要透过旅游形象传达给旅游者。最后，旅游主题形象既可以是实化的，也可以是虚化的。例如，襄阳的旅游形象之前为“天下隆中对，传奇襄阳城”，现在则改为“千古帝乡，智慧襄阳”。前者强调隆中对、襄阳城两个具体的资源，后者则主要用文化来统领区域资源的共同形象，并突出其资源的独特性。

基于以上三点，长丰村旅游主题形象首先将突出其独特的旅游资源——李先念故居纪念园，因而用“主席故里”四个字进行概括，强调长丰村是李先念的故乡，是伟人诞生、成长的地方；其次，用“乐活长丰”四个字对长丰村即将规划建设的旅游项目进行统领，无论是乡村旅游、生态旅游抑或是休闲度假旅游项目，其目的均在于让游客的旅游体验多样化，同时这四个字也突出长丰村旨在构建一个乐活的乡村旅游地。综上所述，长丰村的旅游主题形象为：主席故里　乐活长丰。

3. 旅游形象分区

游客对长丰村旅游形象的认知主要有以下两个渠道：第一，长丰村以外的旅游形象市场营销与推广；第二，长丰村内旅游形象的可视化表现。对于长丰村以外的旅游形象市场的营销，主要通过线下传统媒介进行广告宣传；而对于长丰村旅游形象的可视化表现，则可以分为几个区域进行。游客到达的第一个区域，即长丰村的旅游形象首因效应区，对于该区域需要营造出与旅游主题形象符合的旅游标识、旅游形象展示物，如在村口处树立旅游主题形象的标识牌，以及设置与李先念相关的雕塑或景观小品等。第二个区域，则为核心标志区，该区域的旅游项目是旅游主题形象的重要支撑，长丰村的核心标志区即李先念故居纪念园、红马寨生态旅游景区与刘家田水库。第三个区域为光环效应区，即游客游览完核心区域后，对长丰村其他区域的形象认知。基于以上分区原则，长丰村旅游形象的三个区域的具体划分见表 7-1。

表7-1　长丰村旅游形象分区

旅游形象分区	主要区位特征	具体区域	依托项目
首因效应区	旅游者最先到达（进入）目的地的区域	李先念故居纪念园三岔路口及其附近区域	游客服务中心、长丰商业街、生态停车场
核心标志区	长丰村唯其独有的或体现标志性形象的区域	李家大屋、刘家田、刘家河、龚家田、卓家田	李先念故居纪念园、红马寨景区、九龙半岛、山居岭民宿客栈、乡居民宿客栈
光环效应区	长丰村中对整体形象具有关键意义的区域	童家湾、洪家湾、陈永太、陡山彭、乔木湾、耿家冲	汽车营地、田园画廊、香草微农场、长丰绿道、花语主题农庄、稻米农庄、长丰茶园、陈锡联将军纪念馆

（二）旅游形象标识设计

旅游形象标识设计主要包括两个方面：一是以旅游主题形象为主的旅游形象标识设计；二是以引导游客游览、突出长丰村旅游特点为主的旅游标识牌设计。旅游形象标识的设计旨在突出长丰村的旅游主题形象——“主席故里　乐活长丰”；旅游标识牌的设计旨在为游客提供良好的游览环境，引导游客顺利完成游览活动，同时反映出高质量的旅游服务水平。

1. 旅游形象标识设计

1）基本要求

（1）旅游形象标识反映长丰村的主要旅游意象。

（2）旅游形象标识突出长丰村的品牌形象。

（3）旅游形象标识包含长丰村旅游主题口号。

2）设计内容

根据以上基本要求，长丰村旅游形象标识如图 7-1 所示。首先，采用红色的主色调，用其代表长丰村的红色文化；其次，在红色主色调上突出长丰村的品牌形象；最后，将长丰村的主题形象“主席故里　乐活长丰”与英文“HAPPY CHANGFENG”作为标识的附属置于主标识的下方。

2. 旅游标识牌设计

1）基本要求

（1）对标识牌的设计需要进行专业化的设计和精心制作，既达到功能要求，又美观大方且具有文化特色。

（2）按国标和 5A 级旅游景区标准统一设计所有标识系统，遵循与周围景观相协调的原则，采用石材、木质、地方材料等生态或仿生态材料制作标识牌。

（3）在风格方面，要保证与景观环境的协调，标识系统图案要求直观明了、雅致大方；外形别致，具有艺术感；制作精致。

图 7-1　长丰村旅游形象标识

2）设计内容

根据上述要求，对长丰村的全景导览标识牌，景点区域导览标识牌，服务导引标识牌，道路交通指示牌，停车场、售票处、游客服务中心导引标识，购物、餐饮、厕所、医疗急救、公共电话、警戒忠告、服务质量投诉等场所导引标识进行全面设计。每个旅游标识牌上均要有长丰村旅游主题形象。

（三）旅游市场营销策略

充分利用各种形象传播方式，广泛开辟公共关系途径，有效运用市场促销手段，精心规划旅游形象推广活动。旅游形象营销的重点是通过调查研究，适时寻找公众利益的切入点，及时加以引导，造成声势。为了取得最佳的旅游形象宣传促销效果，必须切实把握两个“相结合”的方针：其一，常年常规宣传与分期专题促销、重点突破相结合，形成持续性与轰动性的连续宣传效应；其二，面向旅游者的直销与面向旅行商的营销相结合，形成立体宣传促销的复合效应。具体而言，主要有两大类营销策略：第一，利用传统媒介进行旅游市场营销；第二，利用新媒体进行旅游市场营销。

1. 传统营销策略

1）大众媒体宣传

（1）充分利用《中国旅游报》《湖北日报》等报刊的相关版面，介绍长丰村旅游发展情况，面向公众展开宣传。尤其是在旅游旺季，还可整版进行宣传，以期形成集聚与轰动效应。

（2）借助省内、市内各大电视台进行专题宣传，如邀请电视台来长丰村进行采访。

（3）精心制作和维护长丰村的旅游网站，及时通过网络平台向大众传递相关信息。

2）公共关系传播

（1）“十一”、春节黄金周和清明、“五一”、端午、中秋小长假前连续在武汉城市圈面向公众开展旅游形象推广活动。

（2）与有关媒体合作，免费为其提供到长丰村旅游的机会，从而获取口碑效应。

（3）积极争取承办大型会议的接待工作，如湖北省旅游学会年会等，有效利用这些会议来扩大长丰村的知名度，并提高其美誉度。

（4）利用李先念故居纪念园是湖北红安革命传统教育学院长丰教学点的优势，与各学员建立起联系，盘活学员资源，进行营销推广。

3）市场促销活动

（1）有针对性地参加国内及区域性的旅游展销会、博览会，整体展示长丰村的旅游形象。

（2）制作多品种的声像制品，以不同的媒介传递各种形象信息；在专题网站上发布各种优惠促销信息。

（3）聘请著名人士担任长丰村旅游形象大使，借助其人格魅力和艺术才华宣传长丰村的旅游形象。

2. 新媒体营销策略

1）微信公众号

建立长丰村微信公众号，定期发布订阅信息，如长丰村旅游项目建设进展、长丰村的人文历史等。发动全村村民及红安县、高桥镇相关人员关注微信公众号，并鼓励他们引导周边的人共同关注微信公众号；发动旅游业界“大咖”或“网红”关注微信公众号，并引导其定期分享长丰村旅游信息，从而促进其粉丝关注微信公众号；在利用传统营销渠道时，将微信公众号制作成二维码进行推广，从而为微信公众号建立一个强大的粉丝群，实现旅游信息的精准推送。

2）微博账户

建立长丰村微博账户，定期发布订阅信息，并与粉丝进行互动。微博账户除具备信息展示功能外，还具备收集旅游者投诉、建议的功能，旅游者通过@长丰村微博，即可提交自己的建议，从而促使其对相关问题进行改进。此外，适时进行微博营销，通过微博大V的软文对长丰村进行营销，从而吸引其粉丝对长丰村的关注。

3）微电影

以长丰村的红色文化为主题，以良好的生态环境为背景，以长丰村的村民为主要演员，拍摄一部长丰村的微电影。该电影将旅游的六要素全部囊括，在保持电影故事主线的前提下，充分展现长丰村的民俗文化活动、特色餐饮、民居建筑、旅游景观、土特产及村内的道路。

四、科学合理保护控制

（一）民俗文化保护与传承

长丰村民俗文化的保护与传承主要有两种形式：一是传统工艺的保护；二是传统建筑的保护。传统工艺与传统建筑是乡村民俗文化的重要载体，针对传统工艺，如榨油、打糍粑等，可通过民俗旅游的形式对游客进行展示。规划将部分传统工艺引入长丰旅游商业街中，通过对外经营的形式，传统乡村工艺得以继续传承。针对乡村建筑的保护，主要在遵循“修旧如旧”的基础上，对长丰村内传统民居进行改造，建筑风格依旧保持原来的风貌，但在内部功能上将会进行较大提升，部分民居可以通过开展民宿经营对外展示长丰村传统乡村文化。同时，在保护经费上，长丰村从各旅游景点门票每年收入中提取适当比例成立专门的乡村人文生态保护基金，对相关民俗文化保护与传承项目给予资金支持。

（二）乡村风貌景观控制

长丰村根据其不同的景观风貌进行针对性的保护与控制。

1. 传统民居建筑风格控制

首先，需要对其进行修缮，对民居外墙及内部结构进行翻修，以保证房屋的安全；其次，对该类建筑的外立面进行风格统一，其风格主要为鄂东民居风格，主要建筑表现手法为高台基、抱石鼓、门套、木鱼；最后，对传统民居类建筑积极引导开展墙面美化、坡屋顶改造，对于旁边有空地的民居可建设景观小院。此外，传统民居是乡愁的重要载体，在对其进行改造提升时要注重融入乡愁的元素。

2. 新农村建筑风格控制

长丰村李家大屋新农村民居的建筑风格主要以徽派建筑风格为主，民居外部基本都呈现青砖灰瓦马头墙的特点，另外此类民居重视墙体的层次感，通过屋檐、门檐深处构造立体感。而位于村委会的新农村民居建筑风格与李家大屋略有差异，外立面主要呈现白墙青瓦的样式，并辅以灰色条纹进行装饰，屋檐、门檐凸出墙面较少。长丰村在进行新农村建设时应以以上两种建筑风格为主要参考。

3. 生态景观风貌控制

长丰村生态价值突出，依据生态环境，可将长丰村分为高、中、低三个生态敏感区。生态高敏感性区域主要以水域、湿地为主，该区域内禁止兴建旅游设施，但允许游客进入；生态中敏感性区域主要为各景点附属绿地，是主要的游览绿地、公共开放空间，应当控制建设；生态低敏感性区域为长丰村内主要的居民聚居点、旅游项目建设点，可依据旅游发展需求新建旅游设施。

（三）乡村生态环境保护

1. 大气环境保护措施

（1）控制污染大户，实行排放总量控制。

（2）加强交通管理，实行车辆分流，防止交通堵塞。

（3）对长丰村内部实施电瓶车环线运营，减少自驾车尾气大气污染物排放量和道路扬尘。

（4）提高居民生活燃气率，推广沼气，减少居民生活大气污染物排放量。

2. 水环境保护措施

（1）通过对长丰村区域内河道、溪流的整治，景观坝、观景亭的建设，形成较好的水体景观。

（2）对村内滨水绿地、林地及绿化景观培育与养护不得采用化学肥料、高残留杀虫剂等化学药剂，以免化学制剂污染土壤和水体，破坏生态系统。

（3）对李家大屋水库、刘家田水库严格执行相应的保护标准。

3. 植物保护措施

由于长丰村内生态环境保护较好，植物种类较多，保护状况良好。为了进一步保护生物多样性及涵养水源，对长丰村进行补植绿化树种，并加强自然植物景观的培育；针对区域内的大树、古树名木通过编号等手段进行重点保护。

4. 动物保护措施

对于长丰村内野生动物种群应及时建设野生动物救护中心。以便及时收容、救治伤残、羸弱动物和收缴的非法捕猎动物。村民对森林资源应采取可持续发展方式，对于国家保护动物，严格按照国家相关法律条例进行科学合理的保护工作。

第三节 规划实施

一、实施组织

形成以红安县旅游局为主导，以红安县发展和改革局、财政局、交通运输局、国土资源局、房地产管理局（简称房产局）、城乡规划局、农业局、教育局、商务局、环境保护局（简称环保局）、文化新闻出版广电局（简称文新广局）和林业局等为参与机构的规划实施领导机构体系。红安县旅游局及长丰村村委会负责规划的具体实施；规划实施过程中涉及的土地利用、财政资金争取、道路建设、厕所改造、危房改造等工作，均由红安县旅游局与县内各相关部门进行协调。长丰村村委会在红安县旅游局的指导下对规划进行具体实施，如旅游项目征地、建设、运营管理等。

二、任务分解

（一）长丰村旅游规划任务分解

长丰村旅游规划任务分解见表 7-2。

表7-2 长丰村旅游规划任务分解

序号	工作任务	牵头部门	配合部门	实施部门	完成时间
1	李先念故居纪念园的提升改造	旅游局	文新广局、教育局	李先念故居纪念馆	2017 年 12 月
2	红马寨生态旅游区初步提升改造、运营管理	旅游局	林业局、环保局	长丰村、相关企业	2019 年 12 月
3	陈锡联将军纪念馆提升改造、运营管理	旅游局	文新广局、教育局	长丰村	2017 年 12 月
4	九龙半岛招商、建设及运营管理	旅游局	商务局、发展和改革局、国土资源局、环保局、水利局	相关企业、长丰村	2022 年 12 月

续表

序号	工作任务	牵头部门	配合部门	实施部门	完成时间
5	汽车营地招商、建设及运营管理	旅游局	交通运输局、发展和改革局、商务局、国土资源局	相关企业、长丰村	2022年12月
6	花语主题农庄招商、建设及运营管理	旅游局	农业局、发展和改革局、商务局、国土资源局、教育局	相关企业、长丰村	2023年12月
7	稻米农庄招商、建设及运营管理	旅游局	农业局、发展和改革局、商务局、国土资源局、教育局	相关企业、长丰村	2024年12月
8	长丰茶园招商、建设及运营管理	旅游局	农业局、发展和改革局、商务局、国土资源局、教育局	相关企业、长丰村	2023年12月
9	石来运转主题民宿建设及运营管理	旅游局	城乡规划局、房产局	相关农户、长丰村	2020年12月
10	小桥流水主题民宿建设及运营管理	旅游局	城乡规划局、房产局	相关农户、长丰村	2019年12月
11	与子偕乐主题民宿建设及运营管理	旅游局	城乡规划局、房产局	相关农户、长丰村	2021年12月
12	香草佳苑建设	旅游局	城乡规划局、房产局、农业局	相关农户、长丰村	2022年12月
13	田园画廊建设	旅游局	文新广局	长丰村	2023年12月
14	旅游综合服务中心建设	旅游局	城乡规划局、房产局、国土资源局、卫生和计划生育局	长丰村、相关企业	2020年12月
15	长丰绿道建设及管理	旅游局	交通运输局、国土资源局、环保局	长丰村、相关企业	2022年12月
16	长丰商业街招商、建设及运营管理	旅游局	商务局、发展和改革局、国土资源局、环保局	相关企业、长丰村	2023年12月

（二）长丰村基础设施任务分解

长丰村基础设施任务分解见表7-3。

表7-3　长丰村基础设施任务分解

序号	工作任务	牵头部门	配合部门	实施部门	完成时间
1	九个游客服务点建设	旅游局	城乡规划局、房产局、国土资源局	长丰村、相关企业	2023年12月
2	长丰村绿道公路刷黑工程	交通运输局	旅游局、环保局	相关企业、长丰村	2020年12月

续表

序号	工作任务	牵头部门	配合部门	实施部门	完成时间
3	耿家冲至龚家田的游步道	交通运输局	旅游局	长丰村、相关企业	2019年12月
4	李先念故居纪念园至刘家田水库的游步道	旅游局	交通运输局、城乡规划局	长丰村、相关企业	2017年12月
5	电瓶车停车点	旅游局	交通运输局	长丰村、相关企业	2021年12月
6	旅游公厕建设	旅游局	卫生局、房产局、城乡规划局	长丰村、相关企业	2022年12月
7	全域旅游标识体系	旅游局	城乡规划局	长丰村、相关企业	2023年12月
8	全域智慧旅游系统	旅游局	科技局	长丰村、相关企业、景区	2021年12月
9	给水工程	房产局	国土资源局	相关企业、长丰村	2020年12月
10	排水工程	房产局	国土资源局	相关企业、长丰村	2020年12月
11	燃气工程	房产局	国土资源局	相关企业、长丰村	2020年12月
12	电信工程	中国电信红安分公司	旅游局	相关企业、长丰村	2020年12月
13	环卫工程	环保局	旅游局	相关企业、长丰村	2020年12月
14	综合防灾工程	人民防空办公室	城乡规划局	相关企业、长丰村	2020年12月

（三）长丰村公共服务设施任务分解

长丰村公共服务设施任务分解见表7-4。

表7-4　长丰村公共服务设施任务分解

序号	工作任务	牵头部门	配合部门	实施部门	完成时间
1	长丰文博苑	文新广局	旅游局、教育局	长丰村、相关企业	2023年12月
2	便民体育健身器械	体育局	旅游局	相关企业、长丰村	2017年12月
3	标准篮球场	体育局	旅游局、国土资源局	长丰村、相关企业	2018年12月
4	标准羽毛球场	体育局	旅游局、国土资源局	长丰村、相关企业	2019年12月
5	乒乓球活动室	体育局	旅游局	长丰村、相关企业	2018年12月

三、绩效考评

由湖北省旅游局及红安县地方政府对规划实施效果进行检查和考评，并以考评结果为依据对相关部门提出奖惩激励措施。依据规划对相关分解任务制定目标责任制和工作机制，制定工作方案和考核办法，定期开展目标和任务完成情况的检查、督促与考核，落实责任。

阅读 7-1　中国特色乡村旅游发展路径

中国乡村旅游发展还处于初级发展阶段，但是发展迅速。在将近 20 年的发展过程中，中国乡村旅游的发展思路也发生了阶段性的变化，随着旅游者消费观念、农业产业的发展状况、旅游市场供给状况及国家政策导向的变化，在不同的时期，乡村旅游发展的倚重点也在发展变化。

1. 资源特色导向时期

在乡村旅游发展的早期，乡村优美的田园风光、良好的自然生态环境能够对城镇居民旅游者产生较大的吸引力。人们会选择节假日在春秋两季与亲朋好友相约组织郊游活动，一些城郊风景旅游地、独具特色的民族村寨，以及生态环境良好的森林公园会成为主要的旅游目的地，同时一些风景名胜区周边的乡村农舍会配合景区为游客提供餐饮服务，也就是现代“农家乐”旅游的雏形。在资源特色导向时期，城乡旅游景观的差异性是吸引旅游者的主要因素，旅游者的出游动机主要为休息游玩，与亲朋好友互动等，乡村旅游活动主要停留在观光游览的基础层次上，还没有出现专门的乡村旅游产品，乡村旅游市场处于萌发状态，此时的乡村旅游规划与开发重点主要在于通过何种方式开发旅游资源，旅游资源所蕴含的价值才能被最大限度地挖掘出来。

2. 农业产业带动时期

农业产业带动时期的乡村旅游发展，一方面，继续依托乡村旅游特色农业景观，如竹林、茶园、果园等特色农业产业，具有一定的景观审美功能，吸引一些旅游者前来观光游览；另一方面，现代农业科技快速发展，农业景观开始被作为一种旅游资源进行开发，依托农业科技发展起来的农业观光园、农业科技园成为新的吸引物。2001 年，国家旅游局把推进工业旅游、农业旅游列为 2001 年旅游工作要点，也标志着以农业旅游为形式的乡村旅游活动开始在全国范围内展开，农业科技示范园、生态农业观光园、农场旅游、花卉盆景观光园等旅游产品形式开始出现，这一时期的乡村旅游活动仍主要停留在观光游览层面上，旅游功能有所提升，开始具备科普教育功能，乡村旅游也开始注重科学规划。

3. 政府政策驱动时期

中国旅游产业的发展对国家政策具有较强的敏感性，在一定阶段，国家政策环境会引导旅游者的旅游消费趋向，从而会影响旅游市场供给。自 2004 年，国家开始将解决“三农”问题作为发展社会经济的主要任务，提出了坚持科学发展观、构建和谐社会、建设社会主义新农村等有助于解决“三农”问题的重大举措。旅游业的发展也融入其中，乡村旅游逐渐发展成为大众化旅游活动，农村环境的改善，基础服务设施的完善，农民就业观念的转变，以及乡村旅游产品的逐渐丰富，吸引了更多的城市居民利用双休日、黄金周驱车前往农村开展旅游活动。这一时期的乡村旅游经济开始进入快速发展阶段，乡村旅游产品逐渐丰富，成都的农家乐模式、贵州的村寨模式、云南的旅游特色小城镇模式，以及北京、上海等大城市周边的现代农业观光园都受到了普遍关注，一些地区开始依据地方特色模仿发展乡村旅游，以促进社会主义新农村建设，协调城乡关系。此时的乡村旅游市场开始扩大，旅游者的需求层次也开始提高，对于旅游产品功能不再满足于单一的观光游览，相应一些具有体验性、参与性的乡村旅游活动发展迅速，如采摘游、农家乐、渔家乐等旅游产品较受欢迎。

4. 市场需求导向时期

乡村旅游经济的发展依然不能脱离市场经济的发展规律，在进入快速发展阶段，不断满足旅游者需求的同时为旅游者创造需求就是其获取持久生命力的法宝。中国乡村旅游在经历前三个阶段后，开始进入市场需求导向时期。首先，旅游者的消费意识开始发生转变，对于某一群体的旅游者，乡村旅游活动已成为一种经常性的休闲活动，以满足他们的休闲需求，乡村旅游有大众化发展趋势；其次，旅游者对于乡村旅游环境，乡村旅游服务，以及乡村旅游产品的要求在提升，乡村旅游经营开始关注乡村旅游科学规划，进行分类指导，加强乡村旅游从业人员培训，以提高旅游服务水平；最后，游客休闲旅游需求的多元发展促使乡村旅游产品功能的提升，乡村旅游市场进一步专门化细分，在原有观光游览的基础功能上出现了具有体育健身、疗养保健、科普教育、文化体验等多种功能类型的旅游产品。

资料来源：马勇，赵蕾，宋鸿，等. 中国乡村旅游发展路径及模式——以成都乡村旅游发展模式为例[J]. 经济地理，2007，27（2）：336-339

第八章　旅游扶贫成功案例

旅游扶贫自20世纪90年代开展以来，在我国区域扶贫开发当中发挥了重要作用，并带动部分地区成功减贫、脱贫。“要充分发挥乡村旅游在扶贫开发中的战略作用，着力将乡村旅游建设成为美丽乡村的重要载体，实现到2020年通过发展乡村旅游带动全国17%（约1 200万）贫困人口脱贫”[①]。要实现这个目标，除了需要良好的旅游精准扶贫规划设计，还需要借鉴已有的旅游扶贫成功经验。本章将分三节分别对9个旅游扶贫案例进行解读，分别为：区域旅游扶贫案例，包括恩施州、栾川与武隆；民族地区旅游扶贫案例，包括西江千户苗寨、龙脊梯田与荔波县；乡村旅游扶贫案例，包括玉湖村、云舍村与湖沟村。

第一节　区域旅游扶贫案例

一、恩施路径[②]

恩施州地处于湖北省西南部，位于湘、鄂、渝三省的交汇处，与神农架接壤，是湖北省唯一被纳入国家西部大开发的市州，是国内最年轻的少数民族自治州。在恩施州境内，居住着除汉族之外的苗族、白族、回族等29个民族共200多万人口。“生态优美、民族风情浓郁、地质景观奇特、历史文化厚重”使恩施州成为人们心仪神往的旅游天堂，“老、少、边、穷、山”也给恩施州扣上了贫困的帽子。恩施州地处集中连片贫困的武陵山区，是湖北乃至全国扶贫攻坚的主战场。截至2013年底，全州还有约108万贫困人口，占全州农业人口的三分之一，更是在全省贫困人口中占20%。由此可见，恩施州的扶贫形势严峻，不容乐观。如何利用

---

① 推进旅游扶贫　建设美丽乡村，http://www.xinhuanet.com/travel/2015-08/18/c_128141853.htm，2015-08-18.

② 关于恩施市如何利用扶贫开发工作促进旅游经济发展的调研，http://www.hbfp.gov.cn/xxgk/dcxj/1553.htm，2012-09-11；恩施旅游跨越发展，http://www.hb.xinhuanet.com/zhuanti/13four/esly/，2018-05-20.

丰厚的旅游资源，带领全国旅游扶贫重点村脱贫致富，实现村落的可持续发展，成为摆在恩施州人民政府面前的难题。

从 20 世纪 80 年代起，恩施州开始着手发展旅游，形成了“政府宏观调控、部门互相协调、资源合理配置”的旅游发展模式。经过三十几年的摸索，恩施州的旅游基础设施建设、旅游整体规划等方面已经取得了巨大的进步。2012 年，恩施州全年接待 2 200 万旅游人次，旅游收入突破百亿元大关，成为名副其实的旅游大市，更与湖南张家界自然风景区、湖北神农架世界自然遗产地组成中部的旅游“金三角”。近几年来，为增强旅游对扶贫的杠杆作用，恩施州将旅游产业纳入全州“四大”重点工作之一，这就奠定了旅游产业在恩施州产业结构中的重要地位，其中，大力发展乡村旅游使恩施州的贫困村情况得到较大改善，既凸显了贫困村的特色资源，又创造了客观的旅游收入，实现了资源价值。

恩施州依靠良好的生态环境，打造生态休闲度假旅游胜地，发展绿色旅游、生态旅游、休闲旅游。其中，生态旅游就先从生态环境优美的小镇村落开始建设，如隶属于全国旅游扶贫重点村高拱桥村的生态旅游景区芭蕉侗族乡风情寨等。旅游产业与生态环境有机地结合起来，10 余个扶贫开发重点的村落均已展现勃勃生机。通过大力发展旅游，这些村落的交通、饮水等基础设施得到很大程度上的改善，村民得到了劳动岗位，文明程度也得到了提高，大大增强了贫困村的“造血功能”,实现了村落的经济产业结构优化调整,从而带动贫困村村民实现脱贫致富。

目前，恩施州的旅游产品推陈出新，取得了一定的发展，旅游产业已经初具雏形，恩施大峡谷、腾龙洞、神农溪等景区也在旅游市场上具备了一定的知名度，旅游产业发展指数位居全省第四，仅次于武汉、宜昌及十堰。2010~2015 年，恩施州的年接待游客数逐年大幅上涨，2015 年全年累计接待游客由 2010 年的 1 062 万人次上升到 3 700 万人次以上。

恩施州旅游扶贫的成功得益于五大模式的创新实践使得旅游扶贫的效应倍增，分别是景区带动型模式、乡村旅游带动型模式、养生度假带动型模式、创业就业带动型模式、产业融合带动型模式。恩施州把握了旅游发展的大趋势，超前谋划、主动作为，为扎实推进旅游扶贫做出了成效。

二、栾川模式①

栾川县地处河南省西南部，与南阳市、三门峡市接壤，全县面积约 2 477 平

① 资料来源：栾川旅游扶贫美了乡村富了农民，http://henan.163.com/16/0304/11/BHAF1N1U022707LT.html，2016-03-04；栾川：旅游扶贫带来山乡巨变，http://lyrb.lyd.com.cn/html2/2015-10/09/content_41133.htm，2015-10-19.

方千米，拥有 34 万人口，因远古时期有凤凰在此栖息过，又被称为“栾州”。因独特的地理地势，栾川县素有“四河三山两道川，九山半水半分田”之称，由此可见，栾川县的可耕地面积非常小，这也是导致栾川县贫困的主要原因之一。自栾川县将发展旅游业作为扶贫攻坚的利器之后，乡村旅游带动了全县约 10 万名农民实现家门口脱贫致富，占全县人口的将近三分之一。目前全县还有 3.4 万贫困人口，栾川县人民政府持续加大支持旅游业发展的力度，力争 2018 年实现基本脱贫，2020 年实现全面脱贫的目标。

因独特的地理位置及自然环境，栾川县具有四大资源优势：一是矿产资源；二是旅游资源；三是森林资源；四是土特产资源。以前，栾川县主导产业只有工矿业、农业，提出“工矿富县、农业脱贫”的发展模式，工矿业发展起来了，全县总体是富裕了，但是农民的收入没有靠农业增加，农业扶贫效果不佳。近年来，依靠丰富的资源赋存，栾川县提出“生态立县、工矿强县、旅游兴县”的发展战略，取得了良好的脱贫致富的效果。

目前，栾川县的旅游发展态势已经朝着“全域旅游”发展，全县 14 个县中就有 11 个县发展旅游，由以前“点”（重渡沟景区等少数景区）的发展格局向“面”（全县发展旅游）的格局转变。将旅游作为扶贫攻坚的“一号工程”来推进，依托成熟景区，栾川县旅游逐渐形成“旅游景区+特色农庄+风情小镇”的发展模式，建设成两个 5A 景区和 5 个 4A 景区（表 8-1），鼓励农户多建设农庄，实现家门口创业，支持农民从事餐饮、商品销售等旅游产业，带动了农业就业 10.2 万人。2014 年，栾川县接待了 951 万旅游人次，实现旅游收入 50.7 亿元，农民人均收入也由 2010 年的 4 784 元增长到 2015 年的 9 000 元。

表8-1　栾川4A级及以上景区一览

景区名称	景区等级	景区定位
老君山	5A	道家圣地
鸡冠洞	5A	地质奇观
龙峪湾	4A	森林氧吧
重渡沟	4A	北国水乡
伏牛山滑雪度假乐园	4A	冰雪世界
抱犊寨	4A	红色胜地
养子沟	4A	野趣乐园

栾川模式以旅游业为龙头带动产业发展取得了不俗的成就，主要依赖于栾川县人民政府实施了正确的战略措施，利用优美的生态环境打造“休闲栾川”的品

牌，推出了丰富多样的休闲旅游产品，如温泉游、农家游、山水游等，这些旅游产品吸引大批中外游客慕名前来，有效提高了栾川的知名度和美誉度。发展旅游，既保护了生态环境、调整了产业结构，又带动百姓脱贫致富，更是在精神层面惠及了百姓。自实施“雨露计划”以来，农民学会了如何在网上管理自己的农庄预定系统，学会了如何开淘宝网店销售自己家的土特产品等。在与现代信息化的接轨过程中，村民文化素养得到了提高，精神得到了满足。

三、武隆经验①

武隆位于重庆市东南部，乌江下游，地处大娄山与武陵山结合部，是全国有名的武陵山特困连片扶贫区。武隆县面积为 2 901.3 平方千米，管辖 26 个乡镇，拥有约 41.5 万人口。武隆县是国家典型的山区贫困县，全县以陡峭的山地为主，土质贫瘠，受山地的制约，交通闭塞，以公路为主、水路为辅。另外，自然条件也较差，武隆县尚未脱贫的人集中在海拔 800 米以上的深山区，生存条件恶劣，劳动力缺乏，没有生产资金，几乎没有能力自身脱贫。

1994 年，芙蓉洞对外开放，标志着武隆旅游从无到有，开始起步。1997 年，重庆成为直辖市，利用该契机，武隆大力发展旅游，加大对旅游基础设施建设的投入和对旅游的宣传，改革创新旅游经营管理体制，实现武隆旅游的改革升级。2003 年，武隆承办国内外大型户外运动赛事，“芙蓉仙女、印象武隆”的品牌效应不断彰显。2007 年，“芙蓉洞、天生三桥、后坪菁口天坑”组成的“武隆喀斯特”地貌成功申报世界自然遗产，为武隆打开了在世界上的知名度。自 2008 年，武隆人民政府提出旅游“二次创业”后，武隆旅游发展势头更盛。2011 年，武隆喀斯特被评为国家级 5A 级旅游景区，此时“打造国际旅游目的地”已经上升为重庆市的市级战略。2012 年，冯小刚导演为武隆量身打造的“印象 · 武隆”的实景歌会也大张旗鼓地登上了历史舞台，为武隆旅游又增添了一张旅游文化名片。

经过二十几年的发展，武隆旅游已经成为武隆县的一张世界名片，实现了旅游富民，且这个效益还在不断扩大。旅游交通的发展，提高了武隆的可进入性，也改善了当地人们的交通方式；旅游产品不断升级，产业结构不断优化，随着特色农产品、农副产品加工业的发展，星级酒店的兴建，村民得到了多重就业岗位。资料显示，2013 年，旅游经济就直接提供了 5.5 万个岗位，占全县劳动就业岗位

---

① 资料来源：武隆旅游 20 年发展及对国民经济贡献概述，http://cq.cqnews.net/cqqx/html/2014-12/16/content_32923016.htm，2014-12-16；旅游扶贫的武隆创新，http://finance.ce.cn/rolling/201406/17/t20140617_2987653.shtml，2014-06-17；武隆发展旅游的三大启示，http://news.163.com/12/1220/09/8J5KCMKT00014AED.html，2012-12-20.

的 23%；同时也获得了可观的劳动报酬，数据显示，2013 年旅游经济带给劳动者的平均薪酬为 3.06 万元，农民纯收入达到 7 633 元，真正实现了人民增收、旅游富民。

武隆的成功脱贫得益于能够依托优质的旅游资源赋存，将旅游产业作为经济发展中的重中之重，协调优化产业结构，统筹协调城乡发展，与经济社会形成良好的互动场面。全县整体发展的同时，带动村民就业与创业，投身旅游经济，将旅游收益直接反馈给人们，实现旅游惠民。

第二节　民族地区旅游扶贫案例

一、西江千户苗寨[①]

西江千户苗寨位于贵州省雷山县的东北部，背靠苗岭的主峰——雷公山。这里生态环境优美，风景宜人，木质吊脚楼层台累榭，均是依山而建，十余个苗寨相连成片，是中国乃至世界最大的苗族聚居地，同时这里也是古老苗族民族传统文化保存最完好的地区，也是苗族民族风情最浓郁的地区。

在尚未进行景区开发之前，西江千户苗寨因地处偏远山区，可耕地资源也较为匮乏，是贵州众多贫困县之一。2008 年，西江千户苗寨开始进行景区开发，其景区开发模式可概括为“民族文化+民族村寨+文化旅游”。

一是依托资源，调整产业结构。西江千户苗寨文化资源非常丰富，主要为民族（苗族）文化、始祖文化及生态文化。立足于文化资源，雷山县政府围绕“一寨一山一始祖”的主题，着重打造文化旅游品牌，依据资源的赋存，实行功能定位区别化、主题化，再根据功能定位进行分区建设，形成“点、线、面”结合的全面空间格局。

二是筑巢引资，提前规划，当地政府先后编制了《雷山西江千户苗寨乡村旅游综合体总体规划》《雷山西江千户苗寨乡村旅游综合体控制性详细规划》等多部规划，由总体到部分，由综合到具体，每一步建设当地政府都制定了详尽的规划，并要求资金投入、项目建设都严格按照规划执行。

三是“摸着石头过河”，探索式发展。例如，成立国有独资企业——贵州省

① 资料来源：贵州省西江千户苗寨景区乡村旅游发展 情况介绍，http://zt.hz66.com/16-4/content.asp?id=60352，2015-08-21.

西江千户苗寨文化旅游发展公司，引进现代企业制度，实行政企分开，提高企业管理景区的效率。这些措施都为西江千户苗寨文化旅游的良性发展打下了坚实的基础。

西江千户苗寨注重改善景区的基础设施及文化景观的打造，增加民俗文化演艺及民族文化展示活动，致力于民族文化内涵发展，如筹备导演《美丽西江》大型实景民俗晚会，雄鸡争霸、苗族飞歌等民族文化项目常规化，建设民族文化教育体系，等等。得益于基础设施的改进，西江千户苗寨的旅游接待能力越来越强，旅游发展也获得了稳定的动力。2012 年，西江景区荣获“十佳旅游景区”的荣誉称号。2014 年，西江千户苗寨共接待 272.56 万旅游人次，旅游收入 21.36 亿元，各同比增长 41.25%和 42.36%,实现村民人均纯收入 6 800 元,约是 2008 年的 1 800 元的 3.8 倍。

西江千户苗寨由过去的“老、少、边、穷”地区成为如今享誉世界的旅游名胜，它的成功得益于旅游扶贫模式中的景区带动，景区的良性、可持续发展带动区域经济发展，从而让当地居民脱贫致富。

二、龙胜县龙脊梯田

龙胜各族自治县，地处广西壮族自治区桂林市的北部，越城岭山脉南麓，与湖南接壤的边陲地带。龙胜县旅游资源丰富，有“天下一绝”的国家一级景点龙脊梯田景观，有堪称“华南第一泉”的温泉，还有国家级自然保护区花坪原始森林等。但龙胜县的贫困局势依然严峻。龙胜县共有贫困人口约 3.4 万人，占全县人口的 13.6%（2009 年）。全县管辖 119 个村落，其中 70 个村落被广西壮族自治区列入贫困村之列。之前，由于地处偏远，交通不便，耕作方式落后，农作物品种得不到改进，县内人均年收入不足 2 000 元（2001 年），各村落年轻人都出去打工，成了名副其实的“空壳村”。

从 20 世纪 80 年代起，龙胜县政府就意识到要依靠丰富的旅游资源发展旅游业，龙胜县的旅游业从此起步。依托优势的旅游资源，人民政府因地制宜地制定旅游发展规划，经过二十几年的发展，逐渐形成了龙脊梯田、龙胜温泉景区为主，少数民族风情景区为辅的生态旅游发展新格局，生产出红色旅游、农耕文化旅游、休闲度假游、红玉文化游等多层次多主题的旅游产品，实现旅游线路多样化、旅游主题层次化。2014 年，龙胜县被评为国家级休闲农业与乡村旅游示范县。2015 年 4 月，龙胜县也成功跻身于“2015 旅行者之选——全球最佳目的地”榜单的中国十大国际旅游目的地。2016 年，龙胜县实施“生态、旅游、文化”三位一体的发展战略，提出“生态立县、绿色崛起”的发展口号，实现 12 个贫困村脱贫，2 034 户共 8 158 人脱掉贫困的帽子，旅游扶贫取得了良好的效果。2016 年，龙胜县共接待 647.57 万旅游人次，创造旅游收入 66.58 亿元，提供就业岗位约 7.5 万个，其中贫困人口占 30%。旅游业与特色种植业、工业相配合，打出了攻坚扶贫的组合拳。

目前，龙胜县将全域旅游作为发展工作的重中之重，提出将旅游业作为核心产业、支柱产业来发展，积极融入桂林的国际旅游圈，在竞争与合作中不断提升龙胜旅游的竞争力与知名度，着力打造“民族百节旅游县”，将民族节日的文化内涵赋予其时代精神，以便让民族文化在历史长河中生生不息。

龙胜县依托独具特色的生态景观，将旅游资源优势转化为经济优势，带动当地贫困村民实现旅游创收，在旅游扶贫中走出了一条独具特色的道路，这值得我们借鉴与思考。

三、黔南州荔波县①

黔南州荔波县地处贵州省南部，属黔南布依族苗族自治州的行政管辖范围。地处云贵高原之上，人均可耕地面积极少，“九分山半分水半分田”是荔波县地质地貌最生动形象的诠释。过去的荔波县是深山区、石山区、边远少数民族地区的代名词，2016 年的贫困人口就有 4.2 万人，约占到全县 18 万人口的 23%，是国家级的贫困县；作为板寨红七军会师旧址，荔波县是革命老区；因拥有大小七孔等资源，荔波县是世界自然遗产地，也是国家级风景名胜区，汇集三种属性于一身，荔波县依靠发展乡村旅游脱贫致富的必要性就得到了充分体现。

荔波县的旅游发展可以用五个举措来概括。

一是推进生态移民。将少数民族风情与旅游相结合，秉持着“搬得出、住得下、能发展、能致富”的原则，荔波县人民政府在进行旅游景区规划时，首先将居住在深山里的村民迁出，搬到政府统一修建的示范村里去，改散居为群居。同时，为移民村搭建旅游增收平台，鼓励村民兴办“农家乐”，售卖自家的农副产品，一方面提高了乡村的旅游接待能力，另一方面为村民增加收入提供了渠道，从而把生态移民点发展为为游客提供吃、住、行、游、购、娱一条龙服务的旅游特色小镇。

二是实施品牌推广战略。借助世界自然遗产地和国家级风景名胜区的优势，

① 资料来源：荔波县“五招式”推进乡村旅游扶贫，http://dzb.gzmzb.com/P/Item/12659，2014-10-21.

积极对外进行品牌宣传，提高自身的知名度；以农家观光的休闲度假产品吸引生活压力大的城镇人口，实现与城镇的联动。

三是兴建农耕文化园。主要围绕“四个一”和“五区”工程，规划了稻田摸鱼区、水果采摘区、蔬菜采摘区、花海欣赏区及农家接待区，从而达到让游客“体验一次农业活动、采摘一次水果、欣赏一片花海、品尝一次农家饭”的旅游体验。

四是美化乡村田园。以乡村田园风光为主线，庭院式景观为辅，两种景观互相映衬，既丰富了景观层次，又扩展了旅游产品。

五是充分挖掘民族文化内涵。将民族文化资源优势转化为经济优势，以布依族、苗族、水族、瑶族四个主体民族为主题，在瑶山成功打造了一个“千户苗寨”。与此同时，组建了民族歌舞演艺班子，开发了民族文化周边产品，既让游客亲身体验了民族风情，又使民族文化得以传承，生生不息。

截至 2017 年，荔波县已建成乡村景点 21 个，农家乐 600 家，乡村旅游合作社 32 个。2016 年，荔波县全县接待旅游人次已经突破 1 000 万，创造旅游收入 86.75 亿元，帮助 3 万人摆脱贫困，昔日的贫困村现已发展成为集民俗体验、农耕体验、休闲度假于一体的乡村旅游示范村。

荔波县的旅游扶贫模式属于典型的综合改革推动型，充分结合生态资源优势，发挥市场的主体作用，政府引导，部门联动配合，带动当地农民自觉参与，走出了一条创新的旅游扶贫开发之路。

第三节　乡村旅游扶贫案例

一、丽江玉湖村[①]

丽江玉湖村，别名“巫鲁肯”，意为雪山脚下的村子，地处丽江白沙乡以北，玉龙雪山南麓，拥有玉柱擎天、洛克旧居、玉湖倒影等自然、人文景观，目前已被列入云南省纳西文化保护区及云南省非物质文化遗产名录。然而这里土壤比较贫瘠，仅靠务农，1 465 名村民的基本生活根本得不到保障，是丽江有名的贫困村。2003 年，村民的人均年收入才 937 元。

---

① 资料来源：丽江玉湖村：从“刁民村”到生态旅游合作社，http://news.163.com/09/0424/08/57LC2FUI000120GR. html,2009-04-24；丽江玉湖村：玉龙雪山脚下千年纳西族古村落的蜕变，http://www.sohu.com/a/208538482_222811，2017-12-04；玉龙县玉湖村——乡村旅游如火如荼，http://society.yunnan.cn/html/2018-05/27/content_5224191.htm,2018-05-27.

玉湖村的旅游业起步较早。1922年，美国《国家地理杂志》摄影家约瑟夫·洛克来到玉湖村并在此居住22年之久，深入探寻纳西族文化，积极向世界宣传纳西民族风情，吸引了大批中外游客慕名而来。因地处丽江坝子的最高处，在村里可以俯瞰丽江坝子全景及欣赏玉龙雪山的无限风光，且去往玉龙雪山的唯一道路穿村而过，玉湖村也成为游客不得不去的景点之一。2004年，玉湖村成立了生态旅游合作社，主要面向游客推广生态雪山徒步的旅游产品，将村民的马统一划入编制，分配牵马号，一改之前为抢夺客人，随意压价的恶意竞争为公平竞争。然而，随着拉市海等地的马队渐渐兴起，玉湖村的客源市场逐渐被分流，客人变少了，村民也都懈怠了，服务品质自然就下降了，游客的差评也满天飞，这些都限制了当时玉湖村旅游业的发展。

因穷思变。2009年，玉湖村生态旅游合作社转而与云南丽江龙耀祥酒店有限公司合作。引进专业的管理机制，编制管理章程，明确村民的职责与义务，将村民提供的牵马服务规范化、流程化。为创新服务，龙耀祥酒店有限公司请来云南大学旅游管理系的老师为村民们培训，手把手教村民如何更好地服务游客，同时投入百万元宣传费，利用各种平台，如旅游交易博览会，大力推广丽江玉湖村的旅游品牌，甚至请台湾东森电视台来村里拍摄纪录片，从此打开了台湾、广东、上海等地的市场。与此同时，丽江市开辟了丽江至玉湖村的旅游公交车专线，村里客栈也建成落地。随着旅游设施的不断完善，旅游者多了起来，农民的腰包也鼓了起来。2017年，玉湖村农民人均纯收入超过8 520元，其中80%都来源于牵马，因此玉湖村的脱贫也被称为“马上”的致富经。

玉湖村的“马上”脱贫，得益于旅游扶贫模式中的交通依托型，并不仅仅是形式上的脱贫致富，其成功的关键正是思维方式的转变。正所谓授人以鱼不如授人以渔，这种创新的旅游发展方式打通了过去村民思维的禁锢，村民渐渐懂得了旅游的可持续发展，并且还尝试不断开发更多旅游产品吸引游客，从而让玉湖村成为旅游扶贫的成功典范。

二、太平镇云舍村①

太平镇云舍村坐落在巍巍的梵净山脚下，被称为“天堂河谷”的悠悠太平河畔，地处贵州省江口县太平镇。十几年前，云舍村只是一个丝毫不起眼的土家村

① 资料来源：土家寨变大公园——“土家第一村”云舍发展乡村旅游扶贫侧记，http://xbkfb.gog.cn/system/2015/06/10/014369636.shtml，2015-06-10；贵州江口云舍村生态养民旅游富民，http://www.cnfpzz.com/column/fupinbobao/lvyoufupin/2015/0103/7134.html,2015-01-03.

寨，农民主要靠种植业和饲养业为生，人均年收入不到1 000元。自2002年被纳入国家旅游局帮扶点后，依靠优美的生态风光和丰富的土家族文化，云舍村开始发展乡村旅游，并一直处于良好的发展态势，先后被评为中国乡村旅游示范点、全国特色景观旅游名镇名村等。

从贫困村到“中国土家第一村”，当地政府做出了不懈的努力。村委干部带着村里有远识的年青人到周边生态旅游和农家休闲旅游做得好的县市进行考察，对比后发现无论是在自然生态方面还是文化方面，云舍村都具有更好的发展乡村旅游的基础条件。将客源市场定位为生活压力大、生活环境不如意的城镇人口，抓住他们渴望亲近自然、返璞归真的心理，提出发展生态旅游、休闲度假旅游。林业部门运来数万棵花果树木，增加村庄的绿化面积；在村民房屋的侧墙上都画着宣传文明礼仪的墙画；为保障村里干净整洁的生活环境，还设立专职保洁人员，家家户户门前都有太阳能路灯。

发展旅游，必须具有良好的可进入性。借助梵净山的旅游“东风”，江口县至梵净山的复线油路从云舍村经过，通过裙带效应，被世外桃源般的云舍村吸引的游客也越来越多。针对村里现存的文化资源，村委也进行保护性开发，如分类、分区保护村里的古建筑，旨在为游客带来土家族文化体验，而不仅仅只为游客提供纯粹的视觉体验。为提高旅游接待能力，村委会鼓励村民发展农家乐，并且在村里设立江口县工商管理局驻村专员，维持良好的价格体制。通过发展旅游业，2015年村民人均年纯收入增加到6 400元，村民的幸福满意度也提高了。

云舍村是乡村旅游精准扶贫的成功范例，立足于文化旅游创新区战略，发挥自身资源优势，不惧失败，勇于探索，部门联动，总结经验，多形式、多渠道地形成了自己的一条造血式扶贫的新路子。

三、湖沟村①

湖沟村，位于山东省枣庄市山亭区徐庄镇东北部，地处鲁南丘陵山区地带，交通不便，导致经济落后，全村精准扶贫的贫困户就有142户共490人（2008年），约占到全村人口1 178人的42%，是山东省有名的贫困村。近年来，湖沟村依托政策支持及自身良好的生态资源，积极大力发展乡村旅游，完善旅游基础设施，

① 资料来源：枣庄山亭区徐庄镇实施精准扶贫 助力湖沟村贫困村民脱贫致富，http://women.80end.cn/2016/0331/495453.shtml，2016-03-31；徐庄镇实施精准扶贫 助力湖沟村贫困村民脱贫致富，http://www.sohu.com/a/66383394_369432，2016-03-28.

实现了产业结构由传统农业到休闲农业、旅游业的成功转型。昔日的贫困村通过农业与旅游业的融合，已经摘掉贫困村的帽子，发展为乡村旅游的“明星村”，先后被授予中国乡村旅游模范村、山东省旅游特色村等荣誉称号。

湖沟村的乡村旅游发展遵循“景区带动发展、旅游带动就业、产业融合发展”的总战略，具体可以体现在三个方面。一是借助建设项目，带动村民就业。通过湖沟乡村公园这一项目建设，湖沟村带动就业 500 余次，增加劳动收入 53 万元，实现贫困村民收入翻四番，使 63 户贫困户脱贫增收。二是借助合作社平台，规范旅游发展。2014 年初，湖沟村成立泉崮生态休闲旅游专业合作社，引入正规旅游经营管理体制。制定管理章程，引导 20 余户实施“改厕改厨”工程，既提升了村庄旅游形象，又美化了村民生活环境。三是农旅结合，优化产业结构。过去的湖沟村，主要以传统的种植业为主要收入来源，一年到头，村民入不敷出。近年来，在发展观光旅游、休闲旅游的同时，湖沟村还大面积种植果树及蔬菜，面向市场推出“采摘游”等体验式旅游项目，还转变直接低价售卖原材料的方式，向纵深方向发展，就地进行农副产品的深加工，延长产业链，增加农产品附加值，充分融合了农业与旅游业，丰富村民收入来源渠道。

湖沟村乡村旅游的快速发展离不开政府的支持。为帮扶山亭区的旅游扶贫工作，山东省旅游局为每个村都派出了驻村“第一书记”，采用“合作社+农户”的模式，出台加快建设乡村旅游试点工作的各项支持政策，鼓励当地农户积极投身于农家乐等旅游富民增收项目。2015 年，山亭区已接待 440 万旅游人次，创收 10.5 亿元。

湖沟村的旅游扶贫模式属于典型的产业带动型，将旅游扶贫与美丽乡村建设相结合，部门联动，最终实现了经济结构转型升级，既美化了乡村，又富裕了村民。

四、案例经验总结

无论是区域旅游扶贫模式、民族地区旅游扶贫模式，还是乡村旅游模式，都有共通性，为此进行简单梳理，供以后旅游精准扶贫实践借鉴与参考。

1. 立足自身资源，合理规划

旅游资源是旅游业发展的基础与先决条件。贫困地区中，致贫原因多样，或交通不便致贫，或地形地貌致贫，通常无力发展第一和第二产业，但也正因为如此，生态环境得到良好的保护，给旅游业的发展提供了一个良好的环境。要想利用旅游摆脱贫困，充分调研、认识贫困地区的旅游资源是必要前提，并在此基础上精准定位，配以合理的规划开发，利用其旅游资源推陈出新，不断面向市场更新旅游产品。因此，立足自身资源，合理规划是旅游扶贫的核心。

2. 挖掘文化内涵，持续营销

文化是旅游业发展的不竭动力及源泉。任何景区想保持持久不衰的生命力，都要有独特的文化。充分挖掘贫困地区旅游资源的文化内涵，是旅游扶贫取得持续效果的保障。文化内涵，一方面，能对旅游者具有更持久的吸引力；另一方面，也是贫困地区对外宣传品牌的撒手锏。因此，在旅游扶贫的过程中，挖掘文化内涵是基础。

3. 优化产业结构，富民增收

旅游业被称为“零污染”的朝阳产业，因此发展旅游业对贫困地区的产业结构能起到调节优化的作用。贫困地区发展旅游业，能直接或间接地带动贫困人口就业，直接给贫困人口带来劳动收入；为提高当地旅游接待能力，鼓励农民直接参与农家乐等多种旅游服务行业，是旅游业进行精准扶贫的重要手段。因此，优化产业结构，富民增收是旅游扶贫的结果。